Giovanni Bona

Grundsätze und Regeln des christlichen Lebens

Giovanni Bona

Grundsätze und Regeln des christlichen Lebens

ISBN/EAN: 9783743365384

Hergestellt in Europa, USA, Kanada, Australien, Japan

Cover: Foto ©Lupo / pixelio.de

Manufactured and distributed by brebook publishing software (www.brebook.com)

Giovanni Bona

Grundsätze und Regeln des christlichen Lebens

Grundsätze und Regeln

des

christlichen Lebens

von dem

gottseligen Cardinal

Joannes Bona.

Aus

dem lateinischen Texte

für das

deutsche Christenvolk übersetzt

von

Simon Thaddäus Hemmerle,

Pfarrer zu Halltingen.

Mit Gutheißung des erzbischöflichen Ordinariats Freiburg und des bischöflichen Ordinariats Augsburg.

Zweite Ausgabe,
vermehrt mit einem Anhange,
die vorzüglichsten Gebete eines katholischen Christen enthaltend.

―――※―――

Verlag der J. Wolff'schen Buchhandlung in Augsburg.

Wenn Mir Jemand nachfolgen will, so verläugne er sich
   selbst, und nehme sein Kreuz auf sich und folge Mir
   nach.
                                        Matth. 15, 24.

Si Christum nescis, nihil est, si caetera discis;
Si Christum discis, satis est, si caetera nescis.

Kennst du Christum nicht, was hilft dir sonstiges Wissen?
Kennest du Ihn: so kannst du sonstige Wissenschaft missen,

Vorrede des Uebersetzers.

Gewiß mit vollem Rechte nennt man das allbekannte Büchlein von der Nachfolge Christi des gottseligen Thomas von Kempen ein goldenes Büchlein; denn außer den heiligen Schriften, welche die Kirche als unmittelbar vom heiligen Geiste eingegebene, in ihrem Canon, erklärt, hat schwerlich irgend eine Schrift, von Menschenhand geschrieben, jemals so viel Erbauung, Ermunterung, Selbstkenntniß, Buße, Besserung, Licht, Trost, Frieden, Freude, Segen und Heil bewirket, unter den Christen aller Welttheile, aller Völker und Nationen, sogar unter unsern, durch Unbild der Zeiten von der Mutterkirche getrennten Brüdern, als jenes Büchlein von der Nachfolge Christi, worin, seit seinem Erscheinen, alle wahren Christen einstimmig und allgemein das unmittelbare Wehen des heiligen Geistes verspürten und anerkannten, und darum einen unnennbar köstlichen Schatz darin fanden, das Büchlein unaussprechlich lieb gewannen und eben so unaussprechliche Freude daran hatten.

IV

Wird nun aber die Nachfolge Christi mit vollem Rechte ein **goldenes Büchlein** genannt; so wird das hier in Uebersetzung für das deusche Christenvolk erscheinende Büchlein: **„Grundsätze und Regeln des christlichen Lebens"** von dem gottseligen Cardinal Joannes Bona verfaßt, wohl ohne Anstand ein **überaus köstliches Büchlein für Alle, denen es ernst ist, fromm zu leben und selig zu sterben**, genannt, und der Nachfolge Christi vom gottseligen Thomas wohl, und mit Ruhm und Ehre an die Seite gesetzt werden dürfen. Gewiß wird darin das Wehen desselben heiligen Geistes von jedem wahren Christen nicht weniger, als in jenem verspürt werden, es könnte also wohl auch dieselben herrlichen Früchte bringen, allen heilsbegierigen Seelen, insbesondere aber den vielen eifrigen Freunden und Liebhabern des Büchleins von der Nachfolge ꝛc. als ein neuer köstlicher Schatz erscheinen und ihnen neue, hohe Geistes-Freude machen, und Vielen einen Frieden gewähren, den sonst die ganze Welt nicht geben kann, wenn sie anders nicht schon im Besitz einer Uebersetzung des Büchleins seyn sollten.

Mir ist eine solche niemals zu Gesicht gekommen. Ich zweifle daher, ob eine solche vorhanten, und noch mehr, ob eine solche so verbreitet seyn dürfte, als sie es verdiente. Da ich nun aber auch Andern von Herzen gönnen möchte, was mir das lateinische Original gewährte; so dürfte dieß das Erscheinen der gegenwärtigen Uebersetzung, wenn nicht genügend rechtfertigen, doch gewiß entschuldigen.

Der Verfasser des überaus köstlichen Büchleins: „Grundsätze und Regeln des christlichen Lebens," ist der im Oktober 1609 geborne, und im November 1674 im Rufe großer Heiligkeit gottselig dahin geschiedene Cardinal Joannes Bona. Man hat mehrere, von ihm verfaßte, überaus köstliche und so geistreiche Schriften, daß man nicht weiß, welcher derselben man den höchsten Werth beilegen soll. Eine der vorzüglichsten, und zugleich für alle Stände der Christen gleich werthvollen, ist das hier übersetzte Büchlein: „Grundsätze und Regeln des christlichen Lebens." Es giebt nicht wohl irgend eine Christen-Tugend, die der Mann von eben so ausgezeichneter Frömmigkeit, als hoher Gelehrtheit, in diesem Werke, nicht mit den reizendsten Farben geschildert und mit der liebenswürdigsten Anmuth empfohlen hätte. Und eben so giebt es schwerlich ein Laster, das er da nicht auf das strengste gegeißelt, und, indem er es geißelte, durch die sichersten und zuverläßigsten Mittel, auszurotten versucht hätte. Und um Alles auf Einmal zu sagen: es ist in diesem ganzen Werklein eine so fromme Einfalt und eine so einfältige Frömmigkeit mit den festesten Grundsätzen und sichersten Regeln des christlichen Lebens verbunden, daß es scheint, der fromme Cardinal habe sich da den Verfasser des goldenen Büchleins von der Nachfolge Christi recht eigentlich zum Muster und Vorbild genommen, und sey ihm sogar beinahe gleich gekommen.

Was der gottselige Cardinal in der Vorrede zu diesem seinem Werklein sagt, wünscht, und von Gott für seine Leser und für sich selbst erbittet, eben das sagen, wünschen und für die Leser dieser Uebersetzung und für sich selbst von Gott erflehen möchte auch

der Uebersetzer.

———

Vorrede
des gottseligen Verfassers.

Den
Auserwählten Gottes
auf dem
ganzen Erdkreise
wünscht
Joannes
von
Gottes Barmherzigkeit,
unter dem Titul des heiligen Bernard ad Thermas,
der heiligen römischen Kirche Priester,
Cardinal Bona
Gnade, und den Frieden, der alle Begriffe
übersteigt.

Dieses Büchlein biete ich Euch dar, mit aller gebührenden Achtung, gläubige Seelen! Ihr Gefäße der Ehre und Erbarmung, auserwähltes Geschlecht, heiliges Volk, Kinder Gottes! bestimmt vor Grundlegung der Welt zur Herrlichkeit; die Ihr erlöset durch das kostbare Blut Christi, und durch seine Gnadengabe aus der Knechtschaft der Sünde befreiet, Euch der Schmach des Kreuzes nicht schämet. Denn Euch ist es gegeben die Geheimnisse des Himmelreiches zu verstehen, die Ihr nicht aus dem Geblüte, nicht aus dem Willen des Fleisches, nicht aus dem Willen des Mannes, sondern aus Gott geboren seyd. Euch hat der himmlische Vater zum Erbtheile der Heiligen erwählet, auf daß Ihr heilig und unbefleckt seyd vor seinem Angesichte, in Liebe, von dem Ihr vorherbestimmet worden, nicht nach Euern Werken, sondern nach dem Rathschlusse seines Willens. Für Euch betete der Sohn Gottes, da Er aus dieser Welt zum Vater gehend sprach (Joh. 17, 6 u. 9.): „Ich „habe Deinen Namen den Menschen „geoffenbaret, die Du mir von der

„Welt gegeben haſt. Sie waren
„Dein, und haſt ſie mir gegeben.
„Ich bitte für ſie. Nicht für die
„Welt bitte ich, ſondern für die,
„welche Du mir gegeben haſt; denn
„ſie ſind Dein. Für die Welt hat Er
nicht gebetet, denn Alles, was in der Welt
iſt, das iſt Fleiſchesluſt, Augenluſt und
Hoffart des Lebens, die nicht aus dem
Vater iſt. Darum hören die, welche von
der Welt ſind, die Worte des Lebens nicht,
und wenn ſie ſie hören, ſo verſtehen ſie ſie
nicht, weil der thieriſche Menſch nicht begreift,
was des göttlichen Geiſtes iſt. Und Chriſtus
iſt zwar das wahre Licht, das jeden Menſchen
erleuchtet, der in dieſe Welt kommt; aber
die Welt hat Ihn nicht erkannt, und ſieht
Ihn nicht, und weiß nichts von Ihm, und
kann den Geiſt der Wahrheit nicht aufnehmen. Das iſt aber das Gericht und
der Verdammungsgrund der Gottloſen, daß
das Licht in die Welt kam, und die Menſchen

die Finsterniß mehr liebten, als das Licht; denn ihre Werke waren böse, und jeder der Böses thut, hasset das Licht. Wie nun Christus in seinem Leben und in seiner Lehre das Licht war, so hat Er doch besonders am Kreuze der ganzen Welt vorgeleuchtet; denn jenes Holz, an dem angeheftet waren die Glieder des Sterbenden, war auch zugleich die Kanzel des Lehrenden. Hören wir also, was Er uns lehre! Das Nämliche lehrt Er uns im Sterben, was Er uns im Leben gelehret hat; (Luk. 14, 27.): „Wer „sein Kreuz nicht trägt und Mir „nicht nachfolgt, der kann mein Jün-„ger nicht seyn" (Matth. 10, 38 und 16, 24.; Mark. 8, 34.; Luk. 9, 23.). Also das Kreuz aufnehmen und in die Fußstapfen Christi eintreten, ist unser Heil. Im Kreuze ist die Fülle aller Verdienste. Und das ist die hohe Philosophie (Weisheit) der Christen, Christum kennen und zwar den Gekreuzigten. — Möchte doch Gott denen,

welche diese Grundsätze und Regeln des
christlichen Lebens lesen, den Sinn öffnen
zum Verständnisse, die Dunkelheit der Unwissenheit verscheuchen, und die Schwachheiten der Seele heilen, auf daß sie, der
Gewalt der Finsterniß entrissen, zur Erkenntniß der Wahrheit gelangen mögen.
Deßhalb bitte ich Gott, Er möchte ihnen
verleihen, daß sie durch seinen Geist zum
inwendigen Menschen in der Tugend befestiget
werden, immer mehr und mehr Ueberfluß an
Liebe haben, und rein seyen ohne Schuld,
erfüllet mit Früchten der Gerechtigkeit, in
Allem Gott wohlgefällig ohne Tadel und
Vorwurf. Das ist es, was ich meinen
Lesern wünsche; für mich aber bitte ich Gott,
daß Er meine Seele mit der Klarheit seines
Lichtes erleuchten, und meine Schwachheit
durch die Kraft seines Armes stärken wolle,
damit ich nicht, während ich Andern predige,
durch Sitten, die der Lehre entgegen sind,
selbst verwerflich werde. Aber auch Euch

bitte ich, Ihr Freunde Gottes und Schafe seiner Waide! seyd meiner eingedenk in Euern Gebeten, daß ich, was diese Blätter lehren, auch durch meine Werke bekräftige und den, von mir ausgesprochenen, Grund= sätzen selbst nachlebe, und daß derjenige dazu Kräfte verleihe, der gesagt hat: „Ohne „Mich könnet ihr nichts thun" (Joh. 15, 5.) der mit dem Vater und dem heiligen Geiste Ein Gott ist und Ein Herr, herrlich und hocherhaben in Ewigkeit. Amen.

Grundsätze und Regeln

des

christlichen Lebens.

I. Theil.
Christliches Leben, Endzweck und Pflichten.

Erster Theil.
Vom chriſtlichen Leben, deſſen Endzweck und Pflichten.

§. 1.
Von dreierlei Gattungen Chriſten.

Wenn ich die ganze Menge der Chriſten, die in der katholiſchen Kirche leben, und ihre Sitten und Beſtrebungen, wie von einer Anhöhe herab, überſchaue; ſo ſcheint es mir, ich habe dreierlei Gattungen derſelben aufgefunden.

Die erſte Gattung ſind diejenigen, welche der Lehre und den Beiſpielen Chriſti, im Geiſte und in der Wahrheit, folgend, durch beſtändige und pünktliche Uebung evangeliſcher Vollkommenheit zeigen, daß ſie, in der That wie dem Namen nach, Chriſten ſeyen; denn ſie dienen Gott, forſchen Tag und Nacht in ſeinem Geſetze, kreuzigen ihr Fleiſch mit ſeinen Lüſten und Begierden, werden von Widerwärtigkeiten nicht überwunden und durch Glücksumſtände nicht verdorben. In dieſer Gattung giebt es einige, die sich auszeichnen, indem ihre Tugenden sich über den (gewöhnlichen) menschlichen Zustand erheben. Sie beobachten nämlich eine Enthaltsamkeit bis zum allereinfachsten Nahrungsmittel und zum beständigen Fasten; bewahren eine Reinigkeit bis zur Versagung jeglichen, auch noch so erlaubten, Vergnügens; üben eine Geduld bis zu Kreuz und Flammen (Marter und Qual); sie verläugnen sich selbst bis zu völliger Wegwerfung und Verachtung ihrer selbst; sie verschmähen die Reichthümer bis zur Vertheilung all' ihres Vermögens unter die Armen; sie lieben Gott bis zum höchsten Grade, der in diesem Leben möglich ist: auch besitzen sie alle (übrige) Tugenden in heroischem (heldenmäßigem) Grade, so daß andere, die sie sehen, sich verwundern und ihre Schwachheit bekennen, weil sie zu so hoher Vollkommenheit sich nicht erschwingen können. Doch die Anzahl solcher, beschränkt sich immer nur auf sehr wenige und gewöhnlich Unbekannte, die sich und der Welt abgestorben sind und als Gekreuzigte ein verborgenes Leben führen mit Christo in Gott.

Zur zweiten Gattung gehören diejenigen, welche mit dem Bekenntniß des (wahren) orthodoxen Glaubens zufrieden, blos mit äußerlichen

Uebungen, die Pflichten eines Christenmenschen erfüllt zu haben glauben: sie fürchten zwar Gott, aber sie dienen auch ihren Götzen. Sie gehen zwar oft zu den hl. Sakramenten, aber mit solcher Gleichgültigkeit und Fühllosigkeit des Gemüthes, daß sie aus dem oftmaligen Empfang keinen Nutzen ziehen, (nicht vorwärts kommen). Von schweren Sünden sich zu enthalten, kostet sie große Mühe, geringere achten sie nicht einmal: die äußerlichen Religionsübungen vernachläßigen sie zwar nicht; aber in irdischen Leidenschaften versunken und immer auf sich selbst und auf ihre eigenen Vortheile bedacht, wissen sie durchaus nichts davon, oder wollen es nicht wissen, was das innwendige Leben, was christliche Vervollkommnung, was das Emporschwingen des Gemüthes zu Gott sey, und die Verläugnung und Absagung aller Dinge, ohne welche Niemand, wie Christus so oft lehrte, sein Jünger seyn könne; und wollte ihnen jemand die Grundsätze eines heiligen Lebens vortragen, so würden sie von thörichtem und beweinenswürdigem Wahn eingenommen, solche zu den Mönchen und Einsiedlern verweisen.

Die dritte Gattung umfaßt alle diejenigen, die deßwegen Christen genannt werden, weil sie von christlichen Eltern abstammend, durch das Taufwasser wiedergeboren unter Christen wohnen: in ihren Sitten aber schlechter sind, als die Ungläubigen (Heiden) — gottlose, lasterhafte, abscheuwürdige Menschen. Deren ist eine unermeßliche Anzahl!

§. 2.
Die dritte Gattung der Christen wird geschildert.

Es sind diejenigen, die Gott mit dem Munde bekennen aber in Thaten verläugnen: denn sie lieben ihren Körper und sein Wohlbefinden all' zu sehr, hängen dem Getriebe der Welt eifrigst an, und verhärten sich so sehr gegen die evangelische Wahrheit, daß sie sich fast schämen, Christen zu seyn. Sie nähren und pflegen täglich ihre Sünden, und nachdem sie ihre Laster in Gewohnheit verwandelt, haben sie alle Schamhaftigkeit verloren. Sie haben an nichts Geschmack als an der Welt, und beurtheilen Gutes und Böses, blos nach dem Maße der Lust, die der Körper dabei empfindet, und bestimmen alle Handlungen ihres Lebens so, daß sie, wie unvernünftige Thiere blos der Sinnlichkeit des Körpers folgen. Für ihr höchstes Gut halten sie zeitliches Vermögen, das sie sich, wenn

sie's, auf gute und erlaubte Weise nicht erwerben
können, auch durch unrechtmäßige Mittel zu verschaffen suchen. Nichts ist ihnen schändlich, nichts
unwürdig, wenn ihnen nur Geld zufließt und
Ehrenstellen, die sie zur Entehrung des Schöpfers
gottesräuberisch mißbrauchen; und, was einst, wie
wirs lesen, von gewissen Griechen gesagt wurde:
sie bauen als würden sie immer leben, und leben,
als würden sie des andern Tages sterben. So
thun sie aber, weil sie den Worten des Herrn nicht
glauben, und der menschlichen Hinfälligkeit uneingedenk, sich eine lange Reihe von Jahren versprechen. Sie suchen ihre Ruhe in vergänglichen
Dingen, die einst wieder von andern in Besitz genommen werden, und sind unbekümmert um un-
vergängliche, weil sie an die Ewigkeit gar nicht
denken. Der Ehrgeiz quält sie; die Wollust zer-
rüttet sie; der Stolz bläht sie auf; der Neid verwundet sie; Begierden beunruhigen sie, und mit
Ekel an der Gerechtigkeit erfüllt, sind ihnen die
Gebote Gottes so zuwider, daß sie dieselben fast
verwünschen. Christus ruft: selig seyen die Armen,
selig die da trauern, selig die Verfolgung leiden;
sie dagegen preisen jene selig, welche Reichthümer
im Ueberfluß besitzen, die über andere in Ehren-

stellen emporragen, die, denen Jedermann Ehre
erweiset. Christus hat ausgesprochen: sein Jünger
könne nicht seyn, wer nicht Alles verläßt, was er
besitzt; sie aber behalten mit Sorglichkeit, was sie
besitzen, verlieren es nur mit Schmerzen, ja sie
gelüsten sogar nach fremdem Gut und sind stets
bereit, wenn es Niemand hindert, dasselbe auch
mit Unrecht an sich zu bringen. Einige, die sich
sogar dem Dienste der Kirche gewidmet und Christum allein zu ihrem Erbtheil erwählet haben,
ihres Versprechens uneingedenk, hören nicht auf,
Schätze auf Schätze zu häufen, und besitzen so
oft, unter dem armen Christus, was sie in der
reichen Welt nicht hätten. Des Herrn Gebot ist
es, daß wir unsere Feinde lieben, und denen, die
uns hassen, Wohlthaten erweisen: sie aber hassen
ihre Feinde, thun ihnen Schmach an und verletzen
sie wenigstens in Gesinnungen, wenn sie es durch
Thaten nicht können. Christus befiehlt, daß wir
dem, der uns den Rock nehmen will, auch den
Mantel geben; daß wir dem, der uns auf den
rechten Backen schlägt, auch den linken hinbieten
sollen. Wer thut darnach? Ja, wer ist, der dieses
Gebot, oder diesen Rath nicht gering achtet, oder
gar verlachte? Es durchgehe, wer immer will, das

Evangelium Christi und prüfe seine Anhänger, er wird sehr wenige finden, die nach seinem Gebote leben und demselben mit der gebührenden Hochachtung und Ehrfurcht Folge leisten. Ja sie mögens nicht einmal lesen oder hören, und ziehen das gottlose Geschwätz der Welt und allen tollen Unsinn dem Worte Gottes weit vor, auch damit beweisend, daß sie zu denjenigen gehören, welche das Wort Gottes nicht hören, weil sie nicht aus Gott sind. Da es aber Pflicht des Christenmenschen ist, an Gott wahrhaft zu glauben, seinem Rathe zu folgen und seinen Geboten zu gehorchen: so folgt ohne Zweifel, daß, wer diese verachtet und verletzt, kein Christ sey; denn der Glaube ohne Werke ist todt; auch nützt das Vorrecht eines großen Namens nichts, wenn Sitten und Pflichterfüllung demselben nicht entsprechen. Als Unterschied zwischen einem Christen und einem Ungläubigen darf nicht blos der Glaube, es muß als solcher auch der Lebenswandel und die Sittlichkeit angesehen werden, damit die wahre Religion von der falschen durch die Werke unterschieden werde. Denn was soll der Glaube jener seyn, die Gott so glauben, daß sie seine Gebote verachten? Diese sind dem Teufel gleich, der glaubt und zittert. Doch wenn sie nur nicht noch schlechter wären: denn der Teufel hat Glauben und Furcht; sie aber verschmähen den Glauben und haben aber keine Furcht.

§. 3.

Daß die Erbsünde Ursache aller Uebel sey.

Die Ursache dieses Verderbnisses kann Niemand verkennen, dem der Sündenfall des ersten Menschen bekannt ist. Denn nachdem die ursprüngliche Gerechtigkeit (die Unschuld) verloren war, fiel die, mit dem Fluche belegte Masse der verdorbenen Natur in eine solche Menge von Uebeln, daß deren Zahl gar nicht ausgesprochen werden kann. Daher kömmt das Leben voll Mühseligkeit, voll Schmerz und Kummer ꝛc., daher die ganz eigenthümliche Neigung zum Bösen, daher kömmt jene schrecklich tiefe Unwissenheit, die unsern Sinn in Finsterniß und Dunkelheit hüllet; daher die blinde und unbändige Begierlichkeit, welche die Seele niederdrückt und an die Erde klebet. Daher kömmt die Wegwendung von Gott und die Liebe zu den vergänglichen Dingen, und daraus entspringen die nagenden Sorgen, die unsinnigen Freuden, die Streitigkeiten und Parteiungen und die schändlichen

Lüsternheiten ꝛc. *) Es war also allerdings eine völlig gerechte Strafe für die gottlose Auflehnung, daß der Mensch, der mit eigenem Willen, aus Hoffart, Gott verlassen hat, von Ihm auch verlassen wurde; und daß der, welcher von seinem freien Willen keinen guten Gebrauch machen wollte, da er es doch konnte, nunmehr unfähig wurde, denselben zum Guten zu gebrauchen, und Gott zu lieben, wie es sich gebührt, oder an Gott recht zu glauben, oder wegen Gott zu handeln, oder das, was recht ist, zu denken, wenn nicht Gottes Gnade und Barmherzigkeit ihn dazu erwecket und ihm vorausgeht. Daher wird der, sich selbst überlassene Mensch, durch das Gewicht der Eigenliebe nur an sich selbst gezogen, und, indem er nur sich selbst liebet, ruht er auch in sich selbst, wie im Mittelpunkte. Möchten doch alle Christen diese Wahrheit recht einsehen; denn wenn sie erkenneten, daß sie unter dem Gesetze der Sünde gefangen und zu allem Guten unfähig seyen, so würden sie gewiß durch inständiges und eifriges Gebet

---

*) Durch die heil. Taufe wird die Erbsünde getilgt, lehrt der hl. Kirchenrath von Trient Sess. V. cap. 5, die Verdammung so Vieler liegt also in ihrer eigenen Schuld, nicht in der Erbsünde.

von demjenigen Hilfe erflehen, der in uns das Wollen und das Vollbringen bewirket, und von dem alles Licht, alle Kraft und all' unser Vermögen (und Können) ausströmt. Aber die meisten liegen tief begraben und lieben sogar, von einem bedauerlichen Irrthume getäuscht, ihre Blindheit und ihre Schwächen und halten sich für gesund, weil sie gar nicht wissen, daß sie krank sind.

§. 4.

Veranlassung und Zweck dieses Büchleins.

Wenn ich nun das Alles öfters in meinem Gemüthe hin und her überlegte und an die verlornen Tage des verflossenen Lebens, in der Bitterkeit meiner Seele, zurück dachte, so überfiel mich ein doppelter Kummer; der eine wegen der vergangenen Zeit und der andere wegen der Zukunft, und in beider Beziehung ward mir angst und bange. Denn wenn ich mir all' die zurückgelegten Tage in's Gedächtniß zurückrufe und damit eine strenge Untersuchung vornehme, so erschrecken mich die vielen Uebertretungen des göttlichen Gesetzes und die vielfältigen Verletzungen der Treue, die ich Christo in der Taufe gelobet, indem ich dem Satan widersagte und allen seinen Werken und seiner Hoffart,

und ich schäme mich der Gnade Gottes untreu
geworden zu seyn. Wende ich aber den Blick
meines Geistes auf die Zukunft; so bebe ich vor
dem furchtbaren Gerichte Gottes, und der Gnade
und des Heiles ungewiß, zittere ich an allen
Gliedern. In solchen Aengsten schwebend, habe ich
mir vorgenommen, mit der Hilfe Gottes, zuerst
mir selbst und dann auch andern, welche gleiche
Noth drückt, nachhaltig zu Hilfe zu kommen und
Verhaltungs-Regeln niederzuschreiben, die stets bei
der Hand seyn können, damit die Schwäche des
Gedächtnisses durch deren emsiges Lesen aufgefrischt
werde, und denjenigen, welche den Weg der Vollkommenheit ernstlich betreten wollen, die Mühe
weitläufiger Nachforschung erspart werde. Denn
weil die Erforschung jeder Wahrheit auf gewissen
Grundsätzen beruht, welche die Philosophen Axiomen
und die Aerzte Aphorismen nennen, und worin
von den vorzüglichsten Gegenständen ein kurzer
Inbegriff, oder gleichsam der Kern enthalten ist;
so ist es meine Absicht, in diesem Büchlein das,
was von Einrichtung einer heiligen Lebensweise,
zuerst in der hl. Schrift und dann in den Büchern
der heiligen Väter und frommer Schriftsteller zerstreut zu lesen ist, auf gewisse, sichere und besonders

nothwendige Grundsätze des christlichen Lebens, die ganz kurz und bestimmt seyn und in Wenigem Vieles enthalten sollen, zusammenzuziehen. Wahrlich, das Einzige ist nothwendig, wovon gar Alles, und der volle Grund eines seligen (glücklichen) Lebens abhängt, daß man wisse, was es heiße: christlich leben. „Denn was nützt es dem Menschen, wenn er die ganze Welt gewänne, seine Seele aber Schaden litte? Oder was für ein Lösegeld kann der Mensch für seine Seele geben?" (Matth. 16, 26.) Was könnte wohl Verkehrteres und Unsinnigeres gesagt oder gedacht werden, als sich des Christen-Namens rühmen und ein, der Lehre und den Beispielen Christi ganz entgegengesetztes Leben führen? Eitel ist der Namen, wenn ihm das Leben nicht entspricht.

§. 5.
Warum Viele die Grundsätze des christlichen Lebens kennen lernen, Wenige aber befolgen.

Diese Lehren können freilich Alle leicht lesen, lernen und überlegen; aber (was sehr zu bedauern ist) ihre eigenthümliche Kraft und ihren rechten

Sinn finden Wenige. Leicht sehen wir es alle ein, daß der Weg zum Himmel durch Selbstverläugnung, Fasten, Wachen, Züchtigung des Fleisches und vielerlei Trübsale bereitet werden müsse; aber in unsern Handlungen scheint es, wir sehen es nicht ein. Freilich sagen wir: der Christ muß Lästerungen, Verfolgungen, Qualen und selbst den Tod gerne erdulden; aber wenn diese Leiden uns recht nahe kommen, wenn dem Leben wirklich Gefahr droht, dann verhüllet Finsterniß unser Gemüth und was uns vorher klar und helle war, das erscheint uns nun von unglaublicher Dunkelheit umgossen. Wir sind demüthig, wenn wir von Niemanden verachtet werden; geduldig, wenn uns nichts Lästiges zustößt. Den Grundsätzen des christlichen Lebens geben wir Beifall, wenn sie uns nicht berühren; sobald sie aber uns angehen, dann schleichen sich die Reizungen irdischer Begierden ein, und verwirren unser Gemüth und wir deuten sie in milderem und uns bequemerem Sinne. — Denn die Wahrheit, von Dunkelheit umhüllt, liegt verborgen und die Menschen hassen sie, um des in ihr liegenden Ernstes willen, den unsere, durch Sünde verdorbene Natur, nicht ertragen kann: und weil mit den Tugenden Bitterkeit, mit den Lastern aber Lust verbunden ist; von jener abgestoßen, von dieser angelockt stürzen sie eilenden Laufes in Laster und nachdem sie die Wahrheit verschmäht, umarmen sie den Irrthum (die Lüge). Daher, wenn sie auch zuweilen Lehren anhören, welche die reine Wahrheit vortragen und gleichsam vor die Augen hinlegen; so fallen sie — obgleich sie wohl einsehen, daß sie in der Finsterniß und im Todesschatten wandeln, und ein wenig nach dem Licht zu blicken beginnen — dennoch wieder in ihre Finsterniß zurück und schließen ihre Augen wieder, daß sie das angebotene Licht nicht sehen, so recht wie Träumende, die aufwachen möchten, aber von mächtiger Betäubung gedrückt aufs Neue in tiefen Schlaf versinken.

Es darf also Niemanden wundern, wenn wir uns Viel vornehmen und doch Nichts ausführen; theils weil wir die Schwierigkeiten, welche guten Handlungen im Wege zu stehen pflegen, nicht voraussehen und sobald sie erscheinen, zurücktreten; theils weil wir mehr auf unsere eigenen Kräfte, als auf den Beistand Gottes vertrauen und daher, wenn uns eine Versuchung überfällt, davonlaufen, damit wir inne werden, der Sieg sey nicht unserer

Tugend (Kraft), sondern immer der Gnade Gottes zuzuschreiben; theils endlich weil wir uns viel mit der Erforschung aber wenig mit der Liebe (der Wahrheit) abgeben, und die Regeln eines frommen Lebens lieber im Kopfe als im Herzen haben wollen, indem wir die göttliche Wissenschaft zwar fleißig aufsuchen, aber nicht in der Absicht, um zu leben, wie sie lehret, sondern um sie öffentlich zur Schau zu tragen und dadurch das Lob der Menschen einzuärndten. Es ist aber eine eitle (unnütze) Mühe, Weisheit lernen und thöricht leben.

§. 6.
Daß die Regeln der evangelischen Vervollkommnung (Vollkommenheit) nicht blos den Ordensleuten, sondern allen Christen gegeben seyen.

Es giebt sehr viele, welche, die von Christus ausgesprochenen Grundsätze der christlichen Vollkommenheit weder erlernen noch beobachten wollen. Damit es aber nicht scheine, als hätten sie dieselben muthwillig verworfen; so behaupten sie, diese Grundregeln gehen blos diejenigen an, welche in Klöstern eingeschlossen, allen weltlichen Sorgen überhoben sind. Darum will ich auf das Klarste zeigen, wie nichtig und falsch diese ihre Meinung sey, damit dieser Irrthum gehoben werde und die Wahrheit helle einleuchte. Es ist zwar ganz richtig, daß sich das Leben der Christen durch einen doppelten Stand unterscheidet, nämlich durch den weltlichen und durch den geistlichen; aber beide streben nach dem nämlichen Ziele, nur auf verschiedenem Wege, und was die Uebung der Tugend, die Verachtung der Welt, die Armuth des Geistes, die Liebe des Kreuzes betrifft, so stehen beide in ganz gleichem Verhältnisse, nur mit dem einzigen Unterschied, daß die Ordensleute durch feierliche Gelübde und Ordenssatzungen gebunden, in noch strengerem Sinne, als die Weltleute zur Vervollkommnung verpflichtet sind; im übrigen wird eine und dieselbe Lebensweise von beiden gefodert. Ein und dasselbe Evangelium ist Allen verkündet worden. Und da Gott nichts befiehlt, als die Liebe und nichts verbietet, als die sündige Begierlichkeit: so findet hierin kein Unterschied und keine Ausnahme der Personen statt. Unser Heiland verlangt, daß man kein unnützes Wort rede, weil man am Tage des Gerichtes darüber Rechenschaft zu geben habe; daß man sich nicht erzürne; daß man nicht gelüste. Wir sehen aber nirgends, daß Er einen Unterschied gemacht habe zwischen Mönchen und Eheleuten. Ebenso, wo Er gesagt hat: „selig seyen, die da trauern, unselig, die da lachen," und wo Er gelehrt hat, „wir sollen immer beten, Alles verlassen, das Leben hassen, uns selbst verläugnen, Unbilden geduldig ertragen und durch die enge Pforte eingehen," da hat Er wahrlich keine Klasse von Menschen ausgeschlossen. Fodert nicht ebenso auch Paulus, der Apostel, da er an alle Christen, also auch an Verehelichte und sogar Kinder-Säugende schrieb, ganz die Weise des Mönchslebens? „Haben wir Nahrung und Kleidung, sagt er, so lasset uns damit zufrieden seyn." (1. Tim. 6, 8.) Was würde er von Einsiedlern mehr gefodert haben? Haben nicht auch die Apostel Petrus und Jakobus an alle Christen geschrieben, und sie ermahnt, daß sie heilig, unbefleckt, vollkommen und fehlerlos seyn sollen? Christus endlich, da Er sprach: „Seyd vollkommen, wie euer Vater im Himmel vollkommen ist" (Matth. 5, 48.) richtete diese Rede an alle, die an Ihn glaubten und stellte ihnen so die Heiligkeit als höchstes Ziel vor Augen, damit alle, die wir aus Gnaden Kinder Gottes heißen und sind, die Vollkommenheit des Vaters nachahmen möchten. Es

ist also allen Christen als hohe Nothwendigkeit
verkündet, daß sie nach Heiligkeit streben, wenn
sie nicht als entartete Kinder von der väterlichen
Erbschaft ausgeschlossen werden wollen.

§. 7.
Nutzen dieses Büchleins und Ermahnung zur Vollkommenheit.

Einzig und allein dahin sollten wir also unsere
Sorge richten, daß wir, mit Hintansetzung aller
Dinge, welche sonst die Sterblichen für Güter
halten, in den Fußstapfen Christi nach dem Gipfel
der evangelischen Vollkommenheit immer höher hin-
ansteigen. Darauf bezieht sich Alles, was in diesem
Büchlein gesammelt ist, daß wir die eiteln Lock-
ungen der Sinne überwinden, die Wahrheit erfaßen
und dann gleichsam in das Land unseres Ursprunges
zurückkehren, um über die Sünde zu triumphiren
und ewig zu regieren. Die Kinder dieser Welt
möchten gerne glauben machen, die Vollkommenheit
sey eine äußerst schwere Sache und könne in dieser
Welt nicht angetroffen werden, damit der müde
gewordene Mensch sich nicht länger getraue das
anzustreben, woran er verzweifelt, es erreichen zu
können. Allein, wer (guten, festen) Willen hat,

dem ist nichts schwer und was wirklich hart ist, das macht die Gnade Gottes leicht. So groß ist aber die Schönheit der Gerechtigkeit, so groß die Seligkeit des ewigen Lichtes, so groß der Glanz der unveränderlichen Wahrheit, daß wenn man auch nur einen einzigen Tag darin bleiben dürfte, unzählige Tage dieses Lebens, voll Lustbarkeiten und voll von allem Ueberflusse zeitlicher Güter, dagegen von Rechtswegen verschmäht würden. Denn es steht geschrieben: (Pf. 83, 10.) „Ein Tag in beinen Vorhöfen ist besser als sonst tausende!" — Es soll sich auch Niemand wundern, wenn in diesem Büchlein manchmal Einiges wiederholt vorkömmt; denn die Grundsätze der Tugend sind mit einander innigst zusammenhängend, und das ist die Kraft der Wahrheit, daß je näher wir zu ihr kommen, wir sie desto häufiger, immer als die nämliche antreffen. Wenn aber Einiges herb und schwierig, anderes zu schwer und die Kräfte der menschlichen Schwachheit übersteigend scheinen sollte, so wird es gut seyn, zu bedenken, daß das Himmelreich Gewalt leide, und daß die Leiden dieser Zeit, so auch Jemand alle bestehen müßte, nicht zu vergleichen seyen mit der künftigen

Herrlichkeit, die an uns offenbar werden soll. Kurz ist die Arbeit; ewig der Lohn!

§. 8.
Wie nothwendig dem Christen die Betrachtung des letzten Ziels und Endes (seiner Bestimmung) — sey.

Man kann es mit Worten nicht aussprechen und mit dem Verstand nicht fassen, welche Unbekanntschaft mit dem letzten Ziel und Ende unter Christen sich vorfindet. Wenn keine Ewigkeit wäre, wenn nach diesem Leben nichts zu hoffen und nichts zu fürchten wäre, würden wir dann wohl ein anderes Leben vollbringen? Es sind nur sehr wenige, die ernstlich erwägen, das sey die einzige und wichtigste, in diesem Erdeleben zu besorgende Angelegenheit, auf welche Alles gerichtet und alle Kräfte verwendet werden sollten, daß nämlich: Jeder sein Ziel und Ende (seinen Zweck) erreiche, der um seiner selbst willen und nicht einer andern Sache wegen angestrebt wird, von dem Philipp, der Apostel redet, wenn er spricht (Joan. 14, 8.) „Zeige uns den Vater, so genügt es uns." Das Ziel und Ende — der Endzweck nämlich, welcher Gott (selbst) ist und seine helle

Anschauung genügt uns, weil deffen kein Ende mehr seyn wird. Alles andere sind Nichtswürdigkeiten, Eitelkeiten und Geistesplage. Unser Körperbau zeigt an, wozu wir geboren seyen. Mit emporgerichtetem Angesichte hat uns Gott erschaffen, daß wir zum Himmel aufschauen, wo unser Ursprung und unser Vaterland ist. Dennoch neigen sich die meisten Menschen, wie die Thiere, zur Erde, suchen nichts und wissen nichts, als die Erde, und wie von der Schlafsucht übermannt, heben sie ihr Haupt nur dann ein wenig auf, wenn ein großes Geschrei oder gar ein Feuerlärmen entsteht. Auch dann bringen sie nur schläfrig wenige Worte vor und schlafen gleich wieder ein, und mögen die Worte des Heiles weder hören, noch die gehörten erfassen. Das Wort des Herrn heißt: (Matth. 6, 33.) „Suchet vor Allem das Reich Gottes und seine Gerechtigkeit, und dieß Alles wird euch (als Zugabe) beigelegt werden." Wir aber kümmern uns nicht um das Reich Gottes und suchen vor Allem Geld, weltliche Ehren und Wollüste und geben uns dieser einzigen Sorge ganz hin. Der Herr hat uns gelehrt: (Luk. 10, 42.) „Nur Eines sey nothwendig;" wir lassen uns in gar viele

Dinge hineinziehen (zerstreuen), die nichts anderes sind als Hindernisse des Heiles. Er sagt (Matth. 7, 12.), **Wir sollen den Leuten alles das thun, was wir wünschen, daß sie uns thun sollen;** wir dagegen thun ihnen das, was wir von ihnen nicht leiden wollen. Er sagt (Matth. 7, 1.) „**richtet nicht!**" wir aber richten andere sehr strenge, und tadeln den Splitter in den Augen der Brüder, den Balken aber in unsern eigenen Augen nehmen wir nicht gewahr. Er befiehlt uns (Matth. 22, 37.) „**daß wir Ihn selbst von ganzem Herzen und über Alles lieben sollen;**" wir aber lieben Reichthümer und Wollüste mehr als Ihn und ziehen Ihm Alles vor, was die verderbte Natur gelüstet und unserer Begierlichkeit schmeichelt. Umsonst ist daher denn auch, so weit es von uns abhängt, die Predigt vom Kreuze, fruchtlos die Menschwerdung des Wortes, unwirksam die Kraft der Sakramente so lange wir so leben, als hätten wir gar keine Kenntniß von Gott und von unserm letzten Ziel und Ende, (von unserer Bestimmung). Und da das Leben eines jeden lebendigen Wesens in Erfüllung seiner Bestimmung besteht, unsere eigenthümliche Bestimmung aber die Erkenntniß und

Liebe Gottes ist; so ist Alles, was wir für diesen Zweck thun, heilsam; was wir außer ihm thun, unnütz und eitel, und was wir gegen ihn thun, verderblich.

§. 9.
Warum nicht Alle selig (glücklich) seyen, da doch Alle selig seyn wollen.

Alle, die ihre Vernunft gebrauchen, stimmen darin völlig überein, daß die Menschen glückselig seyn wollen. Ueber die Glückseligkeit selbst aber sind viele und große Streitigkeiten entstanden, in welchen die Philosophen ihre Mühe und ihre Zeit verschwendeten um zu erforschen, welches das glückselige Leben sey, wornach Christen und Ungläubige, Weise und Thoren ein gleiches Verlangen haben. Worin jedoch die wahre Glückseligkeit bestehe, wissen allein die Christen, die festiglich glauben, die Quelle aller Seligkeit und das Ziel alles Verlangens sey Gott, der das höchste Gut und der letzte Endzweck ist, den wir über Alles lieben müssen, um in seinem Genusse zu ruhen. Nicht genug beweint werden kann aber die Blindheit und Verkehrtheit unzählbar vieler Christen, die zwar heftig nach Glückseligkeit verlangen, aber dennoch nichts thun, wodurch sie dieselbe erlangen könnten; denn ihr

Verstand wird durch eine ganz falsche Vorstellung von Glückseligkeit so sehr getäuscht, daß sie von der Annehmlichkeit sinnlicher Dinge berauscht, nach nichts verlangen, was die Sinnlichkeit übersteigt. Sie wollen also glückselig seyn, können es aber nicht werden, weil sie ihre Handlungen nicht nach dem letzten Ziel und Ende (Endzweck) richten wollen. So kommt es denn, daß sie unglückselig sind, nicht weil sie unglückselig seyn wollen, sondern weil sie selbst gegen ihren eigenen Wunsch, das wollen, woraus Unglückseligkeit unvermeidlich hervorgeht. Wie in einem noch so großen Zirkel ein Mittelpunkt ist, den man Zentrum nennt, nach welchem alle (Radien) Linien zielen und obgleich der Umfang des Zirkels in unzählige Theile zerschnitten werden könnte; so ist es in Wahrheit doch nur jener Einzige Punkt, der, nach einem gewissen Gesetze der Gleichheit, alle beherrschet. So muß auch die Seele den Einen Gott immer suchen und nach Ihm streben. Weicht sie von Ihm ab, so wird sie von einer Menge von Dingen überwältigt die den Einzigen selbst nicht finden läßt. Nur das verlangt Gott von uns, weil dieß das einzig Nothwendige ist. Wenn auch Alles andere fehlt; so fehlt doch nichts Nothwendiges, wie es denn auch nicht nothwendig ist, daß wir leben. Wenn nun das Leben nicht nothwendig ist; so ist das, was dazu gehört, noch viel weniger nothwendig. Wer aber lebt, der soll, nach unerläßlicher Pflicht, dem Einen Gott leben und dienen. So also ist der Mensch (das mit Vernunft begabte Geschöpf) in die Welt gesetzt, daß er glückselig werde, wenn er sich zu dem unveränderlich Guten wendet, unglückselig aber, wenn er sich davon abwendet.

§. 10.
Alles muß, in reiner Absicht, auf Gott bezogen werden.

Da wir alle in dieser Welt Fremdlinge und Pilger sind, und in's Vaterland reisen, so müssen wir unausgesetzt vorwärtsschreiten und wohl Acht haben, wohin wir trachten, in welcher Absicht und Meinung wir handeln und worauf unsere jedesmalige Bemühungen gerichtet seyen. Denn der Mensch handelt des Zweckes wegen, und je reiner die Absicht des Handelnden ist, desto vollkommener ist das Werk. Die Absicht wirkt das gute Werk, der Glaube aber erzeugt die Absicht. Die Bösen und Gottlosen haben jenes Sprichwort: (Weish. 2, 6.) „Laßt uns die Güter genießen die da sind"; allein, wir sollen Gott genießen, die Geschöpfe nur gebrauchen. Es sind auch alle Geschöpfe, nach Gottes Plan, nur Wege und Mittel, wodurch wir zu Ihm geführt werden: durch unsere Bosheit aber werden sie Hindernisse, wodurch wir von Ihm abgewendet, und vom Ziel und Ende abgeführt werden, weil, wie der Weise sagt: (Weish. 14, 11.) die Geschöpfe Gottes zu Gräueln geworden sind, zur Verführung der Menschen-Seelen, und zur Falle den Füßen der Thoren. Der Thoren, sagt er, die der Führung Gottes nicht folgen, von Gottes Licht die Augen des Geistes wegwenden, und den Reiz der Geschöpfe liebend, in Schatten und Dunkelheit wandeln, und zur Aufnahme des göttlichen Lichtes um so untüchtiger werden, je länger sie dem Schatten anhängen. Wenn alle Geschöpfe blos dazu geschaffen sind, daß wir sie gebrauchen sollen, um unser letztes Ziel und Ende zu erreichen; so müssen wir unsere Herzensneigung von ihnen abwenden und auf Gott richten, der unser Ziel und Ende ist. Das Ziel und Ende muß ohne Aufhören und Unterlaß angestrebt und geliebt werden, weil es das allerhöchste Gut in sich selbst ist; jene Dinge aber, die nur zum Ziel und Ende führen, sollen nur in so ferne geschätzt werden, als sie dazu dienen, das Ziel und Ende zu erreichen, von welchem ihr ganzer Werth abhängt. Der Christ soll also Alles, was er denkt und redet und thut auf Gott beziehen, und zwar nicht blos mit dem Munde, oder nur mit träger Geistesübung, sondern mit aller Anstrengung der Seele, von ganzem Herzen, und mit einer, von allen irdischen Dingen abgewendeten Liebe; denn oft lassen wir uns durch den Schein des Rechten täuschen, und fallen wieder in uns selbst zurück, indem wir, sogar in geistlichen Uebungen, mehr unsern Vortheil als Gott suchen. Daher sagt die Schrift: schmal und rauh sey der Weg des Heiles, weil die verdorbene Natur der göttlichen Beweggründe und der reinen Absicht widerstrebet und Alles auf sich bezieht. Wenn aber dieses Widerstreben durch ununterbrochene Uebung und Freude am göttlichen Gesetze überwunden seyn wird, dann ist der Weg breit, dann sind die Gebote leicht, dann ist das Joch süß.

§. 11.

Woher es kommt, daß gar so Viele ihr Ziel und Ende, (ihre Bestimmung) verfehlen.

Deutlich und in tiefer Weisheit hat der Weiseste unter den Sterblichen gesprochen (Pred. 1, 15.): „**Thoren giebt es ohne Zahl.**" Eine sehr große, ja fast unzählbare Menge Menschen vergeudet ihre Tage, in unerträglicher und nie genug zu beweinender Thorheit, mit Possen (nichtswürdigen Dingen) zieht das Fleisch dem Geiste, die Zeit der Ewigkeit, Irdisches dem Göttlichen vor, bis ihre elende Lebensweise sich in das entsetzliche Trauerspiel des Todes auflöset, und so stürzen sie dann in die Hölle hinab. Wenn vom Gewinnen eines Prozesses, vom Erwerben eines Besitzthums, oder vom Erringen einer Ehrenstelle die Rede ist: da spart man keine Anstrengung, da schont man kein Geld, da werden Bücher aufgeschlagen und alte Urkunden untersucht. Handelt es sich aber um das Himmelreich, um das Erringen ewiger Seligkeit, da schlafen alle, da wird niemand aufgeregt, da wird kein Fleiß, keine Sorge angewendet. Für das, was den Körper angreift und verletzt, wie Hunger, Durst, Kälte, Hitze, Schmerzen,

Krankheiten, da haben wir sehr richtige Sinne, daher kommt es, daß wir all' unsern Fleiß und Eifer unabläßig darauf verwenden, diesen Umständen zu entfliehen. Aber für den Hunger, den Durst, die Krankheit und andere Uebel der Seele haben wir gar keinen Sinn, als wenn der eblere und beſſere Theil des Menſchen, durch den wir leben und denken und der den Engeln ähnlich iſt, uns ganz fremd, oder gar nicht da wäre. Der thieriſche Theil erhält immer den Vorzug und man liebt dieſes hinfällige Leben mehr als das ewige, und auf nichts verwenden wir all' unſere Sorgfalt eifriger, als darauf, daß der Menſch, der doch bald ſterben muß, ein wenig ſpäter ſterbe. Das kommt, vor Allem, von einer kraſſen, trägen Unwiſſenheit her, oder richtiger von einer Unaufmerkſamkeit; denn die meiſten wiſſen nicht, oder erwägen nicht, wozu der Menſch erſchaffen ſey, und welchen Zweck er ſich, in allen Verhältniſſen ſeines Lebens vorſetzen, und auf welchem Wege er zu demſelben gelangen könne, wie geſchrieben ſteht (Jerem. 12, 11.): „das ganze Land wird öde und wüſte werden, weil Niemand in ſich geht,“ (ſich im Herzen beſinnet). Das kommt her von der Menge und Wuth der auf uns eindringenden Feinde, deren Fallstricke Niemand entgehen kann, wenn sie nicht vom Herrn der Heerschaaren zerrissen werden. Es umfangen uns und besitzen uns nämlich das schwache Fleisch, die schmeichelhafte Welt und die Schaaren der feindseligen Geister. Es kommt her vom Mangel an Licht, woran es dieser in tiefe Nacht begrabenen Welt gar sehr fehlt, und weil wir im Gebete, um dasselbe, denjenigen nicht anflehen, der allein die Finsterniß verscheuchen und unsere Seele erleuchten kann. Es kommt endlich von der Trägheit und Unbeständigkeit, weil die Tugend nur in unserm Wunsche liegt und nicht zur That wird, und weil wir, wenn es zur Ausübung derselben kommen soll, von der Schwierigkeit erschreckt, wieder zurückweichen. Alle wollen zwar zu Christus kommen, aber zu Ihm gehen will Niemand; genießen wollen sie Seiner, aber Ihn nicht nachahmen; zu Ihm gelangen wollen sie, aber Ihm nachfolgen wollen sie nicht. Sie möchten den Lohn ohne Arbeit, die Krone ohne den Kampf. Die Preise gefielen ihnen schon, aber der Streit gefällt ihnen nicht.

§. 12.

Wir lassen uns durch den Schein des Guten täuschen.

Alle Glückseligkeit der Welt, und was die Menschen gemeiniglich lieben und hochschätzen, gleicht einem Gemälde, welches, wenn es Jemand, bei dem falschen und schwachen Lichte der Zeitlichkeit, ich möchte sagen, bei einem Laternenschein anschaut, einige Schönheit zu haben scheint, wodurch es reizt und anzieht: aber sobald er es bei'm Lichte der Ewigkeit, ich meine damit, bei den Strahlen der herrlich leuchtenden Sonne, betrachtet, sieht er ganz deutlich, daß es weiter nichts sey, als ein unförmliches, oberflächlich hingeworfenes Bild und ein unordentlicher Wirrwar von Linien. Den Augen der Welt ist das Licht des Evangeliums dunkel, das in der Finsterniß leuchtet; denn die Finsterniß hat es nicht begriffen. Dieses Licht des Evangeliums allein erleuchtet uns, daß wir den Unterschied zwischen dem Guten und dem Bösen, zwischen der Wahrheit und dem Schein zu erkennen und das Köstliche vom Nichtswerthen zu unterscheiden vermögen. Durch dieses Licht erkennen wir die Wahrheit, die ewig bleibt, im Innern des Menschen wohnet und uns lehrt, wie wir uns im Reize der Geschöpfe nicht verweilen, sondern an ihrem Schein und Schimmer so vorbeigehen sollen, daß wir durch die Liebe zum Urheber aller Dinge gelangen. Das Licht des Evangeliums lehret uns, daß wir Gott allein anhängen und unser ganzes Vertrauen auf Ihn allein setzen sollen, nicht auf Fürsten, nicht auf Freunde, auch nicht auf Brüder (Verwandte), weil diese alle ihre eigenen Grundsätze und Zwecke haben und auf ihren eigenen Nutzen und Vortheil sinnen und daher nur so lange es mit uns halten, als sie uns zu Erreichung ihrer eigenen Zwecke für nützlich finden, sobald sie sich aber von uns keinen Vortheil mehr versprechen können, weit von uns zurücktreten. Wir müssen uns also hüten, daß uns der Schein nicht täusche, daß wir (Ruhe) Trost und Glückseligkeit nicht in den Geschöpfen suchen, die kein wahres Seyn und keinen Werth haben, als im Irrwahne der Menschen, in unserer Unwissenheit und Blindheit, wenn wir Gott, die Quelle alles Guten (aller Güter) verlassen haben, Ihn, der allein wahres Seyn hat, und außer dem keine Ruhe und kein Friede zu finden ist. Höchst unglückselig ist der Mensch, welcher von Gott abweichet, der Alles ist!

§. 13.
Verlauf und Verkehrtheit des menschlichen Lebens.

Das ist der Kreis, in dem der menschliche Lebenslauf, mit ruhelosem Schwindel, zugebracht und herumgetrieben wird: die Menschen essen, trinken, schlafen und stehen wieder auf, um abermals dem Gaumen und dem Schlafe zu dienen; sie sammeln Schätze (und Reichthümer) und hören gar nie auf nach Besitz zu streben; sie wollen lustig leben und möglichst spät sterben. Zwischen der Taufe und dem letzten Athemzug entsteht eine wirre Anhäufung heiliger und unheiliger Handlungen, Empfang der Sakramente und Verübung von Lasterthaten, Beichten und Rückfälle (in die Sünden). Kein Tag wird ohne Befleckung (mit Sünden) zugebracht, und allenthalben laufen alle in's Ungewisse, ohne alle Erwägung ihres Zieles. Es laufen zwar alle, aber nur gar wenige sind, die an's Ziel kommen; denn sie erwägen nicht, welche Herrlichkeit im Himmel denjenigen bereitet ist, welche die Welt überwunden haben und den Glauben und das Gesetz Christi bewahren. Gott hat die Welt gemacht und in ihr den Menschen zu seinem Bild und Gleichnisse geschaffen, und ihm Verstand gegeben, den Schöpfer zu erkennen; und Willen, Ihn zu lieben, und Gedächtniß, daß er seiner Gebote gedenke, um sie zu erfüllen; und Sinne, um Ihm zu dienen, und Sprache, um sein Lob zu verkünden und zu besingen. Alles aber, was in der Welt ist, hat Er des Menschen wegen erschaffen und diesem unterworfen, damit er selbst, dem Schöpfer unterworfen, alle Dinge zu seinem Heil und zu Gottes Ehre gebrauche. Aber durch die Reize der Lüste verführt, werden die Sterblichen in die Tiefe (zur Hölle) herabgedrückt und bedienen sich der Gaben Gottes, sowohl der innerlichen, als der äußerlichen, der Wissenschaften, der Reichthümer, der Ehrenstellen, ja selbst der Gesundheit und des Lebens, nur zum Vortheil (nach den Gelüsten) des Leibes und zur Entehrung des Schöpfers, da sie doch, wenn sie die Menschen recht gebrauchten, zum Schmuck der Seele, zum Unterhalt des irdischen Lebens und die geeignetsten Mittel zur Erreichung des letzten Ziel und Endes würden. So groß ist die Verkehrtheit und Bosheit des Menschen, daß er zu seinem (eigenen) Verderben verwendet, was ihm Gott zu Erlangung ewiger Glückseligkeit gegeben hat.

§. 14.

Der rechte Weg zum Ziel und Ende zu gelangen (seine Bestimmung zu erreichen) ist, daß Jeder sein Kreuz trage.

Jeder Mensch muß, um sein Ziel und Ende bälder zu erreichen, sein Leben nach ewigen Grundsätzen einrichten und auf dem, seinem Stande (und Beruf) angemessenen Wege seinem vorgesetzten Ziele entgegen gehen. Aber nicht alle beobachten das; denn die meisten, von thörichtem Wahne beschlichen, setzen sich selbst, nach eigenem Ermessen, ein Ziel fest, indem sie jenes verlassen, welches die göttliche Vorsehung einem jeden gesetzt hat. Wie der Oberfeldherr des Königs von Syrien, Namens Naaman, obgleich er vom Aussatze hätte geheilt werden mögen, dennoch das ganz leichte Mittel, das ihm Elisäus vorschrieb, verschmähte und einem andern den Vorzug gab, das er selbst sich eingebildet hatte, indem er meinte, nur durch die Berührung des Propheten sey er zu heilen, und wie er erzürnt und den Aussatz an sich tragend davon gieng und niemals gesund geworden wäre, wenn er nicht nachher auf das Zureden seines treuen Dieners klüger geworden, das vom heiligen

Mann angegebene Mittel angewendet hätte; eben
so zeichnen sich auch gar viele Menschen einen
eigenen Weg vor, auf dem sie zum Ziele zu gelangen hoffen, indem sie sich Vieles vornehmen,
was mit ihrem Stand und Beruf unvereinbarlich
ist, und zu dessen Bewerkstelligung entweder die
Fähigkeit oder die Gelegenheit fehlt, oder tägliche
Beschäftigungen hindernd im Wege stehen, die nicht
umgangen werden können. Daher kommt es denn,
daß sie immer voller Wünsche sind und nie etwas
(Rechtes) thun, was zu Erreichung des Zieles
diente. Kurz und unschwer ist aber jener Weg,
den Christus zeiget, da Er sagt: wer Ihm nachfolgen wolle, der soll sein Kreuz nehmen und
tragen. Sein Kreuz, sagt Er, nicht das eines
andern; das ihm von Gott aufgelegte, nicht ein
selbst erfundenes; nicht ein solches, das man sich ver-
meßentlich tragen zu können anmaßt, und die Kräfte
übersteigt, sondern das die göttliche Weisheit bereitet
hat, die zugleich auch die Kraft zum Tragen verleiht.
— Wir müssen uns also vor Allem hüten, daß
wir unser Ziel und Ende nicht verkennen; denn
wer dieses nicht kennt, versteht auch von all' dem
nichts, was zu demselben führt. Sodann, wenn
wir das Ziel (recht) erkannt haben, müssen die,

welche daſſelbe erreichen wollen, weil verſchiedene Wege dahin führen, denjenigen Weg vorziehen und wählen, der mit ihrem eigenen Stande und Berufe übereinſtimmt, damit nämlich jeder sein Kreuz trage, wie der Herr befohlen hat, das iſt für jeden einzelnen ſein eigenes Kreuz, daß er die Pflichten ſeines Amtes (Standes und Berufes) aufs genaueſte erfülle, die täglich vorkommenden Widerwärtigkeiten geduldig ertrage und keine Gelegenheit verſäume auf Vervollkommnung in ſeinem Stande ernſtlich Bedacht zu nehmen. An jedem Ort und in jedem Stand (und Beruf) kann man die chriſtliche Vollkommenheit anſtreben, und dahin gelangen, wohin man ſtrebt, wenn jeder in ſeinem Berufe ausharret.

§. 15.

Bedingungen des letzten Ziel und Endes, und warum ſo Viele von demſelben abirren.

Das letzte Ziel und Ende muß zwei Bedingungen erfüllen, (ſonſt könnte es nicht das letzte Ziel und Ende, nicht der höchſte Endzweck, nicht das höchſte Gut ſeyn.?) nämlich 1) es muß ein vollkommenes Gut ſeyn; ſodann 2) muß es ein Gut ſeyn, das an und für ſich durchaus **genüget**, so daß es ein völlig ruhiges, und keines andern (äußern) Guts bedürfendes Leben gewährt, und jedes weitere natürliche Verlangen ausschließt, wenn man außer ihm auch sonst gar nichts hätte. Denn, wer immer Etwas bedarf, der hat ein Verlangen nach dem Besitz dessen, was er bedarf, wer aber nach Etwas Verlangen hat, hat keine Ruhe, bis er es erreicht. Diese zwei Bedingungen sind einzig und allein in Gott zu finden, der das höchste und allervollkommenste Gut ist und allein jedes Verlangen erfüllen kann. „Ich werde satt werden, wenn deine Herrlichkeit sichtbar wird," sagt der Prophet (Ps. 16, 15.). Es ist in der That eine verwünschenswerthe Verirrung der Menschen, wenn sie dasjenige als das höchste Gut bezeichnen, was sie vor Allem so lieben, daß sie davon nicht ablassen können, obwohl sie, nach dem Urtheile ihres eigenen Gewissens, nicht mißkennen, daß es etwas Böses sey. So groß ist die Einwirkung eines verkehrten Herzens, daß es weder dem fremden, noch dem eigenen Urtheile beistimmet. Es sind daher sehr Viele, die entweder aus Unkenntniß des letzten Endzweckes, oder aus Verirrung des verkehrten Willens lieber falsche als wahre Güter aufsuchen, vom höchsten Gute abweichen und daſſelbe niemals finden. Dieſe ſtets unglücklichen und erbärmlichen Menſchen trüben und verwirren die Ordnung der Dinge. Von Gott abgewendet und den Geſchöpfen, als wären dieſe der Endzweck, anhängend, meinen ſie, unter Dornen ſeyen Freuden; ſie lieben die Finſterniß, die ſie umhüllet, den Leib des Todes, den ſie herumtragen, die Fallſtricke, in denen ſie herumlaufen, den Ort der Trübſal, den ſie bewohnen, und befürchten nicht den ſchrecklichen Urtheilsſpruch des Richters gegen jene, welche ihrem Ziel und Ende ausweichen. **Sie wandeln**, ſagt der Apoſtel (Epheſ. 4, 17.) **in der Eitelkeit ihres Sinnes; ihr Verſtand iſt mit Finſterniß verdunkelt; ſie ſind entfremdet dem Leben aus Gott durch die in ihnen wohnende Unwiſſenheit, durch die Bosheit ihres Herzens; die in Verzweiflung ſich der Unzucht ergaben, um jede Art von Wolluſt zu treiben unerſättlich.** (Weish. 15. 12.) **Sie halten das Leben für ein Spiel, des Lebens Beſchäftigung für Trachten nach Gewinn, und glauben, man müſſe aus Allem, auch aus dem Böſen Vortheil ziehen.** Oft geſchieht es dann auch, durch göttliches Gericht, daß ſie, während sie gottlos leben, auch noch das verlieren, was sie heilsam glauben, gleich den Thoren die (Pf. 13, 1.) in ihrem Herzen sprechen: „Es ist kein Gott." Die Grundquelle dieser Verkehrtheit habe ich schon Oben angegeben und sie wird nie genug in Erinnerung gebracht werden können, wenn sie auch tausendmal wiederholt ausgesprochen würde. Adam hat gesündigt und nicht blos die Gerechtigkeit, die er empfangen hatte, sondern auch die Erkenntniß des Guten verloren, und seine ganze Nachkommenschaft, in sich als der Wurzel verdorben. Diese Verdorbenheit aber lastet mit ungeheurem Gewicht auf dem Menschen, reizt und treibt ihn mit großer Gewalt zu den Wollüsten des Fleisches, zur zügellosen Freiheit (Frechheit) der Sinne, zur Gewaltausübung über Andere, zur Eigenliebe und Hochschätzung seiner eigenen Sachen, zum Müßiggang, zur Arbeitsscheu. Dazu kömmt im Verstande: Dunkelheit, Unwissenheit, falsche Auffassung der Dinge, unsichere Urtheile, Irrthümer, Lügen und Unlust an ernsthaften Gedanken; im Willen: Schwäche, Nachlässigkeit und Trägheit im wahrhaft Guten, Kraftlosigkeit zum Widerstand gegen böse Anreizungen, unaufhörliche Begierden nach hinfälligen (vergänglichen) Dingen. Daher steht denn auch vom gottlosen Manne geschrieben (Pf. 9, 5.): „Er hat Gott nicht vor Augen; seine „Wege sind befleckt zu jeder Zeit. Wenn aber Gott nicht erkannt wird, dem Alles dienen soll, so werden die wahren Tugenden auch nicht erkannt; denn mehr durch die Zwecke (Absichten) als durch die Pflichten, die man hat, unterscheiden sich die Tugenden von dem Laster. Die Seele, die aus dieser teuflischen Gefangenschaft und aus der höchst erbärmlichen Knechtschaft der Sünde, durch die Gnade Jesu Christi, unseres Heilandes, befreiet ist, hängt standhaft Gott an, in dem sie Alles findet, was von dem Menschen gewunschen werden kann und ruhet in Ihm mit dem tiefsten Frieden und in (seliger) Ruhe; denn sie sucht nichts und wünscht nichts außer Ihm. Der ist doch gar zu geizig, dem Gott nicht genügt!

§. 16.

Es wird noch eine weitere Ursache bezeichnet, warum Viele das letzte Ziel und Ende (ihre Bestimmung) nicht erreichen.

Da es ganz mit der Varnunft übereinstimmt und Jedermann eingesteht, man solle die Zukunft der Gegenwart, das Göttliche dem Irdischen, das Immerwährende dem nur kurz Andauernden vorziehen; so ist es wahrlich schwer zu begreifen, warum gar so viele Menschen, die dieß im Herzen glauben und mit dem Munde bekennen, es dennnoch in ihren Thaten verläugnen; denn, mit dem Wesen und Treiben des fleischlichen Lebens beschäftigt, sinnen sie mit dem angestrengtesten Ernste nur darauf, wie sie ihre Einkünfte vermehren, ihre Aecker bauen, überall Geld zusammenscharren und Ehrenstellen erringen mögen; im Uebrigen benehmen sie sich, als hätten sie weder Sinn noch Verstand. Wenn von Gott, vom ewigen Leben, von der christlichen Vervollkommnung die Rede ist, so verstehen sie entweder das nicht, was gesagt wird, oder sie vergessen es auf der Stelle wieder, weil die hinfälligen, zeitlichen Dinge, welche vor ihren Sinnen da liegen, ihre Herzen mehr einnehmen; und obgleich sie zuweilen, durch die tägliche Erfahrung genöthiget, wünschen und bekennen, daß alle menschlichen Dinge flüchtig seyen, und nur an einem schwachen Faden hängen; so unterwerfen sie sich doch gleich wieder ihren Sinnen und kehren wieder zu dem zurück, was sie längst gewohnt waren. Wir haben zwar bereits schon gesagt, die Haupt-Ursache dieses unglücklichen Zustandes sey die Sünde des ersten Menschen, aus welcher der Mangel an Licht, die Versuchungen und die Unbeständigkeit hervorgegangen sind, wie die Bächlein aus der Quelle fließen. Nun zeigt sich uns aber auch noch eine andere Ursache, die wir wohl beachten müssen, nämlich die Schwäche unseres Geistes, der nicht zu fassen vermag, was des Geistes Gottes ist, und selbst schreckliche Dinge nur langsam und verworren auffaßt. Die Schändlichkeit der Sünde, die Bitterkeit des Todes, das furchtbare Gericht Gottes, das ewige Feuer der Hölle, werden nur so oberflächlich aufgefaßt, wie Worte, die blos in den Ohren tönen und daher keine Kraft haben, heilsame Entschlüsse zu bewirken. Wir fassen nämlich von der vorgelegten Wahrheit nur das, und auch dann äußerst wenig auf, was die Sinnlichkeit niederschlägt, und achten nicht auf das Uebrige, was das Gemüth aufwecken und ergreifen kann. So erschauen wir in der Sünde nur das, was sich auf das Zeitliche bezieht; und die Verminderung unserer eigenen Ehre und unseres Ansehens bei den Menschen kränkt uns weit mehr als die Ungnade Gottes und die Verschuldung unendlicher Strafe. So nehmen wir bei einem sterbenden Menschen nur die Erscheinungen gewahr, die äußerlich vorkommen, und gehen über diejenigen weg, welche mit dem Tode selbst verbunden sind, und die Seele betreffen. Das Gericht und die Hölle, weil sie unsern Sinnen ferne liegen, fassen wir so auf, als ob sie uns gar nichts angiengen.

Bei jenen Dingen aber, die unsern Sinnen angenehm und reizend vorkommen, schauen wir nur die uns gefällige Oberfläche an, und halten uns, in bejammernswürdiger Verblendung, für glücklich, wenn wir sie auf einen Augenblick genießen, obschon wir auf ewig höchst unglücklich seyn werden. Daß die Seele unsterblich sey, weiß Jedermann, und viele Weltweise haben uns die gelehrtesten Abhandlungen über ihre Unsterblichkeit hinterlassen; aber über den künftigen Zustand der Seele nach dem Tode denkt Niemand nach und kümmert sich Niemand darum, als ob sie mit dem Leibe zu Grunde gienge. Die Meisten leben weder nach dem Glauben, noch nach der Vernunft, und streben mit Verwegenheit nur nach dem, was die Sinne gelüstet, und fliehen was ihnen lästig ist, als wäre in diesem Leben nichts anders zu thun und in dem andern Nichts zu fürchten.

§. 17.
Wir sind Kinder Gottes und sollen nach seinem Geiste leben.

Wenn das Jemand recht faßen könnte, und ernstlich überdächte, daß er ein Kind Gottes sey, durch das kostbare Blut Christi erkaufet, zur Hoffnung des ewigen Lebens wieder geboren; so würde er diesen Adel einzig hochschätzen und nichts Irdisches mehr, sondern weislich nur Ewiges und Göttliches im Herzen tragen und immer zum Vater aufblickend sich alle Mühe geben, sein Leben so einzurichten, wie es sich für ein solches Kind ziemet. Wenn auf dem Theater Jemand die Person eines Königs vorstellt, so nimmt er sich, obgleich die Handlung nur eine unwahre und nur zum eiteln Vergnügen des müßigen Volkes erdichtet ist, dennoch sehr in Acht, daß er nichts thue und nichts spreche, was für die Würde eines Königs unschicklich wäre. Um wie vielmehr sollten Christen, die den Tod des Herrn verkünden, bis er kommt, aus allen Kräften sich bestreben, daß ja in ihren Worten, und in ihren Werken nichts Christo Unwürdiges erscheine. Wie ein Maler, um ein rühmliches Gemälde zu liefern, Augen und Seele nie-

mals abwendet von dem Vorbilde, das er nach=
bilden will: so muß auch der Christ bei jeder
Handlung und Rede, das allervollkommenste Leben
und die Handlungsweise Christi als das aller=
vollendetste Musterbild sich vor Augen stellen,
und so handeln, so reden, so leben, daß er nie=
mals von seinem Beispiele abweiche. Wer da
sagt, daß er in Christo bleibe, der muß wandeln,
wie Er gewandelt hat. Der Geist, der in uns
herrscht, ist der Geist Adams, durch den wir in
die Knechtschaft des Teufels gerathen, uns selbst
und unserm eigenen Vortheile standhaft anhängen.
Weil wir von Natur aus Kinder des Zornes
sind, so geschehen, wenn wir dieser Natur folgen,
alle unsere Werke durch den Willen des Satans,
der uns in der härtesten Knechtschaft hält. Aber
aus dieser Sklaverei durch Christi Blut befreit müssen
wir nach den Grundsätzen der Gnade handeln
und dem Leibe desjenigen anhängen, dessen Glieder
wir geworden sind. Adam, der erste Mensch
aus Erde, ist irdisch; Christus, der
zweite Mensch, vom Himmel, ist himm=
lisch. Wie wir nun das Bild des Irdi=
schen getragen haben; so laßt uns auch
das Bild des Himmlischen tragen. (1. Kor.

15, 47 und 49.) und hüten wir uns sorgfältig, daß wir nicht, die wir Christen genannt werden, die Würde eines solchen Namens durch Sünde verlieren. „Wer den Geist Christi nicht hat, der ist nicht sein" sagt der Apostel (Röm. 8, 9.) Von dem aber sagt man, daß er den Geist Christi habe, dessen innerliches und äußerliches Leben dem Leben Christi ähnlich ist; der sich Mühe giebt, nach Christi Beispiel seine Sitten einzurichten und so zu reden und zu handeln, wie Christus geredet und gehandelt hat. Derselbe (Apostel) ermahnet in einer andern Schriftstelle, daß der Mensch nicht nach dem Menschen wandeln solle, als wollte er sagen: wandle nicht nach dem Menschen, sondern nach dem, der den Menschen erschaffen hat; weiche nicht ab von dem, der dich erschaffen hat, damit du von seinem Geiste beseelet ein Kind Gottes werdest. Ein Kind Gottes aber kann der nicht seyn, der vom Geiste Christi ferne ist.

§. 18.

Der Gerechte lebt aus dem Glauben.

Was die Wurzel dem Baume, was das Fundament dem Gebäude, was die Quelle den Bächen ist, das ist der Glaube dem christlichen

Leben und allen seinen Tugenden, der Glaube, ohne den man Gott unmöglich wohlgefallen kann. Vom Glauben muß also der Beginn christlicher Einrichtung genommen werden; denn die Schrift sagt: **der Gerechte lebt aus dem Glauben** (Röm. 1, 17.). Was von der Weisheit, deren Lob und Vortrefflichkeit, mit herrlichen Worten in den hl. Büchern gesagt ist, (Weish. 7. Job 28.) das gilt Alles auch vom Glauben. Es lehrt dieß die Sache selbst und beweist es die Einstimmigkeit aller Weisen. **Alles Gold ist, im Vergleich mit ihm, schlechter Sand, und das Silber vor ihm im Werthe wie Koth. Er ist ein unerschöpflicher Schatz; wer ihn benützet wird der Freundschaft Gottes theilhaftig. Er ist ein Ausfluß der Klarheit des allmächtigen Gottes, der Glanz des ewigen Lichtes und der mackellose Spiegel der Herrlichkeit Gottes und das Bild seiner Güte.** Er (der Glaube) lehrt uns alle Wahrheit und zeigt der Seele, was sie anstreben, was sie lieben, was sie fliehen soll. Er lehrt uns, daß die Güter dieser Welt Uebel, und die Uebel Güter seyen, wenn sie geduldig ertragen würden. Er lehret uns, gering achten müsse man, was man mit körperlichen Augen sieht und was die Sinne berührt. Von ihm lernen wir, Gott und uns selbst erkennen, in welcher Erkenntniß unser Heil und Vervollkommnung beruht. Er entreißt uns den Irrthümer der unsinnigen Menge und flößt uns wahre Weisheit ein, und führt uns aus der Sklaverei der Welt zur wahren Freiheit. Himmelweit verschieden sind die Grundsätze dieser Welt und die Grundsätze des Glaubens, und da Christus, von dem wir den Glauben empfangen, nicht trügen kann; so folgt augenfällig, daß wir aus dem Glauben leben und dessen Grundsätze befolgen, die falsche und verderbliche Lehre der Welt aber verschmähen sollen. Da ist denn aber zu bemerken und wohl zu erwägen, daß keine Ader und keine Kraft in uns ist, die nicht zur Zerstörung und Vernichtung der Grundsätze des Glaubens anreizte. Des Menschen erstes Bestreben und Hauptsorge geht dahin, in dieser Welt angenehm (bequem) zu leben, von der Ewigkeit ist tiefes Stillschweigen und kein Gedanke. Zu diesem großmächtigen Uebelstande treibt die armen Menschen der Geist Adams und die Begierlichkeit, die im sterblichen Körper waltet. Daher seufzen die Auserwählten Gottes alle und sagen: „nicht das Gute, das ich

3*

will, thue ich, sondern das Böse thue ich, das ich hasse. Ich elender Mensch, wer wird mich erlösen von dem Leibe dieses Todes?" (Röm. 7. 15. und 24.) Der Apostel antwortet darauf (V. 25.): „die Gnade Gottes durch Jesum Christum." Die Gnade befreit uns nämlich von der Blindheit und von der Schwachheit, daß wir erkennen, was das Rechte ist, und gekräftiget werden, es auszuüben.

§. 19.
Die Grundlage des christlichen Lebens ist Selbstverläugnung und Losreißung von allen (irdischen) Dingen.

Groß ist die Macht des Glaubens, wenn er unbeweglich, unveränderlich, unerschütterlich ist; so macht er den Christen auch so, daß er aus schlichtem, einfachem Glauben lebt und handelt. Er sieht nämlich nichts und wünscht nichts als Gott, und ruhet mit dem süßesten Frieden in Gott, der allein sein Licht, seine Süßigkeit und die Fülle aller Dinge ist. Er sucht in dieser Welt kein Vergnügen und setzt seine Hoffnung nicht auf Menschenkinder, in denen kein Heil ist. Alles unter dem Himmel ist vergänglich und hinfällig, und wer darauf baut, fällt auch damit; wer aber auf das Unbewegbare baut, der wird auch nicht bewegt werden. Wie die Seligen Alles im Worte (in Christo) sehen; so müssen auch wir Alles im Glauben ansehen, so daß unser Leben nichts anderes sey, als ein lebendiges Bild des Glaubens und ein Ausdruck seiner Wahrheit, und daß wir uns in keiner andern Sache rühmen als im Kreuze unseres Herrn Jesu Christi, das von den Weltkindern für eine Schmach gehalten wird. Der erste Mensch konnte im Stande der Unschuld seine Bestimmung — sein Ziel und Ende bei ganz unschädlichem und erlaubtem Genusse der Vergnügungen erreichen, die ihm Gott im Lustgarten bereitet hatte. Nachdem er aber den Schöpfer verlassen und das ganze Menschengeschlecht, ehe er es zeugte, mit der Sünde angesteckt hat; so hat Gottes Weisheit einen andern Weg zu Erreichung der Bestimmung des Ziel und Endes erfunden, nämlich den Weg des Kreuzes und der Selbstverläugnung auf dem Christus einherging und den Er allen empfahl, indem Er Selbstverläugnung predigt und Losreißung von allen Dingen. We r M i r n a ch f o l g e n w i l l, sagt Er (Luk. 9. 23.) d e r v e r l ä u g n e s i ch s e l b ft, n e h m e t ä g l i ch sein Kreuz auf sich und folge Mir nach; und dann wieder, (Luk. 14, 26 und 33.). Wer nicht Vater und Mutter, Weib und Kinder und Brüder und Schwestern, ja sogar seine eigene Seele haffet, der kann mein Jünger nicht seyn; und wer nicht Allem entsagt, was er besitzt, der kann mein Jünger nicht seyn. Das ist die Grundlage des christlichen Lebens, die unübertreffliche Weisheit Christi; freilich dem Geiste dieser Welt hart und niedrig, das ist die volle Glückseligkeit des Lebens, die erhabenste, den Augen der Erde verborgene, Philosophie: Christum kennen, Ihm nachfolgen und zwar dem Gekreuzigten, sich selbst hassen und was die Welt liebt und hochschätzt: Reichthümer, Ehrenstellen, Wollüste; dagegen aber lieben, was die Welt haffet: Armuth, Schmerzen, Selbstverachtung, Mühseligkeiten, Trübsale. Es gehört aber eine große Gnade dazu, um diesen Grundsatz auch nur recht zu verstehen, und eine noch größere, um daran Gefallen zu finden, und die größte, um wirklich darnach zu leben.

§. 20.

Von dem Unsinn der Menschen, die gerne verdammt werden wollen.

Da die ewigen Strafen nur für diejenigen bestimmt sind, die dazu verdammt werden wollen, und durch Sündigen sich selbst einen Platz in der Hölle bereiten; und eben so auch die ewigen Freuden Allen zubereitet sind, die darnach verlangen: wer sollte nicht glauben, die Hölle werde leer und der Himmel ganz voll und mit einer unzählbaren Menge angefüllt seyn? Denn wer sollte sich vorstellen können, es gebe einen so unsinnigen Menschen, der ewig unglücklich seyn wolle; während er doch leicht eine ewige Glückseligkeit genießen könnte? Dennoch sind nur sehr wenige, die in den Himmel kommen, der Verdammten aber ist eine solche Menge, daß die hl. Schrift sagt: im Vergleiche mit ihnen, sey die Zahl der Auserwählten sehr klein, indem Christus, da Er von diesen redet, spricht (Luk. 12, 32.): Fürchte dir nicht, du kleine Heerde. Wie groß ist also der Unsinn der Menschen, daß sie lieber auf ewig unglücklich als glücklich seyn wollen! Wer würde denn auch im allerbrennendsten Durste den Becher an seine

Lippen ansetzen, wenn er auch nur den leisesten
Verdacht hegte, daß Gift eingemischt sey? und
dennoch werden vielfältig Sünden begangen, zu
deren Bestrafung ein ewiges Feuer brennt, wie
wir nicht etwa blos vermuthen und meinen, sondern durch den Glauben ganz gewiß wissen. Den
Grund dieses schrecklichen Unsinns schreiben die
meisten dem Mangel an wahrem Glauben zu,
was freilich bei Vielen, nach sicherer Erfahrung,
ganz richtig ist; bei den meisten aber scheint es
müsse dieß dem Mangel an Aufmerksamkeit und
an Ueberlegung (Beherzigung) zugeschrieben werden. Denn obwohl sie glauben, es gebe eine
Hölle und Niemand werde verdammt, als wer in
diesem Leben mit ganz freiem Willen durch Sündigen sich selbst einen Platz in den Qualen bereite, so
vergessen sie doch diese Wahrheit gleich wieder, sobald
die Einbildungskraft (Phantasie), auf ein sinnliches
Gut gerichtet und von Sinnenlust betäubt, aller
Beherzigung der Zukunft den Zugang versperrt,
und den Verstand nicht wahrnehmen läßt, mit welch
entsetzlicher und ewig dauernder Bitterkeit die Lüste
des Fleisches enden, und wie leicht es uns wäre,
in einem Augenblicke dieses irdischen Lebens, künf-
tigem Elende zu entgehen und ewige Freuden zu

erwerben. O daß doch die Menschen das wüßten und verstünden und für die letzten Dinge sorgten; denn, da Denken und Ueberlegen nur dem Menschen eigen ist, so wäre das die rechte Weise zu denken und zu überlegen, daß sich sein Gemüth vor Allem mit der Erkenntniß seines Ziel und Endes seiner Bestimmung beschäftige. Es übersteigt allen Irrthum und allen Unverstand, daß der Mensch sein Seelenheil vernachläßiget.

§. 21.

Karakter des wahren Christen.

Der Mensch ist ein Christ, wenn er den Glauben und das Gesetz Christi bekennt, und Christi Leben und Tugenden nachahmet. Das Bekenntniß des christlichen Glaubens fodert von uns, daß wir Alles Irdische überschreitend ein göttliches Leben führen. Die Gnade Gottes unseres Heilandes sagt der Apostel (Tit. 2, 11.) ist allen Menschen erschienen und lehret uns, daß wir der Gottlosigkeit und den weltlichen Lüsten entsagen, nüchtern, gerecht und fromm in dieser Welt leben sollen, indem wir erwarten, die selige Hoffnung und die Ankunft der Herrlichkeit des großen

Gottes und unseres Heilandes Jesu Christi, welcher sich selbst für uns hingegeben hat, damit Er uns von aller Ungerechtigkeit erlöse, und sich ein Volk rein darstelle, das Er sich zu eigen nehmen könne, das guten Werken nachstrebet. Wie man denjenigen keinen Gelehrten (Doktor) nennen kann, der keine Wissenschaft besitzt, und wie man den nicht zum Feldherrn brauchen kann, der mit den Waffen nicht umzugehen versteht, und wie sich der keinen Künstler nennen darf, der keine Kunsterfahrenheit hat: so kann auch der nicht Christ genannt werden, der Christi Nachfolger (Nachahmer) nicht ist. Wahrhaft Christen sind also jene, welche den weltlichen Lüsten entsagt haben und Gott allein aus allen Kräften und von ganzem Gemüthe lieben und den Nächsten in Gott und wegen Gott, nichts in ihm suchend als Gott, und die über Niemanden sich erheben, weil in der Gnadenordnung alle gleich sind; die da nüchtern und gerecht leben und in allen Stücken sich so benehmen, daß nichts an ihnen erscheint, was die, welche es sehen, ärgern könnte; die da von den äußern Gütern Gebrauch machen, wie Kranke von der Arznei, und nichts begehren, was ihnen wieder entrissen werden könnte, die da Niemanden zu gefallen verlangen, und Niemanden zu mißfallen fürchten als Gott; die da ihren Leib als den Leib der Sünde hassen und ihn beständig in Zucht halten, daß er sich nicht erhebe; die da in Allem feste Standhaftigkeit bewahren, und erhabener als die ganze Welt, durch keine Drohungen, keine Verfolgungen, keine Schmähungen erschreckt oder bewegt werden können; die da im Glück wie im Unglück immer dieselbe Heiterkeit des Gemüthes festhalten und niemals vom Lichte der Wahrheit abweichen; die da im Verlangen nach der Zukunft die Gegenwart verschmähen, und aus Glauben, Hoffnung und Liebe lebend, glauben, was sie noch nicht sahen, hoffen, was sie noch nicht besitzen, wünschen, was sie noch nicht haben; die da Gott so lieben, daß sie bereit stehen, für Ihn keine Mühe zu scheuen, keine Gefahr zu fliehen, auch dann, wenn dem für seine Ehre Kämpfenden, keine Belohnung zugesichert wäre; die da im Vertrauen auf die göttliche Barmherzigkeit und ihr eigenes Gewissen das Reich Gottes erwarten und mit dem Apostel sagen dürfen (2. Tim. 4, 7.): **Ich habe einen guten Kampf gekämpfet, den Lauf vollendet, den Glauben bewahrt;**

im Uebrigen ist mir die Krone der Gerechtigkeit hinterlegt, welche mir an jenem Tage geben wird der Herr, der gerechte Richter. Sie freuen sich, wenn sie gewürdiget werden um Jesu Namen willen Schmach zu leiden, und halten den Tag für verloren, an dem sie für Christus nichts erduldet haben. Ihr Ruhm, ihr Glück, ihre Weisheit liegt darin, worin die Welt nichts als Schande, Elend und Thorheit erblickt. Sie verwerfen die Grundsätze der fleischlichen Klugheit, daß man nämlich Reichthümer anhäufen, von Niemanden gering geachtet werden, sich über alle erheben muß. Sie richten sich vielmehr nach den Wahrheiten des Glaubens, der die irdischen Güter verschmähen, sich selbst verläugnen und in nichts anderm sich rühmen lehrt, als im Kreuze unseres Herrn Jesu Christi. Endlich benehmen sie sich in allen Lebensverhältnissen so, als ob all' ihr Reden und Thun laut ausriefe: Mein Reich ist nicht von dieser Welt. (Joh. 18, 36.) — All' das ist zwar erhaben und schwer, aber das Reich Gottes leidet Gewalt, ist aber aller Anstrengung werth und wird nur denen zu Theil, welche Gewalt brauchen.

§. 22.

Wie der Christ seine Werke verrichten solle.

Der Christ soll alle seine Werke in Frieden und Sanftmuth verrichten, und auf alle Umstände der Sache oder der Handlung Acht haben; auf Ort, Zeit, Personen, besonders aber auf den Zweck. Hüten soll er sich aber vor allzugroßer Eilfertigkeit (Uebereilung), welche mehr durch einen plötzlichen Stoß des Temperaments, als durch Vernunft und einen Beweggrund der göttlichen Gnade zum Handeln antreibt. Hüten soll er sich vor der Unbeständigkeit und Leichtfertigkeit des, so leicht auf allerlei und unnütze Dinge ausschweifenden, Gemüthes, damit er in sich gesammelt und fähig sey, Gottes Erleuchtungen aufzunehmen, denen er schnell und freudig folgen soll. Bei allem, was er zu thun hat, sehe er wohl zu, daß er nichts mit Vorurtheil beginne, sonst wird er in Beurtheilung der Dinge gewaltig irren und er wird Vieles thun, weßhalb er, von rechtswegen, wird angeklagt und getadelt werden können. Beim Anfang jeder Handlung bitte er Gott um Kraft und Licht, und erforsche dann ernstlich, welchen Antheil Gott, und welchen er selbst daran haben möchte; in der Fort-

setzung (der Handlung) sey er auf der Hut, daß
nicht etwa Ergötzlichkeit und (sinnliches) Wohlge=
fallen sein Herz verlocke und vom vorgesetzten
Zwecke ableite, und bei der Beendigung (der Handlung) hüte er sich, daß ihn nicht nach und nach
eitle Ruhmsucht beschleiche und die gute Handlung
verderbe und beflecke. Vorzüglich aber habe er
das beständig vor Augen, daß er nicht Men=
schenlob, sondern die Ehre Gottes suche, und nichts
für sich anstrebend, ersticke er hochmüthige Gedanken
schon im Keime. Er dränge sich in kein äußer=
liches Geschäft (Amt) ein, ohne von Gott berufen
zu seyn. Dann aber gehorche er bereitwillig und
wünsche von Christo verworfen zu seyn für die
Brüder; denn er weiß, daß die Vollkommenheit
dieses Lebens nicht im ununterbrochenen Genusse
Gottes, sondern in Erfüllung seines Willens
bestehe. Er unternehme nichts, was seine Kräfte
übersteigt, und wende dem, was er unternimmt
Herz und Neigung nicht mehr zu, als nothwendig
ist; er möchte sonst an Freiheit und Frieden ver=
lieren. Jede Bewegung und jeder Ausguß nach
äußerlichen Dingen löschet den Geist Gottes aus
und verfinstert die Heiterkeit der Seele. Wie der
Engel, der Reisegefährte des Tobias, kein Geschäft

unterließ, wozu er wie ein Mensch um Lohn gebungen worden, aber dennoch immer bei Gott war: so achtet der fromme Mann auf menschliche Geschäfte und scheint von denselben zu weilen, wie Andere völlig in Anspruch genommen zu seyn, aber sein Herz weilet bei Gott, und obgleich er dem Leibe nach auf Erde wandelt, so ist doch seine Seele im Himmel, wo er seinem bessern Theile nach, frei von aller irdischen Neigung wohnet.

§. 23.

Die guten Werke müssen dem eigenen Berufe (eines jeden) angemessen seyn.

Es ist kein Unterschied zwischen den Geschäften, zu denen Jeder, vermöge seines Standes und Berufes verbunden ist, und zwischen der allerwichtigsten Sorge für das ewige Seelenheil; denn Niemand wird das Heil seiner Seele gewisser wirken als der, welcher seinem Berufe wohl vorsteht. Der Satan legt unserer Vervollkommnung einen äußerst schlauen Fallstrick, wenn er in uns die Begierden rege macht, anderswo und in einem andern Berufe große Dinge auszuführen: denn diese Begierde bemächtigt sich unseres Geistes und zerstreut das Gemüth so, daß der Mensch auf das nicht mehr achtet, was er in Händen hat und zu seinem eigenen Berufe gehört. Ganz erstaunlich täuscht sich derjenige, der sich bereits mit Ueberlegung eine Berufsart erwählet hat, und nun sich einbildet, an einem andern Orte und in einer andern Lebensweise könnte er Gott viel besser dienen, und dann auch darnach trachtet. Zu Erfüllung seiner Standespflichten träge, thut er nämlich nichts, da, wo er ist, während er sich mit vielen und großen Dingen abmüht, da, wo er nicht ist. Da die Vollkommenheit des christlichen Lebens von der Güte und Rechtschaffenheit der einzeln Handlungen abhängt, so schieben ihr diejenigen einen gewaltigen Riegel vor, welche die nach ihrem eigenen Berufe vernünftigerweise erforderlichen, täglichen Uebungen nachläßig und schläfrig zu beobachten pflegen, weil nämlich ihre Seele da ist, wo sie nicht sind. Das Leben solcher Menschen bleibt ein beständiger An fang gut zu leben. Sie beschließen Vieles, führen aber nichts aus. Sie haben Ueberfluß an Blättern, tragen aber keine Früchte; denn sie sind wie ein Baum, der oft versetzt wird; weil sie keinen beständigen Ort haben, schlagen sie keine haltbaren Wurzeln.

§. 24.

Wie Christen leben sollen.

Die Christen sollen so leben, daß sie sich von den Gelüsten des Bauches und des Gaumens, von übertriebener Kleiderpracht (Körperzierung) von eiteln Schauspielen, von Trägheit und Faulheit, vom Ehrgeize, von der Ruhmsucht, von der Geldgierde enthalten. Den Zorn sollen sie durchaus verscheuchen und einem Andern nicht thun, was sie selbst nicht dulden wollen. Nichts sollen sie nachläßig, nichts verwegen, nichts trüglich oder mit Verstellung thun. Jede Pflichterfüllung des christlichen Lebens, jede äußerliche Tugendübung ist, wenn der innere Geist und die Wahrheit fehlt, nichts anderes als Heuchelei und Komödie. Nicht selten stellen lasterhafte Menschen die herrlichen Thaten der Heiligen auf dem Theater dar. Der eine stellt die Standhaftigkeit des Martyrers, der andere die Sittsamkeit der Jungfrau, oder die Heldentugenden eines Apostels oder Christi und zwar vortrefflich vor; wenn aber das Schauspiel aus ist, so legen sie die fremde Person wieder ab und nehmen ihre schändliche und höchst unreine Persönlichkeit wieder an. Eben so sind auch jene, welche äußerliche

Werke nur zum Schein und eitler Schautragung üben, wie Schauspieler und Komödianten die von aller Tugend und Frömmigkeit entblöst, im Theater die Person eines heiligen Mannes vorstellen, deren Leben und Sitten aber nichts anderes ist, als eine Fabel. Daher erreichen wenige den Gipfel der christlichen Vollkommenheit, weil sie ihre Werke nicht im Geiste der Wahrheit ausüben. Die falschen Grundsätze der Welt überwiegen die Beispiele und Lehren Christi und die gemeinen, von der Natur eingepflanzten, Begriffe von Tugenden, durch verkehrte Menschen-Meinungen verdorben, werden in Laster verwandelt. Da wir nun unter Menschen leben, welche falschen Lehren zugethan sind, so muß sich Jeder oft selbst prüfen, ob nicht etwa auch er verkenne, was recht ist, und ob er seine (Berufs-) Pflicht recht erfülle. Der Weg der Wahrheit ist nur einer und unveränderlich, und wer auf demselben sichern Schrittes einhergehen will, muß nicht zur Erde, sondern zum Himmel auf schauen; nicht den Menschen folgen, sondern Gott, welcher ist der Weg, die Wahrheit und das Leben.

§. 25.

Die äußerlichen Werke müssen von inwendigem Geiste beseelet werden.

Man muß auf der Hut seyn, damit die Sinnlichkeit in unsern Handlungen sich nicht den ersten Platz anmaße; denn daher entstehen alle Uebel. Der Untergang der Sinne ist der Aufgang der Wahrheit. Deßhalb können wir uns auch schwer für überzeugt halten, daß wir etwas gethan haben, was von allen Seiten gut sey, weil wir, wenn schon mit anregender und mit wirkender Gnade, Vieles wegen Gott zu thun beginnen, dennoch der Gnade nicht getreu bleiben und bald wieder in uns selbst zurückfallen. Dem Bischofe von Sardis hat der Engel gesagt (Apok. 3, 2.): „Ich finde deine Werke nicht vollkommen vor meinem Gott." Denn Gebete, Fasten, Almosen und andere Werke dieser Art sind wohl vor Menschen vollkommen, die blos die Außenseite sehen, aber werthlos vor Gott, der in das Herz schaut, wenn sie nicht in der reinen und einfachen Absicht (Meinung) Gottes Willen zu thun und mit inwendigem Geiste gethan werden. Im Evangelium geschieht Meldung von 10 Jungfrauen, von denen

5 thörichte vom Hochzeitmale ausgeschlossen wurden, nicht weil sie keine Jungfrauen waren, nicht weil sie keine Lampen hatten, nicht weil sie sich keine Mühe gaben, sondern weil ihnen das Oel guter Absicht (Meinung) heiliger Gefühle mangelte. Ebenso wird es uns ergehen, wenn wir unsere Werke nicht mit innerem Geiste und mit der Liebe Gottes beseelen, daß sie Gott gefallen können. Das auswendige Leben ist bei allen Christen das nämliche, aber wie die Außenseite einer Uhr von inwendigem Räderwerk abhängt, und von der inneren Beschaffenheit des Leibes, die Farbe der Gesundheit äußerlich hervortritt, so werden die Guten von den Bösen durch den inwendigen Geist unterschieden. Das Reich Gottes ist in uns.

§. 26.

Woraus die Vollkommenheit der Werke entstehe.

Wie Leute, die sehr viel essen, immer schwach an Kräften sind, einen kränklichen und äußerst magern Körper haben, weil sie das Maas ihres Magens überschätzen und ihm mehr geben, als er ertragen kann; dagegen Andere, die sich mit einem einfachen Tische begnügen, immer voll Kraft

dastehen und ihr Leben auf das höchste Alter bringen,
weil sie nur wenige und leicht verdauliche Nahrung
genießen: so kommen Viele, obschon sie mancherlei
gute Werke üben, dennoch nicht weiter auf dem
Wege der christlichen Vollkommenheit; weil sie
nämlich verkehrten Weges wandeln und dann am
meisten vorwärts zu kommen wähnen, wenn sie
Vieles, sey es auch nachläßig und schläfrig, wirken;
da sie doch vielmehr darnach streben sollten, das,
was sie thun, alle Tage eifriger und vollkommner
zu thun. Aus dieser Art zu wirken entsteht nämlich
das Wachsthum der Vollkommenheit, nicht aber
aus einer lauen Anhäufung und Vermehrung der
Werke. Andere dagegen wirken wenig und nehmen
doch in der Liebe Gottes sehr zu, weil sie sich be-
fleißen, Alles, was sie thun, wäre es auch noch
so gering und wenig, mit immer größerem Eifer
und aus immer reinerer Absicht zu thun. Dann
benehmen sie sich auch in allen ihren Werken so,
daß sie nach Beendigung eines jeden derselben,
das große Wort Christi am Kreuze, mit Recht
aussprechen dürfen (Joh. 19, 30.): „Es ist vollbracht;" d. h. ich habe, was Gott in diesem
Werke von mir verlangte, eifrig und, so weit es
meine Schwachheit erkannte und vermochte, ohne

Unvollkommenheit vollendet, nämlich so weit mir derjenige den Willen und das Vollbringen gegeben hat, der da sprach (Joh. 15, 5.): Ohne Mich könnet ihr nichts thun. Auf diese Art bringen sie jeden Tag so zu, daß sie beim Anbruche der Nacht mit Ruhe sagen können: „Es ist vollbracht." So richten sie denn auch ihr (ganzes) Leben ein, daß sie, nach dessen vollendetem Laufe, in Wahrheit sagen dürfen: sie haben Alles vollbracht, was ihnen Gott aufgetragen. Wer so lebt, der lebt christlich und hat sich am bösen Tage nicht zu fürchten.

§. 27.
Wie nützlich die Vergegenwärtigung Gottes sey.

Es giebt keine trefflichere Anleitung, alle Werke recht zu verrichten, als diese: Gott, bei allen Dingen inwendig gegenwärtig anzuschauen, der ihnen Bewegung, Leben und Daseyn giebt, und Alles in Allem wirket. Es ist durchaus nothwendig, daß wir alle unsere Werke vollkommen gut verrichten, weil wir dem Auge Gottes, das auch die inneren Rückschritte durchschaut, niemals entfliehen können. Gott selbst wohnet in uns, Er, in dem wir leben, uns bewegen und sind, und Er verläßt uns nie, als wenn wir uns von Ihm ab- und zu den Geschöpfen hinwenden. Das ist aber der, in uns lebende, verdorbene Samen des alten Adams, nämlich die böse Begierde nach Sinnenlust, wodurch unser Gemüth von der Gegenwart Gottes abgezogen wird. Wären wir frei von der Liebe zu den Geschöpfen, so würden wir ohne Zweifel Gott an jedem Orte gegenwärtig sehen, wie es Christus verheißen hat, da Er spricht (Math. 5, 8.): „Selig, die eines reinen Herzens sind; denn sie werden Gott schauen." Wahrhaftig groß und unaussprechlich ist die Fülle göttlicher Süßigkeit, die Gott denen verborgen hat, die Ihn fürchten; sie ist aber in der That verborgen, und nur diejenigen verkosten sie, die da sehen und schmecken, wie süß der Herr ist. Um reich zu seyn ist es noch nicht genug, einen Schatz zu haben, man muß auch wissen, daß man ihn besitze, und muß ihn zu schätzen und zu gebrauchen verstehen. Nun haben wir aber in uns einen Schatz, der unermeßlich, von unschätzbarem Werth, das allerhöchste, unendliche Gut ist: warum vernachläßigen wir ihn und laufen dem Staube der Scheingüter nach, die unsern Durst nicht stillen

können? (Pf. 4, 3.) „Ihr Menschenkinder!
„wie lange ist noch schwer euer Herz?
„Warum liebet ihr die Eitelkeit und suchet
„die Lüge," da ihr doch Gottes Gegenwart jeden
Augenblick genießen könntet? Wir sind reich, aber
wir wissen's nicht. Wir können von der Glückseligkeit der seligen Geister einen Vorgeschmack
haben, kümmern uns aber nicht darum: weil nämlich die beständige Gegenwart Gottes dem niedern
Theile (des Menschen), und den Sinnen lästig
und schwer fällt, und diese die Macht, die sie fühlen
abschütteln und den höhern Theil an sich ziehen
möchten. Auch verfallen wir, da uns göttliche
Tröstung zuweilen entzogen wird, schnell wieder
auf irdischen Trost, wenn wir uns anders keine
Mühe geben, durch den Glauben, Gott gegenwärtig zu schauen und aus Herzensgrund mit Ihm
umzugehen. Durch diese Anleitung lehrte Gott selbst
den Abraham, den Vater der Gläubigen, nach Vollkommenheit streben, da Er sprach (Gen. 17. 1.):
„Wandle vor Mir und sey vollkommen.
Auch David sagt (Pf. 15, 8 u. 9.): Ich sehe den
Herrn allzeit vor meinen Augen ꝛc. darum freuet sich mein Herz, und meine
Zunge frohlocket." Immerwährende Freude

genießt derjenige, der die Quelle aller Güter immer vor sich gegenwärtig hat.

§. 28.
Warum die Nachahmung der Heiligen schwer zu seyn scheine.

Wir sehen es für sehr schwer an, unser Leben, unsere Sitten und Handlungen nach den Beispielen der Heiligen einzurichten, weil wir uns sie vorstellen als Menschen von einer andern Natur, des Körpers entlediget, selig im Besitze des himmlischen Vaterlandes, wo Niemand zürnet, Niemand gelüstet, Niemand versucht wird: wo der vollkommenste Friede, unaussprechliche Freude, das allerhelleste Licht herrscht und ein durch die Fülle aller Güter vollkommener Zustand besteht. Allein, wenn wir wahrhaft, wie es seyn soll, in ihre Fußstapfen eintreten wollen; so müssen wir sie anders betrachten. Sie waren nämlich sterbliche Menschen wie wir; mit der nämlichen Leibesbürde belastet; von gleicher Verderbniß fleischlicher Begierlichkeit angesteckt, denselben Uebeln und Gefahren ausgesetzt: aber dessenungeachtet haben sie, durch den Glauben, Reiche überwunden, Gerechtigkeit geübet und Wunderbares gethan in ihrem Erdeleben.

„Elias, wie der Apostel Jakobus schreibt (5, 17.)
„war ein Mensch, den Leiden unterworfen,
„wie wir und betete eifrig, daß es nicht
„regnen möchte auf Erden: und es regnete
„nicht 3 Jahre und 6 Monate. Da betete
„er abermals und der Himmel gab Regen
„und die Erde brachte ihre Frucht hervor."
Das Nämliche kann man auch von den Andern
sagen, deren große Heiligkeit und Heldenthaten wir
bewundern: sie sind uns gleich, aus dem nämlichen Lehm gestaltet, und so lange sie auf Erde
wandelten, denselben Versuchungen unterworfen
gewesen; aber sie sind, durch einen fast unendlichen Zwischenraum von uns geschieden, dadurch
uns ungleich geworden, daß sie die Schwachheit
des Fleisches, die Hoffart der Welt, und die Nachstellungen der bösen Geister mit unbesiegter Geisteskraft überwunden haben. Warum zögern wir also?
Wenn wir (aufrichtig) wollen, ist es uns leicht
ihre Werke nachzuahmen, so wir nämlich die
Schläfrigkeit und Trägheit abgelegt haben und
nicht im Vertrauen auf eigene Kräfte, sondern
im Vertrauen auf Gottes Beistand darnach streben,
jene Stufe der Heiligkeit zu ersteigen, welche sie
glücklich erstiegen haben. Das eifrige Verlangen

nach Heiligkeit ist schon ein guter Theil der Heiligkeit selbst.

§. 29.
Alles muß auf die Ehre Gottes bezogen werden.

Des Apostels Ausspruch lautet dahin, alle unsere Werke müssen auf Gott und Gottes Ehre bezogen werden, wenn sie die Natur wahrer Tugend haben sollen. Er sagt (1. Kor. 10, 31.): „Ihr möget essen oder trinken, oder was ihr immer thut, thut Alles zur Ehre Gottes," und in einer andern Stelle (Koloss. 3, 17.): „Alles, was ihr thut mit Wort oder Werk, das thut Alles im Namen des Herrn Jesu Christi und danket Gott, dem Vater, durch Ihn." Was immer Gutes von uns geschieht, wenn es nicht wegen Gott geschieht, möge es auch als eine Handlung der Pflicht gut scheinen, ist dennoch böse, sobald dabei die rechte Absicht (Meinung) fehlt; denn durch die Absichten, nicht durch die Pflichten, die man hat, unterscheiden sich die Tugenden von den Lastern. Pflicht ist nämlich das, was man thun muß, Absicht aber ist das, weßwegen man es thut. Wenn wir den erschaffenen Dingen anhängen und sie um ihrer selbstwillen lieben, ohne weitere Beziehung auf Gott, so ist das verdammliche Begierlichkeit, nach der Lehre des Apostels Johannes (I. Joh. 2, 15.): „Habet nicht lieb die Welt, „noch was in der Welt ist." Der Grund davon ist: wir sind in dieser Welt gleichsam Fremdlinge und Wanderer, die ins Vaterland reisen; müssen aber die Geschöpfe gleichsam als Fuhrwerke gebrauchen, die uns geraden Wegs dahin bringen sollen, wohin wir wollen. Gott dagegen muß man um seiner selbst willen lieben, weil Er das höchste Gut, das letzte Ziel und Ende ist, in welchem allein Befriedigung des Verlangens, Sicherheit des Genusses, und die höchste Ruhe und Freude zu finden ist. Wer diesen Zweck nicht kennt, der kennt auch die Weise nicht recht zu leben. Kennen wir aber den Zweck aller Dinge, dann wissen wir schon, wohin unsere Handlungen gerichtet, und worauf alle Pflicht-Erfüllungen bezogen werden sollen. Darum lehren die Theologen, obgleich sie mit vollkommener Uebereinstimmung von einigen menschlichen Handlungen sagen, sie seyen an und für sich weder gut noch böse z. B. Spazieren, Essen, Schlafen ꝛc. dennoch, daß derjenige sündige, welcher nur um seiner selbst willen schläft, ißt, spazieren geht ꝛc. und das nicht auf das letzte Ziel und Ende bezieht, weil er von der ersten und Hauptregel menschlicher Handlungen abweicht, welche eben das Ziel und Ende (der Zweck) ist, worauf gerichtet werden soll, was wir immer thun. Und das ist es, was der Herr gesagt hat (Matth. 6, 22.): „Das Licht deines Leibes ist dein „Auge. Ist nun dein Auge lauter, so „wird dein ganzer Leib erleuchtet seyn. „Ist aber dein Auge verborben, so wird „dein ganzer Leib finster seyn." Jenes Auge ist die Meinung (Absicht) in der man etwas thut. Ist diese Meinung nicht die rechte, so wird das ganze Werk finster seyn. Die Meinung des Handelnden ist aber nur dann die rechte, wenn er, Alles, was er immer thut, auf das höchste Gut, als der Quelle, zurückleitet. Alles Gute kommt von Oben, und was davon abweicht ist böse.

§. 30.

Eigenliebe ist die Wurzel alles Bösen.

Nachdem der Stammvater der Menschen, aus ungeordneter Selbstliebe in jene schreckliche Sünde gefallen ist, durch welche das ganze Menschengeschlecht dem Tode, der Unwissenheit und der

Begierlichkeit verfallen, erzeugt und geboren wird; so ist unsere Natur mit einer solchen Finsterniß erfüllt und mit solchem Gewichte zur Erde niedergedrückt worden, daß sie, nachdem sie Gott verlassen, nur in sich selbst hineinstrebt, und nachdem sie allen Sinn für geistige Freude verloren, nur nach Sinnenlust trachtet. Daraus ist die schmähliche Tyrannei entstanden, die der schlimmste Feind aller Tugenden, die Eigenliebe, an Allen ausübt. Folgen wir seinem Befehle, so suchen wir bei unsern Handlungen nichts als Vortheile, Ehren und Lüste. „Das Fleisch" unterwirft sich dem Gesetze nicht, und vermag es auch nicht, wie der Apostel sagt (Röm. 8, 7.). Alle seine Triebe und Neigungen reizen nämlich zur Sünde und versetzen uns in den schrecklichen Zustand der Verdammungswürdigkeit. Nichts steht unsern (wahren) Vortheilen mehr im Wege als die Eigenliebe, die uns so gewaltig antreibt, solche zu suchen. Denn, da Gott will, daß wir Alles auf Ihn, als das letzte Ziel und Ende, beziehen sollen, so wird derjenige, der in Allem nur sich selbst und seinen Nutzen in's Auge faßt, gewiß nichts aus seinen Werken davontragen, was ihm dienlich wäre, um das ewige Leben zu erwerben. Daher, wie der Völkerlehrer, eben daselbst, (V. 12 — 13.) sagt: „Wir sind nicht Schuldner des Flei„sches, daß wir nach dem Fleische leben „müßten; denn wenn ihr nach dem Fleische „lebet, so werdet ihr sterben; wenn ihr „aber durch den Geist die Werke des Flei„sches ertödtet, so werdet ihr leben." Die christliche Religion fodert uns dazu auf, daß wir unsere Glieder, wie wir sie hingegeben haben zum Dienste der Unreinigkeit und der Bosheit, zur Sünde, sie nun hingeben sollen, zum Dienste der Gerechtigkeit zur Heiligung. „Ihr sollt heilig seyn" spricht der Herr (Levit. 11, 45.) „denn Ich bin heilig." Eigenliebe und Neigung zu eigenen Vortheilen verhindert den Verstand, die Grundsätze und Regeln des christlichen Lebens zu fassen. Denn wer wird im Stande seyn, einen Eigenliebigen zu überzeugen, daß Alles, was die Welt liebt, eitel und von keinem Bestande; daß Ehrenstellen und Würden nichts anderes als glänzende Knechtschaft und Plage des Geistes seyen; daß es das Zeichen eines starkmüthigen und edlen Mannes sey, den Feinden zu verzeihen und denen Gutes zu thun, die uns hassen; daß es besser sey, Reichthümer zu verschmähen als zu besitzen;

rühmlicher wegen Gott Unterthan als Herr seyn; löblicher, sich selbst besiegen und seine Leidenschaften bändigen als die festesten Burgen erobern? Das scheint dem Eigenliebigen freilich hart und unglaublich, weil er von der ungezügelten Eigenliebe wie mit Ketten und unzerstörbaren Banden an die Erde gefesselt und einzig an irdische Vortheile und Ergözungen gebunden ist. Die Kinder Gottes aber werden vom Geiste Gottes angetrieben, daß sie nicht nach dem Fleische, sondern nach dem Geiste wandeln. Und wenn sie auch gewisse Werke des Fleisches verrichten müssen, deren sie in dieser Sterblichkeit nicht enthoben werden können, so lassen sie sich doch dazu nicht von der Eigenliebe verleiten, sondern nur aus (höheren) übernatürlichen Gründen bewegen, indem sie die bösen Begierden durch unabläßige Züchtigung des Fleisches bändigen. Die Selbstliebigen sagen, es sey in dem, was den Körper angeht, Klugheit nothwendig: es ist aber jene zu wünschen und anzuwenden, die vom Himmel ist; denn Fleischesklugheit ist der Tod.

§. 31.
Eigenliebe hat Babylon erbaut.

Gott hat den Menschen in das Paradies gesetzt, aber von Adam, in dem wir alle gesündiget haben, sind wir aus dem Paradies in die Welt, von Jerusalem nach Babylon, aus dem Vaterland in die Verbannung, aus der Freiheit in die Knechtschaft, aus der Unverdorbenheit in das Verderben, vom Leben in den Tod versetzt worden. So aus der Wahrheit in die Eitelkeit verfallen, sind wir der Eitelkeit nicht blos ähnlich geworden, sondern, wie der Psalm sagt (38, 6.): „Jeglicher Mensch, der da lebt, ist lauter Eitelkeit." Eitel ist er dem Leibe nach, der in Verderbniß und Tod hinsinkt; eitel der Seele nach, die, der Sünde dienend, sich des ewigen Todes schuldig macht; eitel in Absicht auf äußerliche Dinge, die vergehen und die man im Tode verlassen muß. Und doch laufen wir dieser Eitelkeit mit heißer Begierde nach und suchen diese Täuschungen sorgfältig auf, die uns mit endlosen Irrthümern anfüllen und uns aus Bürgern des himmlischen Jerusalems zu Bewohnern des höllischen Babylons machen. Diese zwei Städte hat zweierlei Liebe erbaut; die Stadt

Gottes, Jerusalem, hat die, bis zur Selbstverachtung gehende, Liebe Gottes; die Stadt des Teufels aber, Babylon, hat die, bis zur Gottes-Verachtung gehende, Eigenliebe aufgerichtet. Der Weg zu dieser Stadt ist breit und kurz; der Weg zu jener enge, rauh und lang: denn es geht leichter her auf den Boden zu fallen und in die Hölle zu stürzen, als in den Himmel erhoben zu werden. Darum erforsche sich jeder und sehe zu, was er lieb habe? Liebt er Gott und verachtet er sich selbst, so ist er ein Bürger des himmlischen Jerusalems; liebt er aber sich selbst ungeregelt, so schaut er nach Babylon. Von da sollen wir ausziehen, ruft uns die hl. Schrift zu, indem sie sagt (Isai 48, 20.): „Ziehet aus von Babylon," und in einer andern Stelle (Jerem. 50, 8.): „Fliehet aus der Mitte Babylons." Auch sagt der Psalmist (Pf. 136, 8.): „Tochter Babylons! Du Elende! wohl dem, der dir vergelten, und deine kleinen Kinder am Felsen zerschmettern wird." Dann gehen wir nämlich aus Babylon heraus, wenn wir von der Lasterhaftigkeit zurücktreten, und dann zerschmettern wir die Kinder Babylons, das ist: die bösen Begierden, am Felsen, wenn wir durch die Liebe

Christi, die schändlichen Neigungen ausrotten und überwinden. Eigenliebe ist der Tod der Seele; Liebe Gottes ist das Leben. Der liebt sich also selbst nicht, der durch die Selbstliebe das Leben verliert.

§. 32.
Alle suchen sich selbst, sogar in heiligen Dingen.

Es ist in der That zum verwundern, daß, obgleich eine so große Verschiedenheit der Menschen und menschlicher Neigungen besteht, dennoch alle einstimmig darin übereinkommen, daß Niemand in seinen eigenen Augen geringe seyn will, keiner dem Andern weichen oder sich ihm unterwerfen mag und keiner ist, wenn er auch noch so geringen Standes wäre, der nicht meinte, er sey Etwas und der nicht bei Andern in Achtung stehen wollte. Alle wollen über Andere hervorragen; alle verzeihen sich selbst gerne, Andern nie; alle behaupten ihre Meinungen hartnäckig und loben ihre Sachen; billigen nur ihre eigenen Erfindungen (Einfälle) und den eigenen Geschmack, und mißbilligen Fremdes; ihre Unwissenheit kramen sie wie Weisheit aus, und obschon sie nichts wissen, meinen sie doch es sey ihnen nichts unbekannt. Die Laster, die

sie haben, decken sie zu, und die Rechtschaffenheit
(Gerechtigkeit) die sie nicht haben, heucheln sie,
bei allem Widerspruche ihres Gewissens. Allein
noch weit mehr muß man sich darüber verwundern,
daß selbst auch brave Leute, die nichts anderes
als Gottes Wohlgefallen, Ruhm und Ehre zu
suchen scheinen, dennoch durch einen geheimen und
oft kaum begreiflichen Trieb der verdorbenen Natur
sich in sich selbst verlieren, indem sie zwar thun,
was gut und recht ist, aber nicht um Gott zu
gefallen, sondern um diejenige Herzensfreude zu
genießen, die aus guten Werken hervorgeht. Diesen
Fallstrick pflegt die Eigenliebe geistig gesinnten
Männern um so heimlicher zu legen, je heiliger
und besser die Sache ist. Was ist so heilig als
Gottes Gebote halten, die hl. Schriften lesen, in
der Kirche predigen, die hl. Sakramente oft gebrauchen, und am Altare des Herrn dienen?
Das Alles aber pflegt die Begierde nach Lob zu
beflecken und wenn der Mensch sein Herz nicht
mit allem Fleiße überwachet, so ist all' dieses sein
Thun vergeblich. „Wenn ich alle Sprachen
„der Menschen und Engel redete" sagt der
Apostel (I. Kor. 13, 1.) „hätte aber die Liebe
„nicht, so wäre ich ein tönendes Erz, oder

„eine klingende Schelle." Und wenn Jemand alle seine Güter zur Speise der Armen austheilte, und seinen Leib zum Verbrennen hingäbe, so nützte es ihn nichts, wenn das nicht rein aus Liebe Gottes geschähe. Auf ähnliche Weise sagt Aggäus, der Prophet (Agg. 1, 6.): „Ihr „säet viel und ärndtet wenig ein; ihr „esset und werdet nicht satt; ihr trinket „und werdet nicht trunken; ihr kleidet euch „und werdet nicht warm; und wer Lohn er- „wirbt, wirft's in einen durchlöcherten „Sack," weil nämlich die guten Werke nichts nützen, wenn Jemand sich selbst in ihnen sucht und nicht Gott. Da nun die Betrügereien und Ueberlistungen der Natur dessen, der immer und überall sich selbst sucht, überaus fein angelegt sind; so müssen wir alle Winkel unseres Herzens erforschen und uns sorgfältig hüten, daß sich im Anfange, in der Mitte und am Ende unserer Handlungen ja nicht etwa irgend ein Beweggrund des Eigennutzes einmische, wie heilig und ehrbar er auch scheinen möchte. Das ist die Regel des christlichen Lebens: nichts suchen und nichts lieben als was Gottes ist, und hassen, was unser eigen ist.

§. 33.
Was jeder Christ wissen soll.

Jeder Christ soll die göttlichen Gebote und die menschlichen Gesetze kennen, zu deren Beobachtung jeder verpflichtet ist. Göttliche Gebote sind jene, die im Decalog (in den 10 Geboten) enthalten sind, und eben so die Gebote des Glaubens, der Hoffnung und der Liebe. Der Glaube verpflichtet Alle, dasjenige für wahr zu halten, was allen Gläubigen im Bekenntnisse (im Symbol) vorgestellt ist. Vermöge der Hoffnung halten wir dafür, daß wir das ewige Leben und was zu dessen Erreichung nothwendig ist, durch Gottes Gnade und unsere Mitwirkung erlangen können, was wir Alles von Gott erbitten, wenn wir das Gebet des Herrn sprechen. Durch das Gebot der Liebe werden wir verpflichtet, Gott über Alles und den Nächsten wie uns selbst zu lieben. Durch diese Tugenden wird der Mensch vollendet: denn der Glaube erleuchtet und leitet den Verstand; die Hoffnung erhebt den Willen zu Gott; die Liebe vereiniget uns mit Gott. Außer den genannten besteht auch das Gebot, die Taufe und der Frohnleichnam (die Eucharistie) zu empfangen und seine Sünden zu beichten, wenn auch die Kirche hierinfalls nicht befohlen hätte. „**Wer nicht wiedergeboren ist aus dem Wasser und aus dem hl. Geiste kann nicht in das Reich Gottes eingehen**, (Joh. 3. 5.) und (Joh. 6, 54.) wenn wir nicht essen werden das Fleisch Christi und nicht trinken werden sein Blut, so werden wir kein Leben in uns haben. Die Buße (das Bußsakrament) aber ist von Gott für diejenigen angeordnet, welche die Tauf-Unschuld durch darauf erfolgte Sünden verloren haben. Dann giebt es auch menschliche Gesetze, von geistlicher oder weltlicher Obrigkeit unverletzlich erklärt, die man kennen muß, um ihnen mit schuldiger Demuth Folge zu leisten. Um aber dem Allem Genüge zu thun, ist Niemand fähig, wenn nicht das wahre Licht die Finsterniß der Unwissenheit aus der Seele des Menschen verscheuchet hat, wie geschrieben steht (Pf. 93, 12.) „**Glückselig der Mensch, den Du unterweisest, o Herr! und den Du lehrest dein Gesetz!**" Denn der Mensch nach der Sünde sitzt in Finsternissen und im Todesschatten und mißt Gutes und Böses nicht mit dem Maßstabe der Wahrheit, sondern nach seiner Begierlichkeit. Man muß also den göttlichen Beistand anrufen, damit der, welcher befohlen hat, was Er will, uns gebe, was Er befiehlt, die Finsterniß erleuchte, die Krankheit heile, die Begierlichkeit vertreibe und die Liebe einflöße, weil die Liebe die Erfüllung der Gebote (das Ende des Gesetzes) ist, und der, welcher wahrhaft Gott liebt, allen Geboten ohne Ausnahme gehorchet.

§. 34.
Der Unterschied zwischen dem innerlichen und dem äußerlichen Menschen.

Unsere Hoffnung ist nicht von dieser Zeit und nicht von dieser Welt; auch sind wir weder für die Güter des gegenwärtigen Lebens, noch zu jener Glückseligkeit erschaffen, welche die meisten Sterblichen suchen, sondern zu einer ewigen, die Gott verheißen hat, und die der Mensch noch nicht begreift, wie geschrieben steht (I. Kor. 2, 9.): „Was kein Auge gesehen, kein Ohr gehört „hat, und in keines Menschen Herz ge„kommen ist, was Gott denen bereitet „hat, die Ihn lieben." Da wir also zu einer ewigen, vom Anfange der Welt uns bereiteten Herrlichkeit berufen sind; so ist es eine entsetzliche Verirrung, wenn wir uns in unsern Handlungen nicht durch ewige, sondern durch menschliche Gründe bestimmen lassen und unser Leben nicht nach dem Antrieb der göttlichen Gnade, sondern nach den Trieben der Natur einrichten. Glückselig sind die, welche in das Innere eindringen, mit Gott inwendig umgehen und durch keine Anreizung von außen aufgehalten werden. Das sind die innerlichen Menschen; die sich befähigen die Geheimnisse Gottes zu erfassen und die Ihn in sich reden hören. Diejenigen aber, welche sich durch auswendige Dinge bestimmen lassen, die gerne Geräusche hören, die begierig in Schauspiele gehen, wenn sie sich schon Mühe geben ehrbare Gründe für ihre Eitelkeit vorzuschützen, sind getheilt, sind keine innerliche Menschen: sie hängen sich selbst an, nicht Gott; sie suchen die Freuden der Welt, nicht die des Himmels. Es fehlt ihnen das zur Erkenntniß göttlicher Dinge nöthige Licht, weil sie dieselben niemals oder selten und oberflächlich erwägen. Daher kommt es, daß sie um ewige Güter wenig bekümmert „in der Eitelkeit ihres Sinnes „wandeln" wie der Apostel sagt (Ephes. 4, 17.): „entfremdet dem Leben Gottes durch Un„wissenheit." Denn je mehr der Mensch fortschreitet in der Klugheit des Fleisches, desto weniger

versteht er was Gottes ist, und in welchem Grade
er sich den Geschöpfen zuwendet, in demselben Grade
entfernt er sich von der göttlichen Liebe.

§. 35.
Wie verderblich es sey, von den Dingen
falsche Vorstellungen in die Seele aufzunehmen.

Weislich handelt der, welcher die Dinge nach
ihrem (rechten) Gewichte abwägt und sie so schätzt,
wie sie wirklich sind, nicht wie sie von Menschen
geschildert und geschätzt werden. Denn jedes Ding
hat gleichsam zweierlei Gesichter: ein wahres und
ein geschmünktes und scheinbares. Das wahre ist
jenes, welches göttlichen Gründen und der im
Herzen Gottes bestehenden Vorstellung entspricht;
das andere ist jenes, welches sich nach den Vorstellungen und Neigungen der Menschen und nach
den Foderungen der Eigenliebe gestaltet. So ist,
um mich dieses Beispiels zu bedienen, die Bischofswürde, nach der wahren und göttlichen Vorstellung
eine für Engelschultern zu schwere Last und eine
Knechtschaft, die den Bischof verpflichtet, für das
Heil der Seelen, nach göttlichen und apostolischen
Vorschriften, zu sorgen und darüber am Tage des

Gerichtes Gott die strengste Rechenschaft abzulegen. In der Vorstellung der Menschen aber ist die Bischofswürde eine Ehrenstelle, durch welche derjenige, der dazu befördert wird, in der Kirche einen hohen Rang bekommt, Reichthümer erwirbt und allseitige Ehrenbezeigungen. Daher kommt es, daß der, welcher die Bischofswürde mit der wahren Vorstellung ansieht, dieselbe fürchtet, flieht, und so sie ihm angeboten wird, sie standhaft ausschlägt; wer sie aber sucht und mit allem Fleiße darnach strebt, hat davon die falschen Vorstellungen der Menschen in der Seele, und er sucht sich selbst, nicht Gott. Eben das muß man auch von andern, sowohl geistlichen als weltlichen Ehrenstellen (Aemtern) und Würden sagen. Daher kommt denn auch die Verkehrtheit und Verwirrung der ganzen Welt und aller Stände, weil die meisten Menschen die wahren Vorstellungen und richtigen Begriffe der Dinge nicht kennen, und von den Finsternissen und Blendwerken dieser Welt eingenommen, die Wahrheit hassen und unfähig sind, das göttliche Licht aufzunehmen, das sich nur jenen mittheilet, die reinen Herzens sind. Namen werden mißbraucht, die durch die Heldentugenden der Heiligen und durch Christi Blut geheiliget wurden; diese

nämlich: Bischöfe, Priester oder Diaconen, auch Mönche und Ordensleute, ferner Könige, Fürsten und Richter; alle nennen sich Christen: aber Niemand weiß und Niemand verlangt zu wissen, welchen Werth, welche Kraft und welche Bedeutung diese Benennungen haben, durch was für Tugenden diejenigen sich auszeichnen sollen, die in den genannten Würden stehen, welches die richtige Vorstellung, die Obliegenheiten und Pflichten und der richtige Begriff von jeder derselben sey. Die Sachen vernachläßigt man, und so bleibt nichts übrig als die majestätischen Titel, der Schatten und das leere Bild der Sachen. Niemand ist das wirklich, was er heißt, Niemand folgt den Fußstapfen Christi. Diesen Uebelstand bewirkt die Eigenliebe in uns, das schlimmste und feinste Laster, das nur die Erfahrensten kennen und nur die Heiligsten besiegen. Die Güter wie die Uebel dieses (des irdischen) Lebens aber, wenn wir davon richtige Vorstellungen haben, sind kaum zu unterscheiden, denn beide sind eitel und vorübergehend und keiner Beachtung werth. Darum erwog David, der Mann nach dem Herzen Gottes, in seiner Seele nur die Ewigkeit, indem er sprach (Ps. 76, 6.):
„Ich gedenk' der alten Tage, und die

ewigen Jahre nehme ich zu Herzen."
Und sein Sohn, Salomon, der Weiseste aller
Sterblichen, nach dem er sowohl alles Gute, als
alles Schlimme dieses Lebens verkostet hatte, ruft
aus und schließt (Pred. 1, 2.): „O **Eitelkeit
der Eitelkeiten und Alles ist eitell**"

§. 36.

Drei Punkte sind dem Christen nothwendig:
a) daß er auf sich selbst wohl Acht habe,
b) daß er die Zeit weislich benütze und
c) daß er die heil. Sakramente recht
gebrauche.

Zur Treue, die wir Gott schuldig sind, sind
besonders drei Punkte nothwendig. Der erste ist:
beständige Aufmerksamkeit auf uns selbst und auf
das, was wir thun. Fehlt es daran, so irren
wir vom rechten Wege ab, und wandeln ungangbare, rauhe Straßen und suchen unsere Glückseligkeit, wo sie nicht ist; und weiset uns ein
Anderer auf sie hin; so glauben wir nicht. Der
Mensch unterscheidet sich von den Thieren durch
den Gebrauch der Vernunft und von den Heiden
durch den Glauben. Wenn er also unüberlegt,
niedrig, unbesonnen, des Brauches oder des Ruhmes

wegen und mit Uebereilung (Heftigkeit) handelt; so verliert er die Würde des Menschen, und sinkt zu den Thieren herab. Wenn er aber um seiner selbst und seiner Vortheile wegen sich zum Handeln bestimmen läßt; so ist er den Helden gleich zu achten. So wie die Kunstwerke, welche nach den Regeln der Kunst gefertiget werden, die Kunst ausmachen; so machen die Handlungen, welche tapfer, gerecht, bescheiden und klug ausgeführt werden, auch den tapfern, gerechten, bescheidnen und klugen Menschen.

Der zweite Punkt ist: weise Benützung der Zeit, von deren Gebrauch die Ewigkeit abhängt. Die Philosophen sagen: bloße Kenntniß heilsamer Dinge könne dem weisen Manne nicht genügen; es ist auch Eifer erfoderlich, und man muß nicht zugeben, daß irgend eine Gelegenheit, Tugend zu üben, verloren gehe. Denn die unzurückrufliche Zeit fliegt und wenn sie unbenützt vorübergegangen, so kann sie Niemand wieder bringen. Die Zeit fliegt und der Thor nimmt nicht wahr, was er (mit ihr) verliert. Man liebt das Plaudern und Wohlleben bis der Tag vorüber ist und so wird die werthvolle Zeit verscheucht, so gehen Tage und Stunden verloren, die uns der barmherzige

Gott verliehen, um Sündenvergebung zu erlangen, Gnade zu erwerben und Herrlichkeit zu verdienen. Wenn wir von jedem unnützen Worte, das keinen vernünftigen Grund hat, Rechenschaft werden geben müssen, um wie viel mehr von der unnütz zugebrachten Zeit?

Der dritte Punkt ist: der rechte Gebrauch der Sakramente der Buße und des Altars, aus deren oftmaligem Empfang wir (oft) wenig Nutzen ziehen, weil wir kalt und ohne gehörige Vorbereitung zu denselben hingehen. Die eigenthümlichen Früchte der hl. Sakramente sind aber alsdann vorhanden, wenn aus dem Gebrauch des Bußsakraments Demuth und Liebe zur Selbstverläugnung und aus dem Genusse des hl. Altarsakraments Freundlichkeit und Milde gegen den Nächsten und Liebe zu Gott erwächst. Wie der Geizige, der Tag und Nacht nach Reichthümer begierdet, an nichts denkt als an Geld und Gewinn; so seufzet derjenige, der diese Sakramente oftmalen, wie sich's gebühret, empfängt, immer nach Gott, und kann, ohne große Beschwerniß, an nichts anderes denken. Das Fundament des vollkommenen Lebens ist gänzliche Lossagung von allen Dingen, die nicht Gott sind.

§. 37.

Daß die Buße allen Chriſten nothwendig ſey.

Jeder Chriſt ſoll ſo leben und ſo ſterben, daß man aus ſeiner beſtändigen Trauer und ſeinem Leidweſen abnehmen könne, er ſey ein Büßer, der für ſeine begangenen Sünden genug zu thun und von ſeiner Befleckung gereinigt zu werden ſucht. Das war der Anfang und Hauptinhalt von der Predigt des Evangeliums (Mark. 1, 4.): „Johan-„nes taufte in der Wüſte und predigte „die Bußtaufe zur Vergebung der Sün-„den." Jeſus ſelbſt, unſer Anführer und Geſetz-geber, als Er ſich den Menſchen anfieng zu offen-baren (Mark. 1, 14.) „kam nach Galiläa, „predigte das Evangelium vom Reiche „Gottes und ſprach: die Zeit iſt erfüllt „und das Reich Gottes hat ſich genahet, „thut Buße und glaubet dem Evange-„lium." Und ein anderer Evangeliſt ſagt (Matth. 4, 17.): „Jeſus fieng an zu predigen und „zu ſagen: thut Buße, denn das Himmel-„reich iſt nahe." Die vorläufige Buße, als Vorbereitung zur Aufnahme des Evangeliums, damit die Seele, von aller Befleckung gereiniget, tüchtig werde, Gottes Gnade zu empfangen, die in eine sündige Seele nicht eingeht und in einem der Sünde ergebenen Körper nicht wohnet, ist ein Gott wohlgefälliges und angenehmes Opfer, da nämlich der Mensch, im Rückblick (auf sein vergangenes Leben) bekennt, daß er gesündiget habe und seine Sündhaftigkeit einsieht und mit zerknirschtem Herzen von Gott, den er beleidiget, Verzeihung erfleht. Die Verachtung Gottes ist das größte Uebel der Sünde; denn wer sündiget, der verachtet und hasset Gott, und der Grund dieser schmählichen Verkehrtheit ist der Mangel an Glauben und Betrachtung. Denn wer wäre so unsinnig und verwegen, daß er es wagen würde, Gottes Gesetz zu verletzen und zu übertreten, wenn er wahrhaft glaubte und erwäge, was Gott sey, und was es heiße Ihn zu beleidigen; der die allerhöchste Güte, die unendliche Macht und die furchtbarste Majestät ist? In diesen schrecklichen Abgrund des Elendes hat uns die Erbsünde gestoßen, so daß wir, in Folge einer gewissen heimlichen Abstoßung, wie unsinnig von Gott fliehen, und nachdem wir Gott, in dem alle Güter liegen, verlassen haben, uns im Kothe herumwälzen, den flüchtigen und geschmückten Gütern anhängend: und dieß darum, weil uns entweder die Wahrheit verborgen ist, oder weil uns die Schwachheit antreibet. Wie groß und beweinenswerth aber diese Blindheit sey, kann Niemand fassen, wenn er nicht tief zu Herzen nimmt, so groß sey die Bosheit der Sünde, daß sie nur durch das bitterste Leiden und den Tod des eingebornen Sohnes getilget werden konnte. Wenn wir nun das wahrhaft glauben, wenn wir unsere Sünden und ihre Schwere erwägen; so müssen wir unsere Tage (in Trauer und Leidwesen) so durchleben, daß wir uns wie Angeklagte benehmen, die in jedem Augenblicke ihr Verdammungs-Urtheil zu gewärtigen haben. Gerne verzeiht Gott jede Sünde, wenn sie durch Buße und Lebensbesserung gut gemacht wird.

§. 38.

Zeichen und Früchte der wahren Buße.

Die Sünden können niemals vermieden werden, wenn nicht ein gewaltiger Abscheu und Haß derselben in der Seele lebt; und die Bußwerke werden von keiner Dauer seyn, wenn im Herzen nicht ein glühendes Verlangen nach Vollkommenheit besteht. Zum Sakrament der Buße sollte man niemals anders hinzutreten, als daß man neben der Reue und dem Vorsatz, nicht mehr zu sündigen, auch die immer besonders zu beichtende Sünde wirklich ablege, nachdem man vorher die Veranlassungen (Gelegenheiten) dazu aufgehoben hat. Die rechte Frucht und Wirkung der Beichten soll darin bestehen, daß man würdige Früchte der Buße bringe, daß man nämlich jede Beleidigung Gottes verabscheue, vor seinem schrecklichen Gerichte erzittere, sich selbst mit Scham und Reue anklage, sich zu jeder Genugthuung bereit zeige, jede dem göttlichen Gesetz zuwiderlaufende Neigung bändige, alle Gefahren zu sündigen meide, Demuth und Selbstverachtung gerne erfaße, sein Gewissen oft erforsche und dessen Winkel und Falten recht fleißig aufsuche; Alles, was böse ist aus dem Herzen, sammt der Wurzel ausreiße, zerstöre und zernichte und dann darein säe und pflanze und baue, was heilig und vollkommen ist. Wer von diesem Geiste beseelet ist, hat seine eigenen Sünden vor den Augen, die Sünden Anderer aber hinter dem Rücken; betrübt sich über seine eigenen Vergehungen und schaut nicht um nach fremden; züchtiget die eigenen und entschuldiget die fremden. Er fürchtet die Gefahren in denen er schwebt, deren viele sind

5*

und vor denen man sich, mit großer Aufmerksamkeit, hüten muß. Denn böse Gesellschaften und die unvermeidliche Nothwendigkeit mit Sachen und Personen umzugehen, welche zur Sünde reizen, langwierige sündhafte Angewöhnungen und die Neigung zum Falle, die viel größer ist, als man gemeiniglich dafür hält, treiben immer zum Bösen an; denn jene Neigung, da sie mit der Natur entstanden ist; schleicht sich schmeichelnd und trügerisch in die Seele ein, verfinstert das schwache Lichtlein der Vernunft und verschlingt sogar selbst das Gewissen und schläfert dasselbe ein, daß es die Sünde nicht einmal mehr fühlt. So wird täglich Vieles verübt, was die Leidenschaft nicht empfinden läßt, die darein stürzet; ja die Uebung des Bösen vertilget sogar die Erkenntniß desselben. Die unglückliche Gewohnheit zu sündigen, hat eben das Eigene, daß je öfter Jemand sündiget, desto mehr sich der Blick seines Geistes verdunkelt.

§. 39.

Auf welche Weise kleinere Sünden getilget und die Laster ausgerottet werden sollen.

Wie leicht werden kleinere Sünden, die man läßliche nennt, begangen? Jederman weiß aber, daß die Sünden nicht klein seyn können, die den großen Gott beleidigen, und beßwegen müssen sie in der andern Welt durch die herbesten Strafen abgebüßt werden. Weil aber, ohne Gottes besondere Gnade, Niemand sich von allen läßlichen Sünden enthalten kann; so muß man wenigstens mit aller Anstrengung darnach streben, daß ihre Zahl täglich vermindert und eine jede durch Uebung der entgegengesetzten Tugend einzeln ausgetilget werde. Wie zur Zeit einer Pest nicht blos die von der Seuche angesteckten Menschen, sondern selbst ihre Hausgeräthe und was ihnen gehört, ängstlich gescheuet wird, damit sie ja Andere nicht auch mit der Pestkrankheit anstecken: so muß man auch, wenn es sich von Sünden, sey es auch von geringen, handelt, nicht nur sie selbst fürchten und fliehen, sondern Alles, was zu ihnen führt, oder aus ihnen entsteht, damit sie das töbtliche

Gift nicht in unvorsichtige Herzen spritzen. Fast in jedem Augenblick stellen sich uns auf kaum bemerkliche Weise verschiedene Versuchungen nahe, zur Neugierde, zur Geschwätzigkeit, zur Scherzhaftigkeit, zum Zorn, zum Streit, zur Ungeduld, zur Ausschweifung (Zerstreutheit) und zu andern Fehlern und Unvollkommenheiten, und weil sie (ich will nicht sagen) kaum vermieden, sondern kaum wahrgenommen werden können: so muß man ernstlich darauf bedacht seyn, daß wenigstens jede Neigung dazu, wie auch die Natur sich sträuben möchte, aus der Seele entfernet bleibe, sonst wenn eine Neigung dazu unterhalten würde, so könnten diese Fehler weder jemals verbessert, noch vergeben werden, so sie auch hundertmal der Schlüsselgewalt der Kirche im Sakrament der Buße unterworfen würden. Ich weiß zwar, daß von diesen geringern Verfehlungen geschrieben stehe: „der Gerechte fällt des Tages 7 mal" aber dennoch lebt der Gerechte so, daß er niemals in dieselben falle, wenn nicht etwa aus Gebrechlichkeit oder Uebereilung. — Was nun aber die Laster betrifft, so muß der, welcher sie mit der Wurzel ausrotten will, vor Allem die sündige Anreizung, sobald sie entsteht, unterdrücken und dann den Akt der entgegengesetzten Tugend in sich erwecken. So, wenn z. B. Jemanden eine Ungerechtigkeit zugefügt wird, so muß er vor Allem die Anreizung zum Zorne bändigen und dann den Akt der Geduld und der Demuth in sich erwecken, aus Freude, daß er erdulde, was er verschulde, dann muß er wünschen, daß ihm dieß öfters begegne; sodann soll er den, der ihm die Mißhandlung angethan, aufrichtig lieben und bereit seyn, ihm gerne Gutes zu thun, so oft sich dazu Gelegenheit ergiebt. Es ist nämlich nicht genug vom Bösen sich zu enthalten; man muß sich auch bestreben Gutes zu thun. Man wird nicht sagen, daß sich ein Knecht um seinen Herrn verdient gemacht habe, wenn er ihn weder geschlagen noch beschimpft hat, sondern wenn er ihm auch treue Dienste und seinen Befehlen pünktlichen Gehorsam geleistet hat. Und gerade darin täuschen sich Viele, daß sie ihr Heil in Sicherheit glauben, weil sie meinen, sie thun nichts Böses, während sie die Erfüllung ihrer Pflichten unterlassen und das Ringen nach Tugend versäumen. „Enthalte dich vom Bösen sagt der Psalm (36, 27.) und thue Gutes." Beides ist nothwendig, sowohl Böses nicht thun, als was Pflicht ist, nicht unterlassen.

§. 40.

Daß Geistliche und Ordensleute (besonders strenge) zum Streben nach Vollkommenheit verpflichtet seyen.

Obgleich die Norm und Vorschrift der christlichen Vollkommenheit allen Christgläubigen gegeben ist, nicht blos den Ordensleuten, wie wir oben gezeigt haben; so kann doch Niemand läugnen, daß diejenigen besonders strenge dazu verpflichtet seyen, die sich durch ein feierliches Gelübde, oder in einem approbirten Orden, oder im geistlichen Stande dem Herrn geweihet haben. Die sich nämlich in diesen Ständen befinden, sollen nicht blos sich selbst heiligen, sondern auch die übrigen Gläubigen durch Lehre und Beispiel belehren, erleuchten und zum Heile führen. Hierin darf nichts vernachläßiget werden; denn eine kleine Versäumniß bringt schon großen Schaden. Sie sollen daher so leben und so nach Tugend streben, und so mit den übrigen Menschen umgehen, daß diese von ihrer Unterredung und von ihrem Umgange zurückkehrend an ihre Brust schlagen und sagen: wahrlich das sind Kinder Gottes. Wie der Ordensmann durch das Gelübde der Armuth

zu jedem Besitzthume sich untüchtig erklärt: so
muß er auch wissen, daß er, wegen dem Gelübde
des Gehorsams, Willen und Verlangen nicht
(mehr) in seiner Gewalt habe und davon nicht
nach Belieben Gebrauch machen könne. Von demjenigen kann man sagen, daß er wahrhaft arm
und gehorsam sey, der sich aller, selbst der zum
Leben unentbehrlichen, Dinge gerne und fröhlichen
Sinnes entäußert und jedem Winke seines Vorgesetzten, möge er Erwünschtes oder Beschwerliches
befehlen, immer zu gehorchen bereit steht. Im
Gegentheile aber, wer sogleich traurig wird und
murret, sobald ihm etwas mangelt und den Befehlen nur unwillig gehorchet, der ist kein Ordensmann. Denn er sollte, um mich so auszudrücken,
in gar keinem andern Elemente leben, als in der
Verachtung und Verläugnung seiner selbst und in
der Lossagung von allen Dingen, damit er Christo
gleichförmig werde, der Nichts besaß in dieser Welt
und dem Vater gehorsam ward bis zum Tode.
Was hilft es die Thaten Christi des Herrn, und
der Heiligen zu lesen und zu feiern, wenn wir
sie so lesen und loben, als ob sie uns gar nicht
angehen? Sie sind uns deßwegen vor Augen
gestellt, daß wir auch unser Leben nach ihrem

Muster und Vorbild einrichten sollen. Nichts ist für den Ordensmann verderblicher, als Sicherheit und Freiheit, wenn sich Alles nach seinem Wunsche fügt, und Alles geschieht, wie er es will. Ein gewisser heiliger Mann sagte: Es sey kein Ordensmann im Himmel, der nicht auf Erde ein Martyrer gewesen wäre; weil nämlich das Leben eines, pünktlich nach der Vorschrift seiner Regel wandelnden, Ordensmannes ein unblutiges Martyrerthum ist. — Die vorzüglichste Ursache, warum so viele Ordensleute irregulär (ihren Regeln zuwider) leben, kommt vom Mangel an Betrachtung her; denn sie erwägen und beherzigen nicht, welches die Erhabenheit eines Ordensstandes und wie schädlich jede, auch die geringste Abweichung von der Ordenszucht sey. Daraus entsteht dann allmählig die Vergessenheit des eigenthümlichen Berufes, und die Unterlassung des Gebetes und anderer frommer Uebungen; denn bemühen sie sich die Geringschätzung der Zucht mit allerlei spitzfindigen Gründen, welche die Eigenliebe an die Hand giebt, zu beschönigen, und weil sie der innern Geistes-Freude beraubet sind, so suchen sie ihre Erquickung (ihren Trost) außen bei den Geschöpfen. Nur Wenige sind, die in der Einfalt ihres Herzens, auf dem dornenvollen Wege des Kreuzes, Christo nachfolgen. Sehr groß dagegen ist die Schaar der Irregehenden, daher man einigermaßen für erlaubt ansieht — was die meisten thun. Wir müssen uns also hüten, daß uns die Beispiele Vieler nicht verderben; denn es ist ein entsetzlicher Wahn, daß ein lauer, unvollkommener Mensch in demjenigen Stande sicher lebe, in welchem heilige und vorsichtig wandelnde Männer mit Mühe den (rechten) Pfad eingehalten haben.

§. 41.

Schilderung solcher Ordensleute, die ihres Berufes nicht eingedenk sind.

Der Ordensgeist besteht nicht in der äußern Gestalt, oder im Zuschnitte (in der Beschaffenheit) des Kleides und in der Stellung des Körpers, sondern im Geiste der Demuth und in dem inwendigen Umgange mit Gott. Weil aber die Schwachheit der menschlichen Natur nicht immer denselben Ernst ertragen kann; so geschieht es, daß sie allmählig herabsinkt und darauf verfällt, die eigenen Vortheile aufzusuchen. Die Folge hievon ist, daß jeder religiöse Orden, wie herrlich er auch errichtet war, wenn er von seiner ersten

Reinheit und anfänglichem Eifer abwich, auf kaum bemerkbaren Stufen zu einer menschlichen und weltlichen Lebensweise herabsank. Daher sind Viele nur dem Scheine nach Religiosen und Kleriker, zwar der Kleidung nach Geistliche, aber dem Betragen nach schlimmer, als die Kinder dieser Welt. Sie sind ganze Leute im Vorrath an Worten, in Ceremonien, in der Bewerbung um Ehrenstellen und um die Gunst der Großen und in der Aufhäufung von Reichthümern. Sie haben tausenderlei Ausflüchte, um ihre unschickliche Zwecke zu erreichen und ihre Privat-Interessen der öffentlichen Wohlfahrt der Kirche vorzuziehen. Sie wohnen im Hause Gottes, sind aber dem himmlischen Vater ganz unähnlich, sie werden Diener Gottes genannt, gehorchen aber seinen Befehlen nicht. Sie führen ein ganz sorgloses Leben, zehren vom Erbtheile Christi und sind mit reichen Einkünften begabt, wofür sie Gott und der Kirche dienen sollten, thun aber das ganze Jahr hindurch nichts, was nur der Unterhalt eines einzigen Tages werth wäre. Es fehlt ihnen nie an Worten, um den ganzen Tag mit den Leuten unnütze Gespräche zu wechseln, aber stumm ist ihre Zunge und es mangelt ihnen die Sprache, wenn sie auch nur eine kurze Zeit von Gott, oder mit Gott reden sollten. Dann giebt es auch wieder Andere, die sich von ihrem eigenen Berufe, in dem man nach des Apostels Ermahnung ausharren sollte, wegwenden und sich in einen andern Stand sehnen, als wäre er vollkommener, und wenn sie ihre Sitten ändern sollten, diese Aenderung verschieben, bis sie an einem andern Orte seyen, an den sie nie kommen werden. Träume der Wachenden sind das und sehr schlaue Versuchungen des Teufels; denn nur die Gegend nicht die Seele verändern jene, die von einem Ort zum andern ziehen. Es ist schwer, daß derjenige an einem andern Ort löblich wandle, der sich und seine Fehler dahin mitbringt.

§. 42.

Ein Ordensmann sollte der Welt fremd seyn.

Ein Ordensmann wird erst dann hoffen dürfen, daß er einigen Anfang in der Vollkommenheit gemacht habe, wenn ihn die Menschen hassen und verachten. Jedermann haßt jene, die ihm unähnlich sind und Christus hat seinen Aposteln gesagt (Joh. 15, 19.): „Wäret ihr von der Welt „gewesen, so würde die Welt das Ihrige

„lieben, weil ihr aber nicht von der Welt „seyd, sondern Ich euch von der Welt aus= „erwählt habe, darum hasset euch die „Welt." Da der Ordensmann nicht von der Welt ist; so muß er sein Leben im Kloster so einrichten, daß er durch seine Lebensweise zeige, er habe den Stand der Buße ergriffen, um die Sünden abzubüßen, die er ehemals in der Welt begangen. Je mehr er von dem Treiben der Welt ferne bleibt, desto bälder wird er den Gipfel der Vollkommenheit erreichen, und je weniger er mit den Welt=Leuten verkehrt, desto größern Frieden und Geistesfreiheit wird er genießen. Man richtet sich so leicht nach Mehreren und die Beispiele der Bösen machen nach und nach die Guten auch böse. (Pf. 105, 35.): „Sie mischten sich unter die „Völker (Heiden) und lernten ihre Werke, „und dienten ihren Götzenbildern. (Isai. 24, 2.): „Dem Priester wird es gehen „wie dem Volke." Auch bringt die zu große Vertraulichkeit und häufiger Umgang mit Menschen Verdruß, deckt verborgene Fehler auf, erzeugt Ver= achtung und löscht den Eifer der Demuth aus. (Luk. 9, 62.): „Niemand, der seine Hand

„an den Pflug legt und zurück sieht, ist
„tauglich zum Reiche Gottes."

§. 43.

Warnung für diejenigen, welche sich um
die Leitung der Seelen (um die Seelenforge)
bewerben.

Es ist eine große Verwegenheit, wenn Geistliche, denen die erfoderlichen Eigenschaften fehlen, um die Last des Seelsorgeramtes zu tragen, sich dennoch angelegenst um dasselbe bewerben und sich demselben eigenwillig unterziehen, ohne von Gott dazu berufen zu seyn, blos angetrieben vom Verlangen nach Erhebung, nicht um eine Heerde zu weiden, sondern um selbst geweidet zu werden, nicht um zu leiten, sondern um zu herrschen. Es ist wahrhaft schrecklich und beweinenswürdig, daß sich so Viele um die Seelenleitung bewerben, aber Niemand bedenkt, was es Großes sey, Gott für die durch Christi Blut erkauften Seelen Bürge zu werden, und eine Last zu übernehmen, die bis zu den Pforten des Himmels getragen werden soll, unter der Strafe ewiger Verdammung, wenn sie solche verschuldeter Weise abgeschüttelt. Um aber ihren Stolz zu verbergen, berufen sie sich gerne auf das, was der Apostel sagt (I. Tim. 3, 1.): "Wenn Jemand ein Bischofsamt verlangt; so verlangt er ein gutes Werk;" aber sie achten nicht darauf, daß er, nachdem er das Verlangen gelobt, das, was er gelobt hatte, sogleich in Schrecken verwandelt, indem er beifügt: "es muß aber ein Bischof untadelhaft "seyn, nüchtern, klug, gesetzt, sittsam, "gastfreundlich, zum Lehren geschult, "bescheiden." Wer ist mit solcher Heiligkeit begabt, daß er sich in allen Stücken untadelhaft darstellen könnte? Mit Recht wird daher das Seelenhirtenamt die Kunst der Künste genannt, und eine Last zu schwer für Engel-Schultern. Denn welche Urtheils- und Verstandes-Kraft wird erfodert um Menschen zu leiten, von so erstaunlicher Verschiedenheit und unglaublicher Unbeständigkeit und ohne Aufrichtigkeit? Welches Licht wird erfodert, um die Geheimnisse der Herzen zu erforschen, was nur Gott eigen ist, und um die Absichten zu unterscheiden? Welche Klugheit wird erfodert, um die mannigfaltigen Neigungen zu erkennen; welcher Fleiß, um die Seele von der Sünde abzuziehen; welcher Eifer, um den Versuchungen zu widerstehen; welche Sorgfalt, um die Gelegenheiten zum Bösen abzuwenden; welche Wissenschaft um das Gewissen zu leiten; welche Stärke um Sünder zu bezwingen; welche Kraft, um den Widersachern zu widerstehen; welche Geduld, um die Unvollkommenen zu ertragen; welche Standhaftigkeit, um die Guten vorwärts zu bringen; und endlich welche Gewandtheit, um alle Pflichten der Gerechtigkeit auszuüben? All' das kann ohne Gottes besondere Gnade kaum in Einem Menschen angetroffen werden, und deßwegen sollte die Seelensorge, ohne offenbar göttlichen Beruf, nicht übernommen werden. Lange sollte man prüfen, was die Schultern zu tragen vermögen und wessen sie sich weigern. Wer nicht nützen kann, soll nicht Vorsteher seyn.

§. 44.
Daß das Gebet allen Christen nothwendig sey.

So groß ist die Nothwendigkeit des Gebetes, daß es zu den Glaubenslehren gehörte, Niemand könne ohne dasselbe sein Heil wirken. Denn wer kann dem Rufe Gottes folgen, wenn ihm nicht die Gabe der Gnade zu Hilfe kommt? Wer kann aber Gottes Hilfe ohne Gebet erlangen? Daher lehret die Schrift, man müsse immer und ohne Unterlaß beten (Luk. 18, 1. und I. Theff. 5, 17.), weil wir immer und in allen Stücken der Hilfe Gottes bedürfen. Immer betet aber derjenige, der die bestimmten Gebets-Zeiten an keinem Tage umgeht. Immer betet der, welcher Alles, was er thut, mit der reinsten Meinung auf Gott bezieht; denn das Gebet ist nichts anderes als die Erhebung des Gemüths zu Gott. Immer betet der, welcher beständig ein lebendiges Verlangen zu beten im Herzen unterhält; denn dieses Verlangen selbst ist Gebet. Gut betet der, welcher gut lebt. Niemand ist lasterhaft, Niemand gottlos, Niemand ein Abtrünniger geworden, der nicht vorher alle Liebe zum Gebet abgeworfen hätte. Das Gebet ist der Kanal (Graben) durch den die Bächlein der göttlichen Gnade in die Seele fließen; fehlt das Gebet, so vertrocknet (verdorret) die Seele und geht nach und nach zu Grunde. Es genügt aber nicht, einige Gebete nur blos mit dem Munde, ohne alle Aufmerksamkeit und Ehrerbietigkeit daher zu sagen, wie die meisten thun; denn über diese beklagt sich Gott, indem Er spricht (Isai. 29, 13. u. Matth. 15, 8.): „Dieses Volk ehret Mich mit den Lippen, „ihr Herz ist aber ferne von Mir." Und wer so betet, der wird der Drohung des Propheten nicht entgehen, der da singt (Psalm 108, 7): „Sein Gebet werde zur Sünde!" Es sind Lügen und leere Worte, wenn Jemand lasterhaft handelt und zu Gott singt (Psalm 118.): „Die „Sünde habe ich gehaßt und verab= „scheut." Er sitzt bei vollen Schüsseln und spricht (Psalm 101, 5.): „Ich vergesse mein Brod „zu essen." Er lacht den ganzen Tag und über= fließt von eiteln Freuden und sagt doch (Pf. 41, 4.): „Thränen sind meine Speise Tag und „Nacht." Den Geboten Gottes gehorcht er nicht und singt (Psalm 118.): „Verflucht seyen die, „welche von deinen Geboten abweichen." Abscheulich sind solche Gebete; sie fordern den Zorn Gottes gegen den Bethenden heraus und verdienen mit harten Strafen gezüchtiget zu werden. Niemand aber ist des Christen=Namens würdig, wenn er nicht wenigstens zweimal des Tages, wenn er auf= steht und Abends ehe er schlafen geht, sein Gemüth zu Gott erhebt und einige Zeit eifrig betet, damit er doch auch so viel vom Tag zur Erfrischung der Seele verwende, als er zur Ernährung des Leibes zugebracht hat. Auch soll das Gebet niemals unterlassen oder abgekürzt werden, wenn schon der

Betende dabei trocken ohne allen Trost und Geistes-Erquickung bleibt; denn die wahre Andacht und die dauerhafte Geistesfreude besteht nicht in einem Ueberfluß an Wärme, nicht in sinnlicher Süßigkeit, nicht in gewissen weichen Empfindungen und Thränen (denn auch die Türken und andere Ungläubige erfahren zuweilen das bei ihren Gebeten und Opfern), sondern im stets bereiten Willen, Gott zu dienen und sich von Sünden zu enthalten. Was Gottes ist, wird nicht durch die Sinne, sondern allein durch den Glauben wahrgenommen.

§. 45.

Welche Gemüthsstimmung (Herzensbeschaffenheit) zum Gebete erfordert werde.

Es giebt Viele, die nach einer Methode und nach Regeln fragen, durch welche sie zu Gott beten lernen könnten, als wenn das Gebet eine Kunst oder ein Handwerk wäre, welche in gewissen Vorschriften bestünde. Ich verwerfe die Anweisungen zum Gebete nicht, welche von heiligen und frommen Männern gegeben worden sind; aber sie allein reichen nicht hin, wenn man nicht Herz und Sinn unaufhörlich bewacht. Außerdem kann man den Geist des Gebetes nicht haben. Denn wie wird das Herz, wenn es den ganzen Tag zerstreut und zersplittert und mit dem eiteln Geschwätze der Leute beschäftiget war, im Gebete zu Gott hintreten und von dem wichtigsten Geschäfte des Heiles mit Ihm handeln können? Die Menschen täuschen sich erstaunlich, welche meinen, sie können in dem kurzen Zeitraum einer Stunde, die für den irdischen Menschen wichtigste Angelegenheit abthun, von der sie den ganzen Tag entfernt gewesen und an die sie vorher nicht einmal gedacht haben. Das Gebet erfodert ein reines, von den Bildern irdischer Dinge freies, Gemüth, daß man sich Gott allein hingeben könne. Keine Herzensbeschaffenheit (Gemüthsstimmung) ist zum Gebet tauglicher, als die Unbeflecktheit des Lebens und Reinheit der Sitten. Wer recht beten lernen und darin Fortschritte machen möchte, muß das Himmlische so hoch schätzen, als wenn er dem Irdischen ganz abgestorben wäre und darin keinen Trost fände. Gut ist das Gebet, welches Glauben und Demuth begleiten.

§. 46.

Warum Viele aus dem Gebet keine Frucht schöpfen.

Wenige sind, die aus Gebet und Betrachtung Frucht ziehen, weil sie eine den Dingen, die sie betrachten, entgegengesetzte Stimmung und Gesinnung haben, und sich Gott nicht hingeben, wie ein Opfer und Schlachtopfer zur Vollbringung jedes, Ihm wohlgefälligen Werkes. Sie bitten zwar Gott, daß Er sie seinen Willen erkennen und thun lehre, aber dessen ungeachtet hören sie nicht auf, Vieles gegen seinen Willen zu thun, weil sie doppelten Herzens sind. Das eine öffnen sie Gott im Gebete, das andere behalten sie für sich und sprechen nicht mit dem Propheten (Psalm 118.): „Aus meinem ganzen Herzen habe ich „Dich gesucht." — Andere von Neugierde und Stolz angetrieben, beschäftigen sich mit hohen Spekulationen (Nachforschungen), welche zur Kenntniß und Ausrottung der Laster wenig oder nichts beitragen, und wenn sie auch zuweilen den Willen bis zu Thränen und Seufzern bewegen; so bleiben sie doch, sobald solche Empfindung aufhört, ungeduldig, eigenen Rath festhaltend, hartnäckig und immer denselben Lastern hingegeben. Daher kommt denn auch, daß schnelle Bekehrungen, aus heftigen Gefühlen entstanden, meistens nicht von Dauer sind, weil, wenn jene Gewalt aufhört, die den Willen manchmal hinreißt, auch die Herzens-Rührung selbst ein Ende nimmt, und der Mensch in seine angewöhnten Laster zurückfällt. — Wieder Andere schreiten im Triebe nach eigener Ergötzung zum Gebete, als einer Quelle der Annehmlichkeit, suchen also nicht Gott, sondern sich selbst, daß sie mit geistlicher Freude erquickt werden möchten. Nochmal Andere messen den Nutzen des Gebetes nach der Erkenntniß des Wahren und des Falschen und diese hintergehen sich durchaus selbst, weil es ein großer Betrug des Teufels ist, im Gebet vieles lernen und nichts thun wollen. Das Gebet nützt dem Menschen nichts, würde er auch in den Himmel verzückt und hörte er geheime Worte, die kein Mensch aussprechen darf, wenn er nicht den Geist der Welt von sich ausgestoßen hat, und verspürt, daß sich die Bereitwilligkeit seines Herzens zum Gehorsam gegen Gott vermehre. Gut betet derjenige, der nichts zu wissen und nichts zu haben begehrt, als Christum, und zwar den Gekreuzigten.

§. 47.
Den Gebets-Eifer soll man nie erkalten lassen.

Es ist ein sehr gewöhnlicher Irrthum, daß es um die Betrachtung eine sehr schwere Sache sey, obgleich Niemand ist, der nicht alle Tage Betrachtungen anstellte. Denn was heißt „Betrachten" als eine Sache im Gemüthe erwägen? (überlegen?) das thun wir aber an Einem fort vom Morgen bis zum Abend, nur daß wir meistens schädliche und eitle Sachen betrachten. Warum betrachten wir denn die Geheimnisse des Glaubens und was zum Seelenheil gehört, nicht auch? Damit könnte sich unser Gemüth recht leicht ernstlich beschäftigen, wenn wir dasselbe anhielten, sich von den Sorgen für irdische Sachen abzuwenden. Deßwegen sind wir ungeschickt zum Beten lernen, weil wir der Sinnlichkeit nicht absterben und Christi Kreuz und Schmach nicht umfassen wollen. Oft unterlassen wir auch das Gebet, damit wir äußerlich guten Werken obliegen können, aus denen aber keine oder nur geringe Frucht entsteht, weil wir das, zum Gutesthun nöthigen Lichtes entbehren, das man nur durch das Gebet empfängt, und weil wir dieselben außer der göttlichen Gnaden-Ordnung verrichten, mehr aus eigenem als auf göttlichen Antrieb. Es ist ein großmächtiger Fehler, das Innerliche wegen des Aeußerlichen vernachlässigen. Wie der Körper, wenn ihm die tägliche Nahrung entzogen wird, nach und nach abmagert und stirbt: so ermattet auch die Seele und wird gleichsam leblos, wenn sie nicht alle Tage durch das Gebet, welches ihre Speise ist, ernähret wird. Die Seele bedarf aber der Speise um so öfter, je mehrere und größere Widerwärtigkeiten sie zu bestehen hat als der Körper. Denn Alles das, was dem Körper lästig ist: Kälte, Hitze, Krankheit, Hunger, Durst und Allerlei dieser Art, belästigt durch das Mitgefühl auch die Seele, aber über Alles das auch noch der Körper selbst, die Sinne, die Begierlichkeit, der Teufel und die Welt. Wenn wir aber beten, so müssen wir Gott suchen und anrufen in den verborgensten Winkeln unserer Seele, im inwendigen Menschen, wo er wie in seinem Tempel wohnet. Deßwegen sind auch laute Worte zum Beten nicht nothwendig, sondern im Geiste und in der Wahrheit soll man beten, und Gott anbeten. Gebete mit ausdrücklichen Worten zu verrichten ist denjenigen nöthig, welche es nicht verstehen, mit Gott in der

Verborgenheit des Herzens zu reden und das, was sie bedürfen, in eigener Rede auszusprechen. Es werden auch die öffentlichen Gebete der Kirche in Wort und Gesang vorgetragen, damit die Gläubigen solche hören, sich daran erbauen und mit einstimmenden Wünschen zu Gott empor gehoben werden. Uebrigens sind wir selbst der Tempel Gottes und das Haus des Gebetes; und das Reich Gottes ist uns.

§. 48.

Die Eigenschaften des guten Gebets.

Wenn das Gebet, womit wir von Gott etwas erbitten, gut seyn soll, so muß der Betende einzig und allein durch die Liebe Gottes zu dem angetrieben werden, um was er bittet. Denn wenn auch die Sache selbst gut und liebenswürdig wäre; so ist es doch sicherer und besser um sie zu bitten und sie zu lieben, weil es Gott so will, damit sich nicht etwa unter dem Schleier der Frömmigkeit gefährliche Selbstliebe verstecke. Die Grundlage des Gebetes ist der lebendige Glaube und die Gegenwart Gottes, dem man sich mit Einfalt nahen muß, wie das Kind zur Mutterbrust gezogen wird, ohne sonst etwas zu bemerken. Wer

während er betet, darauf merkt, daß er bete, der
ist nicht vollkommen aufmerksam auf das Gebet;
denn er wendet Gemüth und Absicht von Gott
ab, zu dem er betet, um auf sein Gebet zu merken, das er verrichtet. So geschieht es denn oft,
daß er in Zerstreuungen verfällt, eben weil er
solche zu vermeiden sucht. Daher ist Einfalt im
Gebete, mit Ausschluß aller andern Aufmerksamkeit, sehr zu empfehlen; kräftiger wird der beten,
der nicht daran denkt, daß er bete, indem er sich
ganz Gott hingiebt (nur auf Gott merket), zu
dem er betet. Ein Gemüth aber, das Gott immer
gegenwärtig hält, wird keiner Zerstreuung unterworfen seyn; denn wohin sollte es abschweifen
können, wenn es sich ganz und gar in das Meer
der unermeßlichen Gottheit versenket hat? Wo es
sich hinkehrte, kann es nie auftauchen. Wenn
aber, mit Gottes Zulassung, viele Zerstreuungen
einträten, so wird das Gebet für den Betenden
doch nicht ohne Nutzen seyn, wenn er nur ernstlich kämpfet, um dieselben abzuwenden. Gott wird
dem Kämpfer nahe seyn, wenn Er auch fern zu
seyn schiene. Die Zerstreuungen werden jedoch
leichter dadurch überwunden, wenn man das Gemüth von ihnen abwendet, und sie verachtet, als

6*

wenn man dagegen kämpfet: denn durch den Kampf drücken sie sich oft der Seele noch tiefer ein und werden noch beunruhigender. Das Gebet, welches trocken und ohne Trost bleibt, ist Gott um so angenehmer, je unangenehmer es der Natur ist.

§. 49.
Die Gabe und die Weise des Gebetes ist zweifach.

Wie Wanderer immer den Ort, wohin sie reisen, im Sinne haben, so muß auch den Betenden der Zweck des Gebetes, nämlich die Vereinigung mit Gott, unablässig im Herzen liegen, damit sie durch die Vorstellung dieses Zweckes alle Hindernisse heben und zu jener Vereinigung vorbereitet werden. Umsonst ist die Mühe der Betenden, wenn sie etwas anderes im Gebete suchen. Es giebt eine zweifache Gebetsweise. Die eine ist die gewöhnliche, die durch unser Bestreben und Bemühen zu Stande kömmt, versteht sich mit vorlaufender und begleitender Gnade Gottes; denn „**Niemand,**" spricht der Apostel (1. Kor. 12, 3.) „**kann sagen: Herr Jesus! außer im heiligen Geiste.**" Die andere Gebetsweise ist eine ganz besondere, eingegossene, die nicht in unsern

Kräften steht, sondern von Gott eingeflößt wird, denen, welchen Er will, und dann, wann Er will. Beide Gebetsweisen kann man wünschen und darf man von Dem erbitten, der uns antreibet, zu suchen, damit wir finden; zu bitten, damit wir empfangen; anzuklopfen, damit uns aufgethan werde. Man muß aber dennoch der gewöhnlichen und angewöhnten Betrachtungsweise allein obliegen, es wäre denn, daß Jemand durch göttliche Eingebung und Berufung zur höhern Gebetsweise erhoben würde. — Die Gabe des Gebetes ist aber nichts anderes als die Leichtigkeit, das Herz zu Gott zu erheben, heilige Gefühle zu empfangen und sein Herz auszuschütten vor dem Angesicht des Herrn, seines Gottes. Diese Gabe giebt Gott den Demüthigen, die nicht auf eigene Tugend bauen und Gottes Beistand anflehen, auf daß die Hilfe zum Gebet von Dem erfleht werde, der zu beten befohlen hat; denn jede gute Gabe und jedes vollkommene Geschenk ist von Oben und kömmt vom Vater des Lichtes herab. Deßwegen muß das Gebet mit dem Bekenntnisse unseres Unvermögens und unserer Gebrechlichkeit, und weil der Gerechte im Beginne des Gebetes sein Selbstankläger ist, mit Reue über die Sünden und mit der rechten Absicht (Meinung) anfangen, indem man sich keinen andern Zweck vorsetzt, als die Erfüllung des göttlichen Willens, von dem der Apostel sagt (I. Theff. 4. 3.): „Das ist der Wille Gottes, eure Heiligung." Wer anders betet, der verschließt sich selbst das Thor der göttlichen Barmherzigkeit.

§. 50.
Das Gebet ist die Quelle alles Guten.

Was von der Weisheit geschrieben steht, kann vollkommen auch vom Gebete gesagt werden (Weish. 7. 10—12. und 14.): „Ich liebte sie mehr „als Gesundheit und Schönheit und er- „wählte sie mir zum Lichte; denn ihr „Glanz ist unauslöschlich. Da kam zu „mir alles Gute zugleich mit ihr und un- „zählbare Ehren durch ihre Hand, und „ich freute mich über Alles; denn diese „Weisheit gieng vor mir her; doch wußte „ich nicht, daß sie von allem dem die „Mutter sey. Denn sie ist ein unerschöpf- „licher Schatz für die Menschen: wer ihn „benützt, wird der Freundschaft Gottes „theilhaftig." Das Gebet ist nämlich die

Quelle der Gnade, die Mutter der Tugenden, das Licht des Herzens, der Trost der Traurigen, die Freude der Fröhlichen, die Speise der Seele, und der Ursprung und die Bewahrerin alles Guten. Es versöhnet den Zorn Gottes, bewirkt Vergebung der Sünden, treibt die Laster aus, befreit aus Gefahren und entzündet in uns das Feuer der göttlichen Liebe. Im Gebete werden alle Tugend-akte geübet. Zuerst und vor allen der Glaube; denn Niemand würde beten, wenn er nicht glaubte Gott sey gegenwärtig, höre die Bitten der zu Ihm Rufenden und könne und wolle sie erhören, wenn wir anders um etwas wahrhaft Gutes bitten. Die Hoffnung wird aufgerichtet, indem wir unbegränztes Vertrauen auf Gottes Hilfe und Erbarmung setzen. Die Liebe wird erwecket durch Betrachtung der Güte Gottes, die uns antreibet, Ihn über Alles zu lieben. Durch das Gebet lernen wir alle Gerechtigkeit erfüllen, und Alles mit der Klugheit der Gerechten abwägen. Die Starkmüthigkeit wird geübet, weil der Betende sich ernstlich vornimmt, Gott zu dienen und aus Liebe zu Ihm alle Widerwärtigkeiten zu ertragen. Die Akte der Mäßigkeit werden erweckt, weil das Gemüth des Betenden von irdischen und körperlichen Dingen sich loswindet und die Seligkeiten des Himmels verkostet. Auch die 7 Gaben des heiligen Geistes entwickeln (im Gebete) ihre Kraft; denn der Verstand wird über das Ewige erleuchtet. Der Betende genießt Gottes Weisheit, und indem er sich Gott selbst nahet, achtet er alle Geschöpfe für nichts gegen die Gabe der Wissenschaft, und von höherem Lichte umflossen kann er durch die Gabe des Rathes nicht irren in Einrichtung seiner Handlungen; zum Beten für Andere wird er durch die Frömmigkeit angetrieben; durch die Erkenntniß der Höhe göttlicher Majestät wird er mit Gottesfurcht erfüllet, und mit Stärke ausgerüstet, Vieles für Christus zu erdulden. Wer also dem Gebete viel obliegt, wird mit vielen Tugenden glänzen.

Grundsätze und Regeln

des

christlichen Lebens.

II. Theil.
Mäßigung der Begierden, und Streben nach Tugend.

Zweiter Theil.

Von Mäßigung der Begierden und vom Streben nach Tugend.

§. 1.
Die Wahrheit muß man suchen; die Eitelkeit fliehen.

Die Wahrheit wünschen alle und empfehlen alle, aber wo sie sey, wissen wenige; denn wenn sie wüßten, wo sie wäre, so würden sie nichts weiteres suchen und außer ihr nichts lieben. Daß sie in sterblichen Dingen nicht sey, ist ganz klar. Denn wenn irgend Etwas an einem Orte ist, so kann es auf keine Weise fortbestehen, wenn der Ort, worin es ist, nicht fortdauert: sterbliche Dinge aber hören auf, weil sie zu Grunde gehen, folglich ist in ihnen nicht die Wahrheit. Sie muß in unsterblichen Dingen aufgesucht werden, die wahrhaft bestehen und ewig fortdauern. In der Tugend ist sie aufzusuchen, welche nichts an-deres ist, als die Gleichförmigkeit des Lebens, die

in allen Stücken der Wahrheit huldiget, die Eitelkeit
ausschließt und das Verlangen nach vergänglichen
Dingen bezähmet. Mit der Wahrheit harmonirt
nämlich der Mensch, wenn Vernunft die Gefühle
des Herzens regiert und der Geist Gottes in ihm
herrschet. Wenn er aber unter dem tyrannischen
Befehle der Begierden steht, dann verirrt er sich
von der Wahrheit in die Eitelkeit; und wird von
mannigfaltigen und sich durchkreuzenden Verwirrungen hin- und hergeworfen, einerseits von Furcht,
andererseits von Verlangen; hier von Angst, dort
von eitler Lust; das einemal von Schmerz über
einen Verlust, das anderemal von Begierde nach
dem Erwerbe dessen, was er nicht hat; bald vom
schmerzlichen Gefühle erlittener Unbild, bald vom
Triebe sich zu rächen. Die Quellen aller Uebel,
welche die unglückliche Seele täuschen: sind offenbar
Eitelkeit und Wollust. Es entspringt aus der
Eitelkeit ein heftiges Verlangen nach Allem, was
die eigene Vortrefflichkeit (in unsern Augen) be-
günstigen kann, große Selbstwerthachtung, und
Geringschätzung Anderer und Abneigung gegen die
Wahrheit. Aus der Wollust entsteht die Neigung,
von welcher der Mensch hingezogen wird zu Speise
und Trank, zu Spielen und Ergötzungen und zu

allem andern, was dem, mit irdischen Dingen beladenen, Körper und Geiste gefällig und angenehm ist. Daher die beständige Zerstreuung und Ausschüttung des Herzen auf äußerliche Sachen, womit die, von Gott leere, Seele sich anfüllen möchte, und den Possen und Eitelkeiten der Welt ganz hingegeben immer Leute aufsucht, um mit ihnen sich zu unterhalten und zu plaudern, und von ihnen in ihren Begierden und Eitelkeiten (Albernheiten) gelobt zu werden. Das ist es, was dem fleischlichen Menschen das göttliche Gesetz und die evangelische Vollkommenheit verhaßt macht. Das Evangelium empfiehlt nämlich nichts bringender als die Demuth; die verdorbene Natur aber neiget sich immer zum Stolz. Das Evangelium prediget Buße, vor welcher der Mensch gewaltig erschrickt. Daher ist der Glaube nothwendig, der uns alle Wahrheit lehret; und das ist der Sieg, der die Welt überwindet, unser Glaube. Der Sohn Gottes, Eines Wesens mit dem Vater, um uns zu lehren, daß wir unsere Liebe von allem Irdischen losmachen sollen, hat den Glauben mit seiner Lehre durch die höchsten Tugendübungen verbunden. Die Menschen verlangen nach Reichthümern, Er wollte arm seyn;

sie dürsten nach Ehrenstellen und Herrschaft, Er verbarg sich, um nicht König zu werden; sie halten die Schmach für unerträglich, Er ertrug alle Arten von Unbilden; sie verwünschen die Lästerungen, Er wollte unschuldig zum Tode verurtheilt werden. Sein Leben war das Musterbild der Sitten; es kann auch von uns keine Sünde begangen werden, außer wir verlangen nach dem, was Er verschmähet, und fliehen, was Er erduldet hat. Derjenige ist also ein Thor, der da meint, das glückselige Leben bestehe in Dingen, die Christus verschmähen gelehrt hat.

§. 2.

Wie wichtig es sey, Nichts, auch nicht das Mindeste, zu versäumen, um zur christlichen Vollkommenheit zu gelangen.

Deßwegen kommen Wenige zur Vollkommenheit des christlichen Lebens, weil sie zwar größere Laster schon überwunden haben, aber sich keine Gewalt anthun wollen, um auch geringern Sünden zu widerstehen, wozu sie täglich angefochten werden. Wer saumselig ist, sich vor geringeren, ja auch vor den allerkleinsten Fehlern zu hüten, der wird allmählig zu schwerern Sündenfällen geneigt;

denn größere und entsetzliche Laster jagen wohl schon beim ersten Anblick Schrecken ein, in geringern fallen wir leichter. Die Menschen sind gewöhnlich doch nicht so unsinnig, daß sie an Einem Tage all' ihr Vermögen verschwenden und vergeuden möchten, aber nach und nach geschieht es. Es ist das nur ein kleiner Kosten, sagen sie, er vermindert das Erbgut nicht, es wird nur ein klein wenig etwas vom Haufen weggenommen, die Kasse bleibt noch voll. Dann urtheilen sie von andern Ausgaben auf gleiche Weise, bis alle zusammen bewirken, was die einzeln (Auslagen) nicht vermochten, und aus dem reichen Mann wird ein Bettler. Das Nämliche geschieht auch bei'm Gebrauche der Speise und des Trankes. Das ist wenig (sagt man), es kann nicht schaden, die Schranke der Mäßigkeit wird nicht überschritten: aber nach und nach wird aus Wenigem Viel, bis wir dem Magen mehr geben, als er ertragen kann, und wir fallen in schwere und unheilbare Krankheiten. Große Gelegenheiten Gott außerordentlich zu dienen, sind sehr selten, kleinere Anläße dazu ergeben sich aber fast in jedem einzelnen Augenblicke: daher muß man auch auf das Geringste aufmerksam seyn, jedes einzelne Gefühl des Herzens beobachten, jede, auch die leiseste Begierde besiegen, dem eigenen Willen Widerstand leisten und die schädliche Eigenliebe vertilgen. Niemand wird auf Einmal böse, sondern wie der Weise sagt (Sirach 19, 1.): „Wer das Wenige „nicht achtet, geht nach und nach zu „Grunde." Jeder Trost, den man von Geschöpfen nimmt, wie schuldlos und gering er auch seyn möge, schließt immer die göttliche Tröstung aus; wer sich aber dem Umgang mit Freunden, den eiteln Gesprächen und allem äußern Troste entzieht, und mit Christus allein sich begnügt, der auch allein wahrhaft genügt, der wird in Ihm und durch Ihn unaussprechliche Freude genießen. So wie, wenn ein Körper aus irgend einem Orte ausgetrieben wird, sogleich ein anderer eintritt, damit kein leerer Raum entstehe, wie die Physiker (Naturkundigen) lehren: so wird auch die Seele, wenn sie alles Erschaffene und alle Eigenliebe von sich austreibt, augenblicklich von Gott erfüllet, in dem sie alles Gute findet. Allein die böse Angewöhnung von Jugend auf heftet uns an irdische Vergnügungen, die wir vor Augen haben und die unsere Sinne reizen und läßt uns nicht zum Göttlichen und Uebernatürlichen aufsteigen und uns daran erfreuen, weil es von den Sinnen weit entfernt ist und nur durch den Glauben erkannt wird. Daher belustigen wir uns in Fleisch und Blut und treten nie aus uns hinaus und haben keinen festen Stand, bis wir endlich alle irdischen Tröstungen (Freuden) verwerfen und in Gott ruhen, der unser Friede und unsere Freude und aller Dinge Ziel und Mittelpunkt ist.

§. 3.

Kreuz und Selbstverläugnung ist allen Christen nothwendig.

Das ganze Leben des Christen muß Kreuz und Selbstverläugnung seyn. Niemand aber kennt die Süßigkeit und Schönheit des Kreuzes, als wer dasselbe mit dem inwendigen Sinne des Geistes verkostet hat. Die es erfahren haben, wissen, wie es so voll Freude ist; denn wenn es ihnen nach Gottes Anordnung auch nur auf eine kurze Zeit an einem Kreuze fehlt; so werden sie traurig und fallen in die bitterste Bitterkeit. Die Welt hält zwar, nach ihrem irrigen Urtheile die frommen (gerechten) Menschen für unglücklich, wenn sie arm, geringe und im Volke verachtet sind; sie selbst aber fühlen sich glückselig und rühmen sich (frohlocken) im Kreuze, weil ihnen Alles, nach dem Wunsche ihres Herzens, wiederfährt. Wenn sie arm sind, so wollen sie es seyn; sind sie geringe, so freuen sie sich der Niedrigkeit; werden sie von Andern verachtet, so wünschen sie verachtet zu werden. Glücklicher ist Niemand, als wer hat, was er will. Die Gottlosen aber, welche Schändliches und Häßliches treiben, werden zwar, in der Meinung des Volkes für glücklich gehalten, weil sie haben, was sie wollen, aber in Wahrheit sind sie elend, weil sie das, was sie wollen, nicht wollen sollten. Im Kreuze und in der Selbstverläugnung vorzüglich besteht die christliche Religion und wer die Lehre Christi anders auffaßt, als mit der Voraußstellung des Kreuz-Geheimnisses, irret weit ab vom Zweck des Evangeliums. Christus hat seinen Aposteln Vieles verborgen gehalten, was sie damals noch nicht ertragen konnten, aber, daß Er den Heiden zur Verspottung und zur Kreuzigung werde übergeben werden, hat Er ihnen deutlich und offen vorausgesagt, obwohl sie damals noch schwachgläubig waren und noch nicht verstanden, was gesagt wurde. Paulus gab den Neubekehrten Milch zum Tranke, nicht aber starke Speise, deren sie noch nicht empfänglich waren: dennoch aber predigte er Christum, den Gekreuzigten, den Juden ein Aergerniß, den Heiden eine Thorheit, und obwohl er Vieles wußte, so bekannte er doch, daß er nichts wisse als Christum, und zwar den Gekreuzigten. Die alte Kirche hat den Katechumenen mehrere Geheimnisse des Glaubens verborgen gehalten, aber niemals das Kreuz Christi. Deßwegen wird die Stirne des Christen mit dem Kreuze bezeichnet, daß sich Niemand seiner Schmach schäme. Ferne sey es von dem Christen sich in Etwas zu rühmen, als allein im Kreuze unseres Herrn Jesu Christi, der uns von Gott gegeben ist zur Weisheit und Gerechtigkeit und Heiligung. Er hat uns durch das Kreuz erlöset und Niemand kann der Frucht der Erlösung theilhaftig werden, als durch das Kreuz. Daher ist die unumgängliche Nothwendigkeit entstanden, sich selbst zu verläugnen und wer dieß nicht will, der kann Christi Jünger nicht seyn. (Luk. 14, 26 und 27.): „Wenn Jemand, sagt Er, zu Mir „kommt, und hasset nicht Vater und „Mutter und Weib und Kinder und „Brüder und Schwestern, ja auch sogar „seine eigene Seele, der kann mein Jün„ger nicht seyn. Und wer sein Kreuz nicht

„trägt, und Mir nachfolgt, der kann mein „Jünger nicht seyn." Und bei einem andern Evangelisten spricht Er (Matth. 16, 24.): „Wenn „Mir Jemand nachfolgen will, so ver- „läugne er sich selbst, und nehme sein „Kreuz auf sich und folge Mir nach. Denn „wer seine Seele erhalten will, der wird „sie verlieren; wer aber seine Seele, um „meinetwillen verliert, der wird sie fin- „den." Er hat nicht gesagt, man brauche blos den Stolz, die Trunkenheit, die Berauschung, die Geilheit, die Reichthümer und Besitzthümer und Anderes, was außer uns ist, zu verläugnen; denn das ließe sich etwa schon noch machen; sondern Er befiehlt auch, daß wir uns selbst verläugnen, nämlich die eigenen Empfindungen und was immer der Geist Adams uns nahe bringt, und in uns wirket. Alles das müssen wir ganz und gar von uns entfernen und wegwerfen und unser Fleisch mit seinen Lastern und Begierden kreuzigen, und das Leben Christi, des Gekreuzigten, in uns darstellen. Es ist das eine harte Rede für Fleisch und Blut; aber darin liegt der Glaube an Christus, darin liegt unser Heil.

§. 4.

Das Fundament des christlichen Lebens ist Selbstverläugnung.

Selbstverläugnung ist der erste Stein (Grundstein), der dem geistlichen Gebäude unterlegt werden muß. Was helfen hohe Spekulationen (Forschungen) über Gott und göttliche Dinge; was süße Unterhaltungen mit Gott; was Tugendübungen, wenn wir uns selbst in ihnen suchen, und bis zum Stolz aufgebläht uns selbst wie einen Götzen verehren und mit pharisäischem Hochmuth Andere verachten? Weiser als alle Weltweisen (Philosophen) ist der, welcher sich selbst für einen Thoren hält und herrlicher als alle Könige, wer sich selbst für minder ansieht als Alle. Unser Heil, unsere Tugend und unsere Vollkommenheit besteht nicht in erhabenen Worten, nicht in Zeichen und wunderbaren Dingen, sondern im Kreuze, in der Selbstverläugnung und in der Schmach Christi, und niemals wird Jemand sein Heil wirken, oder tugendhaft werden, oder vollkommen seyn, wenn er sich nicht selbst verläugnet, und, nach Ablegung aller Sünden, sich nach dem Muster bildet, das Christus am Kreuze hängend gezeigt hat. Es ist merkwürdig, daß Viele, wie Simon von Cyrene das Kreuz Jesu nachtrug aber an demselben nicht gestorben ist, ein sehr schweres Kreuz tragen, aber doch sich selbst noch leben und aus Liebe zu sich selbst, nicht aus reiner Liebe zu Gott, leiden. Wer sollte glauben, daß die Eigenliebe einen Platz habe am Kreuze, vor dem doch die Natur so gewaltig erschrickt? dennoch giebt es solche, die ein schweres Kreuz umfassen, nur um sich ihrer Widerwärtigkeiten rühmen zu können und von den Menschen gesehen zu werden. Diese tragen freilich ihr Kreuz, aber sie wollen nicht mit Christus an's Kreuz geheftet werden: sie martern sich selbst, verdienen aber damit nichts, vielmehr verlieren sie darüber alles Gute. Die meisten pflegen dann zu klagen, daß Umstände und Geschäfte sie verhindern, den innern Frieden zu genießen: aber wahrlich, was immer der Ruhe unseres Herzens im Wege steht, kommt von uns selbst, weil wir mit unserer Sinnlichkeit einen Bund geschlossen haben und diesen nicht auflösen lassen wollen, sondern allem dem ausweichen, was unsern eigenen Vortheilen entgegensteht. Das ist ein innwendiger und stürmischer Krieg, der zwischen der Vernunft und der Sinnlichkeit immer fort währet bis der untere Theil dem obern zu gehorchen und sich ihm zu unterwerfen gelernt hat. Wenn Jemand einen Freund hätte, mit dem er durch das innigste Verhältniß verbunden wäre, dessen Gegenwart er keinen Augenblick entbehren könnte, mit dem er zu essen, zu schlafen und sich zu unterhalten pflegte, nun aber von einem recht glaubwürdigen Manne gewarnet (und überzeugt) würde, daß derselbe ein treuloser Verräther sey, der damit umgehe, ihn hinterlistig zu ermorden; so würde seine Liebe plötzlich in Haß und in eine unversöhnliche Feindschaft umschlagen. Dieser Freund ist unser Fleisch, dem wir schmeicheln, das wir pflegen, dessen Wünsche wir erfüllen; dieses betrügt (täuschet) uns aber unter dem Scheine der Freundschaft und trachtet uns das Leben, nicht das Leben des Leibes, der einmal sterben muß, sondern das Leben der Seele, zu entreißen. Wir brauchen uns keine Gefechte einzubilden und keine Schlachten zu beschließen mit abwesenden und weit entfernten Widersachern; sondern wir haben mit einem Feinde im eigenen Hause zu streiten, der unserm (Seelen-) Heil unaufhörlich nachstellt. Der Mensch nehme nur sich selbst von sich selbst weg und er wird auf dem Wege des Heiles kein Hinderniß mehr haben.

§. 5.

Wie man gegen Laster und böse Begierden streiten solle.

Wir müssen recht fleißig darauf merken, was wir lieben und was wir fürchten, was uns erfreue und was uns betrübe; denn unser ganzes Herz liegt in diesen vier Gefühlen und wir werden uns dann von ganzem Herzen zu Gott gewendet haben, wenn wir durchaus nichts lieben als Ihn oder wegen Ihm, und wenn wir nichts fürchten als Ihn oder wegen Ihm, und wenn wir nur seinetwegen Schmerz oder Freude empfinden. Werden diese Gefühl nicht regiert, so machen sie uns jeder Gattung von Thieren gleich; werden sie aber recht geleitet, so werden sie sanft und machen uns den Engeln ähnlich. Das ist eben das selige Leben des Menschen, wenn alle seine Gefühle mit der Vernunft und mit der Wahrheit übereinstimmen, und dann nennt man sie Freuden und heilige Liebe: wenn sie aber damit nicht übereinstimmen, so zerstreuen (zerreißen) sie das Gemüth und müssen Begierden (Leidenschaften) und Unordnungen (Verwirrungen) geannt werden. Sie sind Ungeheuer, die nicht besiegt und nicht bezähmt werden können, wenn wir nicht ohne Unterlaß gegen sie streiten. Es ist aber nicht genug nur so im Allgemeinen und überhaupt Acte zu erwecken, durch die wir beschließen, die Sitten zu bessern und böse Begierden zu bezwingen; denn in dieser allgemeinen Zurüstung zum Kampfe, zur Zucht, zur Selbstverläugnung und zur Entäußerung von allem Trost der Geschöpfe, findet die zum Bösen geneigte Natur nichts Widriges, wenn es schon scheint, als ob wir Waffen gegen sie bereiten, und daher wendet sie gegen Beschlüsse dieser Art nichts ein, vielmehr ergötzt sie sich an der Schönheit der, auf solche Weise und blos in der Vorstellung erzeugten Tugend und billigt und lobt sie. So haben auch selbst Ungläubige und Weltweise die Tugend umfaßt. Daher betrügen sich Viele und rühmen sich umsonst des Sieges über die Laster, weil sie eben nicht gerade verspüren, daß die Natur frommen Absichten (Wünschen) widerstreite; wenn sie sich aber in einen einzelnen Kampf einlassen und nicht die Laster im Allgemeinen, sondern eines derselben einzeln angreifen, wenn sie die aufsteigende böse Begierde mannhaft zu bekämpfen unternehmen, und wenn es Etwas (sey es auch noch so wenig) zu erdulden giebt, dann zeigt es sich endlich, wie eitel und schwächlich die vorhergefaßten Beschlüße gewesen seyen. Man muß also die einzelnen und besondern, und nie fehlenden Gelegenheiten zur Selbstverläugnung und zur Bezwingung böser Begierden wahrnehmen und sich darin tapfer halten; denn so werden die Gefühle unter dem Befehle der Vernunft regiert; so werden die Laster ausgerottet. Das kann aber nicht geschehen ohne unermüdliche, immer thätige Anstrengung, ohne tiefe Aufmerksamkeit, die Alles durchdringt und bis auf die Wurzeln erforschet, und ohne beständige Kraftanwendung, welche die im Herzen eingewurzelten Neigungen ausreißen muß. Denn die Hinwendung unseres Willens zu Gott, weil sie der Neigung unserer verdorbenen Natur zuwider ist, muß gewaltig stark seyn, und wenn sie nicht immer wieder neue Kraft empfängt, so steigen wir wieder zu uns selbst herab, vermöge des Triebes, der dem schwachen Willen natürlich ist. Wie wir in den Gartenbeeten das Wachsthum schädlicher und unnützer Kräuter verhindern und sie sammt der Wurzel ausreuten können, aber doch nicht zu bewirken vermögen, daß sie nicht wieder von selbst nachwachsen; so geschieht es manchmal, daß unsere Gefühle mit solchem Ernste geregelt werden, als hätten wir unsere Natur verändert; aber welche Sorgfalt und welchen Fleiß wir auch anwenden, so bleibt die Natur in ihrem Grunde doch immer verdorben und bringt wieder andere unordentliche Neigungen hervor, woraus folgt, daß wir im Eifer der Abtödtung niemals nachlassen und niemals die Waffen niederlegen dürfen. Wer aber einmal, mit Gottes Hilfe, einen Heldenact (heroischen Act) der Tugend, auch nur ein einziges Mal, ausgeübt hat, der allein ist im Stande, von nun an allen Widerstand der Natur zu überwinden, und zur wahren Freiheit des Geistes zu gelangen. Gewisse heilige Männer, wenn sie einmal den Widerwillen der Natur bezwungen und es vermocht haben, den Eiter eines Verwundeten zu belecken oder auszusaugen, haben nachher alle Arten von Krankheiten nicht nur ohne Ekel des Magens, sondern mit heiterem und fröhlichem Gemüthe behandelt. So viel ist daran gelegen auch nur einmal (durch einen heroischen Act) durch eine Heldenthat der Tugend, sich selbst besiegt zu haben.

§. 6.
Von Bezähmung der äußerlichen Sinne.

Weil den Lastern der Weg durch die Augen geöffnet zu werden pflegt, so muß man diese durchaus von allem, auch von dem kürzesten Anblick jedes Gegenstandes wegwenden, der uns zum Sündigen reizen oder von der Vervollkomnmung abziehen könnte, und zwar gerade mit der Sorgfalt und Eilfertigkeit, womit man aus einem ansteckenden und verpesteten Orte entflieht. Das Auge aber, womit Geschöpfe angeschaut werden, ist ein dreifaches. Das erste Auge ist das thierische, womit der Mensch sich blos an der sinnlichen Schönheit und Pracht des Gegenstandes ergötzet, bei der äußerlichen Gestalt selbst verweilet und nichts anderes betrachtet. Das zweite Auge ist das philosophische, wo der Verstand, durch die Symetrie und die Regelmäßigkeit des angeschauten Gegenstandes, von der Wißbegierde angeregt wird, die Beschaffenheit und die besondere Eigenthümlichkeiten desselben zu erforschen. Das dritte Auge ist das christliche, wo das Gemüth vom Anblicke der Geschöpfe sich zum Schöpfer erhebt und von seiner Liebe entzündet wird. Mit diesem Auge schaut der Gläubige alle Gegenstände an und steigt von den sichtbaren Dingen auf zu Gott, dem Unsichtbaren, welcher die wahre Schönheit ist, aus der, wie aus ihrer Quelle, alle Bächlein erschaffener Schönheit ausströmen, weil Er allein es ist, der wahrhaft ist, und in welchem allein alle Dinge ein wahres Seyn haben; denn in sich selbst sind sie nur Schatten und verschwinden und sind eigentlich gar nicht. Das Leben aller Sinne aber hängt von dem, ihnen vorliegenden, Gegenstande ab, wie das Leben des Leibes von der Seele. Denn das Leben der Augen besteht im Anschauen der Dinge; das Leben der Ohren im Hören des Wohlklanges und der Stimmen, indem nämlich das Gesicht im Anschauen eines schönen Gegenstandes sich ergötzt und das Gehör sich über den Einklang der Stimmen und Orgeln (musikalischen Instrumente) sich erfreuet. Daraus folgt, daß der Tod der Sinne nichts anderes sey, als Wegwendung von dem, worin ihr Leben besteht. Nichts ist aber dem christlichen Leben gefährlicher als das Leben der Sinne; denn da die Seelenkräfte mit der Einbildung, und diese mit den körperlichen Sinnen, durch ein fast unauflösliches Band vereiniget sind, so reizet die, von den Sinnen aufgeregte

Einbildungskraft die geistigen Vermögen und verändert sie und zieht den Willen dahin, daß er den sündhaften Vergnügungen zuletzt Beifall schenkt. Dieses Unheil kann nicht anders vermieden werden, als wenn die Sinne von sträflichen Lüsten abgezogen werden. Der Tod (die Abtödtung, Ertödtung) der Sinne, wovon die Rede ist, ergiebt sich auf zweierlei Weise: physisch und moralisch (auf eine natürliche und auf eine sittliche Weise). Physisch, indem der Sinn völlig von seinem Gegenstand entfernet wird, also die Augen von aller, auch unschuldiger, Schönheit abgewendet, die Ohren vor allen Gesprächen und ergötzlichen Wohlklängen verschlossen werden: moralisch, indem der Sinn nicht von dem Gegenstand selbst, aber von dessen Genuß zurückgehalten wird, wenn nämlich das Auge zwar sieht und das Ohr hört, aber alles Wohlgefallen am Geschehenen und Gehörten ausgeschlossen bleibt. Der erste Tod (Ertödtung) d. i. die Wegwendung, ist sicherer und leichter, wenn sie nur in gehöriger Weise geschieht: es ist nämlich leichter, jeden Anlaß zu sündhafter Freude zu fliehen, als Mäßigung darin zu beobachten. Der andere Tod (ꝛc. Abtödtung) ist großer Gefahr ausgesetzt, weil die Anreizungen der Sinne große

Gewalt haben, und wegen der natürlichen Zuſtim‍mung und Zuneigung ſehr leicht die Seele zu fleiſchlichen Ergötzungen herabbrücken, und weil, wenn wir den Sinnen auch nur einmal ein wenig nachgegeben haben, obſchon wir nachher einſehen wie flüchtig und eitel ihre Ergötzungen ſind und wie groß der Schaden, den ſie der Seele bringen: die von ihnen einmal aufgefaßten Vorſtellungen und der Seele eingedrückten Bilder dennoch (im Gemüthe) zurückbleiben, bis ſie endlich nach langer Uebung im Betrachten (und Beten) und durch entgegengeſetzte Handlungen nach und nach ver‍ſchwinden, und feſte Grundſätze des chriſtlichen Lebens in die Seele gelegt werden. Gott iſt ein Geiſt und das reinſte Weſen, zu dem Niemand gelangen kann, wenn die Wolken unlauterer Vor‍ſtellungen (Gedanken) nicht verſcheuchet und der Körper ſelbſt und die Sinne, durch ununter‍brochene Abtödtung, gewiſſermaßen geiſtig gemacht werden.

§. 7.

Von dem Kampfe gegen den Gaumen und das Fleisch.

Dem gottesfürchtigen und eifrig nach Tugend ringenden Menschen fällt es so schwer nicht, alle äußerlichen Güter, allen Pracht der Welt und alle Wollust hintanzusetzen und zu bezwingen; aber Niemand kann dem Körper seine Nahrung entziehen; er muß durch Essen und Trinken erhalten werden, und es ist das eine tägliche und dringende Nothwendigkeit. Weil aber diese Nothwendigkeit selbst uns angenehm ist: so müssen wir gegen diese Annehmlichkeit kämpfen, daß sie nicht Begierlichkeit werde, und das, was wir der Gesundheit (und des Lebens) wegen thun müssen, nicht in Lust ausarte, die fast immer vorausgehen will, da sie doch nur nachfolgen sollte. Dem natürlichen Bedürfnisse genügt Weniges, was ihm aber genügt, ist der Lust nicht genug. Oft wissen wir nicht recht, ob die unumgängliche Sorge für den Leib wirklich Nahrung erfordere, oder ob uns blos die trügliche Begierlichkeit dieß glauben machte; und in dieser Ungewißheit freuet sich die unglückliche Seele noch, daß sie mit dem Vorwande des Bedürfnisses die Unmäßigkeit entschuldigen kann. Diesen Versuchungen müssen wir, weil sie täglich vorkommen, auch täglich Widerstand thun und den Leib mit solcher Mäßigkeit nähren, daß wir das Maaß der Nothdurft nicht überschreiten. Es ist für Seele und Leib nichts zuträglicher, als ein einfacher, bescheidner und frugaler Tisch. Wer den bösen Begierden nicht durch Ueberfluß an Speis und Trank selbst Nahrung giebt, wird dieselben leicht bändigen. Prächtige Mahlzeiten und köstliche Gastereien lieben, davon reden und darüber nachsinnen, ist Sache jener Menschen, die das Irdische lieben und deren Gott der Bauch ist. Der Christ aber, wie es einem Büßer geziemet, denkt nicht einmal an Speise, außer wenn ihn der Hunger treibt: dann geht er auch zu Tisch mit der Gemüthsstimmung, als sollte er nur Brod essen und Wasser trinken. Daher kommt es denn auch, daß ihm köstlich schmeckt, was ihm immer aufgestellt wird. Das wird auch Jeder leicht beobachten, wenn er das Fasten und die fast unbegreifliche Enthaltsamkeit der Heiligen recht erwäget und sich Christum, mit Gall und Essig getränket, zum Vorbilde macht. Die Seele, welche daran gedenket, gelüstet nicht nach Speisen. —

Was nun den Kampf gegen das Fleisch betrifft, so muß man zuerst allen Anlaß zu Versuchungen entfernen, in Allem Bescheidenheit und Ernst und Bezähmung aller Sinne beobachten. Dann muß man den Umgang mit allen Frauenspersonen meiden, weil in der Verschiedenheit der Geschlechter ein gewaltiger Zündstoff liegt, und beide zu dem geneigt sind, wozu das Gesetz der Natur anreizet, wenn schon der höhere Theil (des Menschen) sich dagegen ausspricht; denn die körperliche Schönheit (Gestalt) drückt sich dem Gemüthe ein, und weichet oft erst zurück, wenn sie dem Herzen eine unheilbare Wunde geschlagen. Endlich muß man sich hüten, daß uns nicht allzugroßes Vertrauen täusche; denn wer sich nicht fürchtet, der ist schon gefallen.

§. 8.

Wie schlimm die Geschwätzigkeit und wie gut das Stillschweigen sey.

Es ist schwer in Kürze zu sagen, wie viel Uebel und Verderben aus der Zunge hervorgehen. Es ist ein Ausspruch des heiligen Geistes (Sprüchw. 10. 19.) das Vielreden nicht ohne Sünde hergehe. Die Geschwätzigkeit ist nämlich eine Quelle von Sünden, ein Zeichen von Unwissenheit, ein Beweis von Dummheit und Vertilgung des heiligen Ernstes. Fast alles Sprechen geht aus dem Stolze hervor; denn wir sprechen, um zu lehren, damit wir für einsichtsvoll und klug gehalten werden sollen. Jeder bildet sich ein, Vieles zu wissen, was er dann gerne herschwatzt, um für Etwas gehalten zu werden. Wie die verdorbene Luft, wenn sie nach und nach eingeathmet wird, den Leib ansteckt, so vergiftet Geschwätzigkeit die Seele und benimmt ihr alle Kraft. Daher kommen Uneinigkeiten, Beschwerden, Verläumdungen, Lügen, Zwistigkeiten, Possenreißerei und alle Uebel. Wer seiner Zunge nicht Zaum und Zügel anlegt, giebt sich umsonst Mühe, die Gabe des Gebetes und den innern Frieden zu erlangen. Umsonst bemüht sich, die eigenen Fehler abzulegen, wer die Fehler Anderer richtet. In diesem Fallstricke verwickeln sich die meisten: Andere tadeln, sich selbst loben sie; Andere setzen sie herab, sich selbst und das Ihrige erheben sie prahlerisch. Nur Wenige giebt es, die diesem Laster widerstehen, die ihr eigenes Leben so untadelich einrichten, daß es sie nicht gelüstet, ein fremdes zu bekritteln. Es hat sich nämlich eine so große Neigung zu diesem Uebel der Menschen bemächtiget, daß auch solche, die von andern Lastern weit entfernt sind, unglückseliger Weise doch in dieses, wie in des Teufels letzten Fallstrick, verfallen. Ein großer Mann hat mich versichert, er habe niemals einen geschwätzigen Menschen gesehen, der im Guten standhaft geblieben wäre. Es ist also eine herrliche Sache um das Stillschweigen, wodurch wir von dem Umgang mit Menschen uns zurückziehen und mit Gott uns zu unterhalten lernen. Denn die Zunge schweigt umsonst, wenn der Geist nicht mit Gott redet. Das Stillschweigen heiliget Alles, was wir erdulden: Lästerungen, Verfolgungen, Krankheiten, Kümmernisse des Herzens; denn wer diese erträgt und dazu schweiget, der opfert Gott Leib und Seele, Ehre und Vermögen und alle seine Güter; ahmet auch Christo nach, der gleich einem Lamm vor seinem Scheerer verstummte, und seinen Mund nicht öffnete; und wird überdieß von aller Beunruhigung befreit, sich selbst im Frieden besitzen. Es ist zwar manchmal eine Selbstvertheidigung nöthig, aber man muß große Sorgfalt anwenden, daß man dabei die Gränzen der christlichen Bescheidenheit und Demuth nicht überschreite. Es dürfte sich selten ein Fall ergeben, in dem Jemand verpflichtet wäre, seinen guten

Ruf zu vertheidigen, es wäre denn, daß er ein öffentliches Amt bekleide, zu dessen Führung er untüchtig würde, wenn sein guter Name durch Verläumbung angeschwärzt bliebe, oder wenn dem Einen ein Verbrechen angeschuldiget wird, welches Schande auf Andere wirft, für die man Sorge zu tragen verbunden ist, oder wenn Jemand von seinem rechtmäßigen Obern über die Wahrheit zu Rede gestellt würde. In den übrigen Fällen ist es rathsamer zu schweigen und zwar nicht blos mit der Zunge, sondern auch im Herzen; denn das blos äußerliche Stillschweigen nützet nichts, wenn inwendig heftige Gefühle stürmen. „Ich „verstummte," sagt der Prophet, (Pf. 38, 3.) „und schwieg auch vom Guten." Wenn man sich auch manchmal, wegen der Vortrefflichkeit des Stillschweigens, sogar von erbaulichen Gesprächen enthalten soll, um wie viel mehr von ärgerlichen und unnützen? Sehr weise ist, wer zu schweigen weiß; denn es ist schwerer schweigen können als reden.

§. 9.

Von der unschuldigen und von der sündhaften Ergötzung und von dem Unglücke
derjenigen, welche die Tugend in der
unrechten Absicht üben.

Der geistigen Natur gewährt Nichts wahrhaft
und aus sich selbst eine Ergötzung als das tugend-
hafte Leben; denn die Dinge, die man gemeiniglich
für ergötzlich hält, geben kein wahres und dauer-
haftes Vergnügen, weil sie sich selbst wechselseitig
widerstreiten, und was dem Einen gefällt, dem
Andern mißfällig ist. So hat der Verschwender
seine Freude an der Vergeudung des Geldes, der
Geizhals aber an der Aufbewahrung und Erhaltung
desselben. Diese Freuden sind aber nicht der Vernunft gemäß, die Allen gemeinschaftlich ist, sondern
sie kommen von der Verdorbenheit des, von der
Vernunft abweichenden, Begehrens. Wie der Gaumen eines Fieberkranken über den Geschmack und
die Würzung der Speisen kein richtiges Urtheil
fällen kann, so ist auch der Sinn eines lasterhaften
Menschen des Vergnügens nicht fähig, das aus
der Tugend entspringt. Etwas sinnlich Gutes
gefällt, vermöge des natürlichen Triebes, zwar

Allen; aber Wenige wissen, mit welcher Mäßigung (in welchem Maße) es gefallen dürfe und was bei seinem Genusse zu beobachten sey. — Der Mensch ist zu etwas Höherem erschaffen, als daß er der Sinnenlust diene. Die Erfassung (Betrachtung) und der Genuß des höchsten Gutes ist sein Endzweck (Ziel und Ende); der Zweck der vernunftlosen Natur aber ist die Ergötzung der Sinne. Weil aber der Mensch die Wahrheit nicht anders als durch die Bilder und Vorstellungen der Sinne erfassen kann und die Geisteskräfte selbst in einem lüsternen Körper von ihrem Dienste nicht abgehalten werden können, so gehört es zur Natur des Menschen, für seinen Körper vernünftige und mäßige Sorge zu tragen, damit die Leibeskräfte zu ihren Verrichtungen tauglicher und tüchtiger werden. Wenn daher Jemand seinen Zweck in das setzt, was den Körper angeht, so also Speise nimmt blos um sich zu ergötzen, der sündiget unfehlbar, indem er die Ordnung der Natur verkehret, welche der Speise einen angenehmen Geschmack gegeben hat, um zur erfoderlichen Ernährung anzutreiben, nicht aber, daß der Mensch das Essen selbst zum Zwecke mache, wie vernunftlose Thiere. Es ist unstreitig wahr, daß der Mensch in diesem Leben nicht alle Ergötzung entbehren könne; denn er ergötzet sich entweder mit irdischen oder in himmlischen Dingen: aber je mehr er nach himmlischen verlangt, desto größern Eckel empfindet er an irdischen. An beiden zugleich und in gleichem Maße kann sich Niemand ergötzen. — Es giebt auch Viele, die sich an dem Glanze und an der Schönheit der Tugend mehr ergötzen, als an der Tugend selbst. Sie streben nach der Liebe Gottes, weil sie hoch und erhaben ist; sie unterziehen sich einer beschwerlichen Lebensart, weil eine gewisse Geisteskraft und Seelengröße daraus hervorleuchtet; sie suchen den innern Frieden, weil sie von seiner Süßigkeit angezogen werden; sie verlangen den Weg des Heiles zu kennen, eben um ihn zu kennen und durchblättern alle Bücher, die von ihm handeln, um ihrer Wißbegierde Nahrung zu schaffen; sie schlagen den Weg der Vervollkommnung ein aus einer gewissen Aufblähung des Geistes und aus heimlicher Liebe zu eigener Vortrefflichkeit; sie streben nach Kenntniß und Licht über erhabene Gegenstände, worin sie aber sich selbst und nicht Gott genießen möchten; sie wollen, was ihnen gefällt, nicht aber was Gott will; und selbst das, was Gott will, wollen sie nur deßwegen, weil es sie ergötzt (ihnen Freude macht) nicht aber, weil es Gott will. So in blindem Irrthume befangen lieben sie die Annehmlichkeit des Besitzes mehr als den Besitz, und während sie auf's festeste glauben, Gott zu dienen, dienen sie nur sich selbst, und am Ende haben sie nichts aufzuweisen als Eigenliebe und Stolz. Gott ist also im Geiste der Wahrheit und um seiner selbst willen zu suchen, nicht der Ergötzung wegen. Dieses Leben ist ein Leben der Mühseligkeiten, des Kampfes und der Finsterniß; Freude, Ruhe und Stille ist dem künftigen Leben aufbehalten.

§. 10.
Wir leben in Meinungen.

Es ist eine allgemein ausgemachte Sache, daß wir in Meinungen leben; aber wie groß die Macht der Meinung sey, verstehen nicht Alle. Sie übt eine Herrschaft, oder vielmehr eine Tyrannei über die Menschen, auf mannigfaltige und erstaunliche Weise aus: sie macht Glückliche und Unglückliche, Arme und Reiche, Gesunde und Kranke, nach ihrem Belieben; denn Niemand ist glücklich, Niemand reich, Niemand gesund, wenn er nicht meint, er sey es. Sie bringt den Menschen

Freude, und bringt ihnen Traurigkeit, wie sie es eben selbst meinen; denn diese Empfindungen bestehen mehr in der Meinung, als in der Annehmlichkeit oder Unannehmlichkeit eines gerade vorliegenden Gegenstandes. Die Meisten freuen sich, oder betrüben sich durch die Vorstellung von der Güte, oder von dem Uebel einer bevorstehenden Sache, was immer mehr in der Meinung liegt, als in der Sache selbst, wenn sie wirklich eintritt. Wir wissen es ja aus der Erfahrung selbst, daß, wenn etwas Gutes eintritt, das wir hoffen, oder etwas Schlimmes, das wir befürchten, die Annehmlichkeit des einen und die Beschwerlichkeit des andern sich vermindere oder gar verschwinde. Auch bewirkt die Meinung nicht blos, daß das Künftige als schon Gegenwärtig erscheint, sondern sie bringt auch auf Einmal zusammen, was nur theilweise und zu verschiedener Zeit eintritt, und übet so ihre ganze Gewalt im Augenblicke. Wer giebt den Menschen und ihren Werken Ehre, Lob und Hochachtung als allein die Meinung? Wenn Einem die Reichthümer und Ehrenstellen der ganzen Welt übertragen wären, so würden sie nicht hinreichen, ihn damit zufrieden zu stellen, wenn er sich nicht dafür hielte. Haman war der Erste im Reiche des Assuerus und besaß unermeßliche Reichthümer und dessen ungeachtet war er in seiner Meinung der Unglücklichste; denn er meinte, er besitze gar nichts, weil ein gewisser Gefangener nicht vor ihm aufstand, wenn er in den Palast eintrat. Auch noch ein anderes sehr großes Uebel kommt von der Meinung; sie dehnt nämlich die gegenwärtige Zeit in die Länge aus und vermehret sie, als wenn wir nie sterben müßten; dagegen die unermeßliche Dauer der Ewigkeit, weil sie diese nie betrachtet, zieht sie so zusammen und vermindert sie so, als könnte sie aus dem Nichts eine Ewigkeit und aus der Ewigkeit ein Nichts machen. Selbst Sünden und Laster messen wir nicht nach der Vernunft, sondern nach der Meinung; daher kommt es, daß die Meisten, während sie ein Laster meiden, in das entgegengesetzte fallen. So wird Einer, welcher den Geiz verabscheuet, ein Verschwender; ein Anderer, dessen Trägheit getadelt wird, ein Unruhiger; ein Dritter, dessen Verwegenheit man rüget, neiget sich allmählig zur Furchtsamkeit. Endlich kommt auch das von der Meinung her, daß wir über uns selbst nicht nach der Wahrheit, nicht nach dem redlichen Zeugnisse des Gewissens, sondern nach der falschen Ansicht der

Leute urtheilen. So groß ist unsere Eitelkeit und Thorheit, daß wir mit dem Leben in uns selbst gar nicht zufrieden, ein anderes, einbilderisches und eitles Leben aufsuchen, nach der Vorstellung und Meinung Anderer, die uns oft weder kennen, noch lieben und deren Urtheile wir selbst schon manchmal verworfen haben. So vernachläßigen wir das wahre Leben und suchen dasjenige zu erhalten und zu schmücken, das von Andern abhängt, so daß wir selbst unser eigenes Wissen für Nichts halten, wenn nicht Andere anerkennen, daß wir (Etwas) wissen. Von diesen Irrthümern und Täuschungen kann uns aber kein Verstand befreien, wenn nicht Gottes Gnade wahres Licht in unsere Seelen gießet. Die Meinung (Ansicht) eines jeden Menschen ist nämlich wahr, oder falsch, je nachdem ihm das wahre, oder ein falsches Licht leuchtet.

§. 11.

Sehr Viele verschmähen die Wissenschaft des Heiles.

Jede Wissenschaft ist gut, welche mit der Wahrheit übereinstimmet; wer aber sein Heil in Furcht und Zittern wirken will, der wird vor

Allem und am eifrigsten das wissen wollen, was
zunächst das Seelenheil betrifft; denn die Zeit ist
kurz. Viel wissen nützt dem Menschen nichts,
wenn er die Regeln und das Ziel des Wissens
unbeachtet läßt. Der Ausspruch des Apostels
Jakobus heißt (Jak. 4, 17.): „Wer da weiß
„Gutes zu thun, und es nicht thut, dem
„ist es Sünde." Es ist, als hätte da der
Apostel gesagt: wer Speise zu sich nimmt, und
sie nicht verdauet, dem ist es verderblich. Unver-
daute Speise nämlich ernährt nicht, sondern schadet.
So verwandelt sich auch vieles Wissen, wenn es
nicht mit dem Beifall der Seele verdauet, von
dem Feuer der Liebe gekocht wird und auf das
Leben Einfluß hat, in lauter schlechte und schädliche
Säfte und dienet zur Verdammung. Für zwei
Sachen soll der Mensch, so lange er in dieser
Welt pilgert, besorgt seyn, nämlich, daß er das
Leben der Seele, das in der Gnade Gottes besteht,
und das Leben des Leibes bewahre. Aber das
Leben der Seele verschmähen die meisten; alles
ihr Wissen, ihr Streben und ihr Sinnen ist nur
auf das Leben des Leibes gerichtet und möchten
dieses lustig zubringen. Daher eilen sie, von Fin-
sterniß und großer Dunkelheit geblendet ihren

Begierden schnellen Laufes, nach, wohl mit der Klugheit des Fleisches ausgerüstet, aber von der Wissenschaft der Gerechten (völlig) entblößet. Wenn derjenige, der sophistisch (trüglich = täuschend = verfänglich) spricht, schon bei Menschen verhaßt ist, wie der Weise sagt. (Sir. 37, 23.) um wie viel mehr werden jene vor Gott häßlich seyn, die sophistisch leben, und Lügner sind, nicht nur in Worten, sondern auch im Leben. Sie rühmen sich der Erkenntniß Gottes, die sie nicht haben, und wollen seine Wege kennen, als ob sie nach Gerechtigkeit strebten, von der sie sehr weit entfernet sind; sie sehen fremde Fehler, aber die eigenen nicht; Andere weisen sie zurecht, sich selbst aber nicht; um fremde Sachen bekümmern sie sich, um die eigenen aber nicht; und während sie voller Laster sind, predigen sie, mit fluchwürdiger Verstellung, die Tugenden, die ihnen fehlen; die Laster aber, woran sie Ueberfluß haben, verbergen sie sorgfältig. Allein Gott können sie nicht täuschen, dessen Licht heller ist, als die Sonne, die verborgensten Falten des Herzens durchdringet und die finstersten Winkel erleuchtet, und was da versteckt ist, am jüngsten Tage offenbar machen wird. Möchte doch in diesem ewigen und hellesten Lichte

Jeder seine Flecken und Unvollkommenheiten erschauen, dann würde es auch Jedem leicht werden,
dieselben zu reinigen und zu verbessern. Denn,
da wir unsere Mängel entweder aus ihnen selbst,
oder im eigenen, dunkeln Begriffe, oder aber im
hellen Glanze göttlicher Vollkommenheiten erschauen
können: so ist jene Erkenntniß einem kalten, dunkeln Wintertage ähnlich, diese aber einem heißen
und ganz hellen Sommertage zu vergleichen, der
mit seinen Strahlen auch die kleinsten und (sonst)
fast nicht wahrnehmbaren Befleckungen der Seele
aufdecket, und das Feuer anzündet, womit sie
weggebrennet werden. Dieses Licht kann aber
derjenige nicht sehen und nicht zu Gott kommen,
der nicht aus sich selbst hinausgeht. In Gott
allein ist Wahrheit und gründliche, ächte Wissenschaft; außer Ihm ist nichts als lauter Fabel,
Lüge und Thorheit.

§. 12.

Nachtheile des eigenen Willens.

Was wir immer hienieden aus eigenem Willen
thun, ist dem göttlichen Willen zuwider, ist Holz,
das in der andern Welt, mit unauslöschlichem
Feuer verbrannt werden wird. Die Hölle ist

nämlich nichts anderes, als der eigene Wille. Wäre dieser nicht: so gäbe es auch keine Hölle und keine Teufel. Daher ist alles Uebel und alles Elend der unglückseligen Höllenbewohner (Verdammten) der eigene Wille, der dem göttlichen Willen hartnäckig widerstrebt. Darum auch je weniger der Mensch in dieser Welt dem eigenen Willen anhängt, desto mehr entfernt er sich von der Hölle und desto näher kommt er der ewigen Seligkeit. Und wenn es welche gäbe, die in diesem Leben den eigenen Willen ganz und gar ausgezogen hätten: so dürften sich diese den Besitz des Himmelreiches mit Sicherheit versprechen. Auf welche Weise aber der eigene Wille abgelegt werden solle, hat Christus mit wenigen Worten gelehret, da Er sprach (Matth. 8, 22. u. Mark. 2, 14.): „Folge Mir nach." Denn da Er bezeugte, Er sey nicht in die Welt gekommen um seinen, sondern des Vaters Willen zu thun; so muß unser Wille darauf gerichtet werden, daß wir alles Eigene ausziehen und Christi Kreuz auf uns nehmen, das zwar der Natur bitter vorkommt, dem Geiste aber überaus süß schmecket. Das fodert nämlich die christliche Religion von uns, daß wir, nach dem Beispiele Christi, bei jedem Werke und bei jedem

Ereignisse, sagen: „Nicht mein, sondern Gottes Wille geschehe!" Das fodert der höchste und ewige Wille, der alle Willen erschaffen hat und erhält, daß alle unsere Werke, alle unsere Worte und Gedanken einzig und allein zu seinem Dienste, und nach seinem Wohlgefallen eingerichtet werden. Wahre Freiheit erringt derjenige, der bei Allem, was geschieht, von Herzen sagen kann: „Wohl, Vater! denn so war es wohlgefällig vor „Deinen Augen; ich will nichts, als was Gott „will. Er ordnet Alles weislich an, und seiner „Anordnung unterwerfe ich mich mit Freuden, im „Glücke sowohl, als im Unglücke; denn ich suche „nicht meine, sondern seine Ehre und bin wohl „zufrieden mit dem Stand der Dinge, den seine „Vorsehung von Ewigkeit her beschlossen hat." — Alle Bekümmerniß und alle Aengstlichkeit der Menschen entsteht daraus, daß sie sich dem göttlichen Willen nicht zu unterwerfen wissen, oder nicht unterwerfen wollen. Groß aber, und unerträglich wird die Strafe derjenigen seyn, die das nicht seyn wollen, was sie sind.

§. 13.

Wie nützlich die Einsamkeit sey.

Zur äußern und innern Ordnung des Menschen ist von unschätzbarer Wichtigkeit, daß er mit Körper und Geist einsam sey, und den eigenen Schatz in der Stille ehre. Darum flieht ein weiser Mann den Verkehr mit Menschen, haßt das Vielreden, schließt Augen und Ohren vor allen Neuigkeiten, mischt sich nicht in Geschäfte und hat stets den Wahlspruch des weisesten Mannes im Sinne: „Wer wenig Geschäfte hat, der wird zur „Weisheit gelangen." (Sir. 38, 25.) Gott ist Einer, und ist allein, und wer nicht allein ist, kann Ihn nicht finden. Wenn aber eine Nothwendigkeit oder die Ehre Gottes den weisen Mann hie und da bestimmen, sich mit äußerlichen Geschäften zu befassen; so strebt dennoch sein Geist nach dem innern Rückzug, wie nach seinem Mittelpunkt, so daß er sich mehr darin befindet, als im äußern Werke; indem er, während der Besorgung seiner Geschäfte, die Ruhe des Gemüthes bewahret hat. Zu jeder Stunde, in der er will, kann er in sein Gemüth zurückkehren, wo er die süßeste Ruhe findet, weil inwendig Alles gut bestellt ist. Wer sich aber (beständig) im Kreise und im Gewirre der Geschöpfe umtreibt, der wird nie zu seinem Mittelpunkte, welcher Gott ist, gelangen. Unerfahrnen und thörichten Menschen ist es eine sehr harte Buße, auch nur wenige Stunden mit sich selbst zu leben und auf sich zu achten. Deßhalb wenden sie alle Mühe und allen Fleiß an, um sich selbst zu vergessen und die höchst kostbare Zeit unnütze zuzubringen. Den größten Theil der Zeit rauben ihnen die Bedürfnisse dieses Lebens und der Rest derselben macht ihnen so viele Beschwerde, daß sie sorgfältig darauf sinnen, wie sie ihn vergeuden können. Sie fürchten nämlich, daß sie, wenn sie allein wären, über sich selbst nachdenken müßten; denn sie finden in sich selbst nichts, was ihnen gefiele, darum wenden sie sich von ernstlicher Selbstbetrachtung ab, und suchen Trost in den Creaturen, weil sie in sich nichts finden, als Belästigung, Traurigkeit und beständige Unruhe. Sie fliehen also vor sich selbst, weil sie ihre Seele nicht so sehen, wie sie es (denn doch) wünschten, sondern nackt, ungestaltet, voll Elend und mit Sünden beladen. Es ist also auch nicht zu verwundern, daß nur Wenige die Einsamkeit ertragen können, und daß fast Alle Geräusch und Lärmen,

Beschäftigungen und Gesellschaften aufsuchen und lieben, und wenn es daran fehlt, sich für unglücklich halten. Wirklich werden sie auch höchst unglücklich bleiben, bis sie lernen, mit sich selbst zu leben und in sich selbst und in Gott zu ruhen. Der Herr hat uns gelehret, es seyen nur Wenige auserwählet, obgleich Viele berufen seyen, damit wir lernen, uns von den Vielen zurückzuziehen und mit den Wenigen zu leben, und uns auch unter den Wenigen zu fürchten, weil Niemand weiß, welches die Wenigkeit sey, in die die Auserwählten eingeschlossen sind.

§. 14.
Wie schädlich die Reichthümer seyen, und wie man die Neigung zu denselben bezähmen solle.

Wie gefährlich die Liebe zu den Reichthümern sey, und wie sehr sie den christlichen Sitten und dem ewigen Heil entgegen stehe, hat unser Erlöser seine Jünger gelehrt, indem Er, unter Vorausschickung einer eidlichen Betheuerung, wie Er dieß nur bei seinen allerwichtigsten Lehren zu thun pflegte, sagt (Matth. 19, 23.): „Wahrlich „sage Ich euch, es ist schwer, daß ein

„Reicher in's Himmelreich eingehe." Und um diesen schrecklichen Ausspruch noch tiefer in die Herzen der Zuhörer einzuprägen, schildert Er diese Schwierigkeit noch viel größer, indem Er beifügt (Matth. 19, 24.): „Es ist leichter, daß „ein Kameel durch eine Nadelöhr gehe, „als daß ein Reicher in das Himmelreich „eingehe." Die Pforte des himmlischen Vaterlandes ist nämlich enge und läßt die mit Reichthümern Bepackten und Beladenen nicht ein. Wir müssen deßhalb Geld und Reichthümer so lieben, wie der Kranke einen bittern Trank, den er als bitter scheuet, aber als nothwendig zur Herstellung der vorigen Gesundheit liebt. Dann ist es auch die Gesundheit selbst, die, weil sie der Zweck ist, ihrer selbst willen und ohne Schranken geliebt wird; von der Arznei aber liebt (mag) man nur so viel, als zur Gesundheit nothwendig ist, und man wird keinen Kranken treffen, der nach einer großen Menge Arzneien verlangt, sondern nur eine, und diese im möglichst geringen Maße, und auch diese würde er wegwerfen, wenn er ohne Arznei gesund werden könnte. Eben so gesinnt soll jeder Christ absichtlich der Reichthümer seyn, damit sie ihm Hilfsmittel auf unserer Wanderschaft seyen, nicht aber Reizmittel zur Begierlichkeit, und daß er, so viel an ihm liegt, ohne sie zu leben wünsche; denn wie der Apostel sagt (I. Tim. 6, 6.): „Ein „großer Gewinn ist die Gottseligkeit „mit Genügsamkeit." Auch der heilige Greis Tobias, da er seinem Sohne Lehren des Heiles giebt, sagt (Tob. 4, 23.): „Fürchte dich nicht, „mein Sohn! wir führen zwar ein armes „Leben; aber wir werden viel Gutes „erhalten, wenn wir Gott fürchten, und „alle Sünde meiden und Gutes thun." Wahrhaft reich ist der, welcher reich ist für die Ewigkeit; der Früchte der Tugenden nicht der Reichthümer zurücklegt. Die Bemühung, Geld zusammen zu bringen, kann kaum ohne Sünde seyn; denn Fleischeslust, Augenlust und Hoffart des Lebens reizen den Menschen auf das heftigste, und da wir uns durch Geld, dem Alles zu Kauf steht, leicht verschaffen können, was wir immer wünschen, so ist die Neigung zu den Reichthümern die brennendste und treibt zu jedem Laster an, wenn wir nur, geschehe es auf welche Weise es wolle, den Geldkasten mit Münzen anfüllen. Wie Knaben, wenn sie mit Marken (Scherben) spielen, ihre ganze Aufmerksamkeit auf das Spiel richten, die Marken aber nicht achten; so sollten wir für das Leben Sorge tragen, zu welchem Gelder nothwendig sind; diese selbst aber sollen wir nicht achten, und unsere Neigung davon wegwenden; denn wenn das Gemüth ihnen anhängt, so wird es an die Erde gefesselt und niedergedrückt, und in die schmählichste Knechtschaft gebracht. Und wiederum wie Knaben, wenn Nüße ausgeworfen werden, dieselben begierig aufklauben und darüber mit einander in Streit gerathen, Männer aber dieselben verschmähen; gerade so spricht der gerechte und gottesfürchtige Mann, wenn Gold, Silber, Ehrenstellen ausgetheilt werden: „die Knaben mögen „auflesen, mir sind das lauter Nüsse." Wenn ein Anderer Nüsse auswirft und eine davon mir in die Rockfalte fällt, so werde ich sie ebenfalls nehmen, aufbrechen und essen; aber niemals werde ich mich darnach bücken und noch weniger einen Andern wegschieben, um sie aufzuheben, weil eine Nuß wenig werth ist. So sind auch alle äußere Dinge wenig werth, und der Glaube lehrt; wir sollen sie nicht für Güter halten. Der Mensch gewordene Sohn Gottes wollte keine Reichthümer haben, uns zu zeigen, daß wir sie verachten sollen. Daher die Kinder dieser Welt, die sie nicht ver-

achten wollen, Christum verachten. Die Kinder
Gottes aber hinterlegen sich dort Schätze, wo sie
weder Rost noch Motten verzehrt, und
wo sie die Diebe nicht ausgraben und
nicht stehlen. (Matth. 6, 20): In dieser Welt
ist reich genug, wer des Brodes nicht entbehrt.

§. 15.

Vom Gebrauche der Reichthümer.

Wenige erwägen, welches der eigentliche und
rechte Gebrauch der Reichthümer sey. Sie sind
nämlich Hilfsmittel für's menschliche Leben, die
der fromme Mann, ohne Jemanden Unrecht zu
thun, sammelt, ohne Zuneigung besitzt, ohne Aengstlichkeit aufbewahrt, ohne Schmerz ausgiebt und
zu nothwendigen Bedürfnissen ehrbar verwendet.
Diese Nothwendigkeit muß aber nach der Beschaffenheit des eigenen Standes eines Jeden bemessen
werden. Denn da Einige Vorgesetzte und Andere
Untergebene, Einige adelich, Andere unadelich
sind: so ergibt sich von selbst, daß die, welche
auf einer höhern Stufe stehen, mehr Reichthümer
nöthig haben, um ihr Amt in Ehren zu erhalten,
für Andere genügen weniger. Alle aber sind nur
Verwalter ihrer Güter, wovon sie, in den Schranken

christlicher Bescheidenheit, als treue Haushälter, für sich Gebrauch machen dürfen, was aber darüber ist, den Bedürftigen mittheilen sollen. Der rechte Eigenthümer unserer Güter ist Gott, wir sind nur die Schaffner, und fassen wir das in's Auge, so können wir auch beim Ueberflusse eine freiwillige Armuth, nach dem Vorbilde der Heiligen, beobachten, wenn wir thun, was geschrieben steht (Pf. 61, 11.): „Wenn euch Reichthum zu„strömet, so hänget euer Herz nicht da„ran." Die Natur hat das Gold in die Eingeweide der Berge und in tiefe, unzugänglichen Gruben (Schluchten) verborgen und darum erheben die Geizhälse, die das Gold suchen und lieben, ihre Augen nie zum Himmel empor, sondern sie neigen sich zur Erde, in welcher das Gold liegt und richten sich nie vor ihr auf. Der Weise aber kommt dem Untergange aller Dinge, der in Kurzem erfolgen wird, mit Herz und Geist zuvor, wendet sein Herz von unterirdischen Gütern weg und zu den himmlischen empor, wo wahre und ewig dauernde Reichthümer sind; dort wünscht er geehrt zu werden, wo Niemand unwürdig geehrt wird; dort verlangt er zu herrschen, wo, nach Erringung der Herrschaft, nichts zu fürchten ist. Alles, was er auf Erden besitzt, opfert er Gott und ist bereit Alles zu entbehren, wenn es Gott will. Ob unser Herz den Reichthümern fremde sey, läßt sich an folgenden Zeichen leicht erkennen: wenn wir alles Ernstes glauben, daß sie eine Last seyen und ihre Schwere empfinden; wenn sie uns zum Ekel werden und wir sie ohne Leid entbehren können; wenn wir mit ihrem Besitze nicht groß thun, wenn wir überzeugt sind, daß kostbare Hausgeräthe, prächtige Gebäude und Anderes dieser Art, um derentwillen man Reichthümer sammelt, nichts anderes seyen, als Trophäen (Siegeszeichen) der Eitelkeit und Hindernisse des Seelen-Heiles. Sind wir frei von jeder Leidenschaft (sinnlicher Neigung) so wird uns Nichts mehr betrüben können. Sicher ist, wer nichts verlieren kann. Wie es bei weitem besser ist, sich in einem engen Kämmerlein wohl zu befinden, als in einem breiten Bette krank zu liegen; so ist es besser in der Armuth ruhig (fröhlich) zu leben, als bei vielen Schätzen unruhig (betrübt) zu seyn. Glücklich ist die Seele, die mit ihrem Loose zufrieden ist.

§. 16.
Welches die Armen im Geiste seyen.

Christus hat den Besitz des Himmelreiches in die Armuth des Geistes gesetzt, da Er spricht (Matth. 5, 3.): „Selig sind die Armen im „Geiste; denn ihrer ist das Himmelreich." Wahrhaft arm im Geiste ist aber Derjenige, der Reichthümer weder begehrt, noch darin seinen Frieden hat; in dessen Besitzungen und Wünschen Nichts ist, was ihm genommen werden könnte; der mit weit größerer Angst fürchtet, er möchte reich werden, als die Kinder dieser Welt, sie möchten in Armuth fallen; der über Alles Erschaffene, erhaben von der Höhe seines Geistes so sprechen kann: ich bin reich durch Gottes Gnade und habe Ueberfluß, weil ich schon habe, was ich verlange, und das, was ich habe ohne Anhänglichkeit besitze, und es auch ohne Leid und Schaden entbehren kann. Die unveränderliche Wahrheit die in mir bleibet, zeigt mir ihre unermeßlichen Schätze, durch deren Besitz ich glücklich bin. In dieser Wahrheit ist Alles enthalten und außer ihr verlange ich Nichts. In ihr sehe ich klar ein, daß ich aus mir selbst nichts habe, nichts bin, nichts kann.

Da ruft die Wahrheit mit furchtbarer Stimme, daß alle irdischen Güter, die an sich selbst weder wahr noch gut, und nicht Eines mit ihr sind, es auf keine Weise wagen sollen, sich mir zu nahen, oder meiner Seele ihr Bild einzudrücken. Da sehe und erkenne ich, daß Alles nichts sey, und daß mir Nichts begegnen könne, wenn es nicht die ewige Wahrheit selbst zuläßt, nämlich des ewigen Vaters ewige Vorsehung selbst, die mich nackt aus dem Mutterleibe in diese Welt herein gezogen hat, und mich, zur festgesetzten Zeit, auch wieder nackt, zur Begräbniß im Schooße der Erde hinausziehen wird. So sprechen, nach dieser erhabenen, vom Throne des Allerhöchsten ihnen eingegoßenen Weisheit der Heiligen, in Wahrheit und mit vollem Ernste, die wirklich Armen im Geiste, und Christus sagt darum, daß ihrer das Himmelreich sey, weil nichts in ihnen ist, das nach der Erde röche. Möchten doch alle Christen diese Wahrheit wohl erfassen; dann würde die vergänglichen Reichthümer dieser Welt Niemand suchen und Niemand lieben. Wie Wenige auserwählet sind; so giebt es auch wenig Arme im Geiste. Die Schrift sagt (Sir. 31, 8 u. 9.): „Glückselig sey der, welcher dem „Golde nicht nachlief und auf Geld und Schätze

„seine Hoffnung nicht setzte." Und weil dieß die Tugend nur Weniger ist; so fügt sie bei: „Wer „ist der? auf daß wir ihn loben; denn er „hat Wunderbares in seinem Leben ge„than." Es ist wirklich etwas Wunderbares, wenn man einen Menschen findet, der nichts von dem verlangt, was die Welt anstaunt, dem die Armuth ein Reichthum ist, der die Hilfsmittel zum Erdeleben mit jener Mäßigung gebraucht, die das ewige Gesetz vorschreibt, und der alles Aeußerliche so besitzt, als wäre es nicht das Seinige. Es giebt also wirklich nur Wenige, die zu dieser Vollkommenheit gelangen, weil nur Wenige das Leben und seine Annehmlichkeiten, die man sich durch Geld verschaffen kann, geringe achten, nur Wenige, welche Christo glauben, wenn Er befiehlt, daß wir vor Allem das Reich Gottes suchen sollen; denn das Uebrige werde uns dazu gegeben werden (Matth. 6, 33.). Christus ermahnet uns auch ernstlich, daß wir für Speise, Trank und Kleidung nicht ängstlich sorgen sollen. Der himmlische Vater weiß, daß wir alles dessen bedürfen. (Matth. 6, 31 u. 32.): Warum glauben wir denn Gott nicht? warum setzen wir Mißtrauen in die Vorsehung des Vaters? darum, weil dem Glauben die Bande der Begierlichkeit im Wege stehen, in welche verstrickt wir der Wahrheit unsere Ohren verschließen, und an die Erdscholle geheftet, unsere Augen nicht zum Himmel zu erheben vermögen. Schmal ist allerdings der Pfad, auf dem die Wahrheit den Menschen in den Himmel führt. Diesen kann nur der wandeln, der unbelastet und nackt ist. Die Reichen aber, mit ungeheuern Säcken bepackt, wandeln den Weg des Tores, der sehr breit ist. Was hilft es also, Ueberfluß haben an allen Gütern der Welt, wenn wir Mangel leiden an den Gütern, die ewig dauern? Wir sind Pilger und Wanderer, die in's Vaterland reisen; aber dem, durch enge und schwierige Päffe Durchziehenden, sollten die Hemmnisse (Lasten) vermindert, nicht vermehrt werden.

§. 17.

Was und von welcher Beschaffenheit die Verpflichtung sey, Almosen zu geben.

Die Reichthümer, welche zum körperlichen Leben und zur standesmäßigen Anständigkeit nicht erforderlich sind, können kaum ohne Gefahr für das ewige Heil behalten, oder auf eitle und weltliche Zwecke verwendet werden, am wenigsten jene, welche aus kirchlichen (geistlichen) Einkünften gesammelt werden, sondern sie sollen zur Unterstützuug der Armen oder zur Ehre Gottes verausgabt werden. Alles Lob und aller Werth des Geldes liegt in seinem Gebrauche: es ist sündhaft und unnütze, wenn es nur im Kasten aufbewahrt; wenn daraus kein Schatz für den Himmel erworben wird; wenn es nur dem Besitzer dienet; wenn der Arme keine Hilfe, der Fremdling keine Erquickung, und andere Bedürftige keine Unterstützung daraus empfangen. Reichthümer, Besitzungen, Schätze und anderes dieser Art werden von den Menschen Güter genannt, nicht weil sie Jemanden gut machen, sondern weil wir damit Gutes thun können; denn durch fromme Schankungen wird die Gerechtigkeit vermehrt, wie geschrieben steht (Ps. 111, 9.): „Er hat ausgestreut, hat den „Armen gegeben; seine Gerechtigkeit „bleibt in Ewigkeit." Auch Salomon sagt (Sprüchw. 13, 8.): „Reichthümer sind die Seelen-Rettung des Mannes," und in einer andern Stelle (Sir. 3, 33.): „Das Wasser „löschet brennendes Feuer, und das Al- „mosen thut Widerstand den Sünden." Wie dem christlichen Glauben und der Frömmigkeit nichts angemessener ist, als den Dürftigen in ihrer Armuth zu Hilfe zu kommen, und in fremden Nöthen seines eigenen Zustandes zu gedenken; so ist nichts grausamer und schändlicher, als nicht blos den Dürftigen, sondern sogar dem eigenen Körper das Nothdürftige zu entziehen, um Schätze anzuhäufen und für Erben aufzubewahren, die sie in kurzer Zeit vergeuden werden. Aber noch viel größer und nie genug zu beweinen ist die Thorheit seine eigene Seele zu verlieren, um Andere reich zu machen. Wie aber und wann Diejenigen in eine Todsünde fallen, die den Ueberfluß nicht verwenden, will ich hier nicht entscheiden; denn das genau zu bestimmen, ist nicht Sache der menschlichen Wissenschaft, sondern der christlichen Klugheit, welche aus höherer Erleuchtung lehret, was und wie viel Jeder sich selbst entziehen müsse, um der großen oder äußersten Noth eines Dürftigen zu Hilfe zu kommen. Eben so will ich hier nicht untersuchen, was eine große oder die äußerste Noth sey; sondern ich höre den Herrn, der ohne Unterscheidung befiehlt (Luk. 11, 41.): „Was übrig „bleibt, gebet Almosen." Ich höre Johannes, den Täufer, der Buße predigend von den Volksschaaren gefragt wurde, was sie thun sollen, und der darauf antwortete (Luk. 3, 10 u. 11.): „Wer „zwei Röcke hat, der gebe dem einen, der „keinen hat, und wer Speise hat, der „thue deßgleichen." Ich höre den Propheten singen (Pf. 40, 2.): „Selig ist, der des Ar- „men und Dürftigen gedenket; am Tage „des Unglücks wird ihn erretten der „Herr." Ich höre Isaias, der da sagt (If. 58, 7.): „Brich dem Hungrigen dein Brod, Arme „und Herberglose führe in dein Haus; „wenn du einen Nackten siehst, so kleide „ihn, und verachte dein eigenes Fleisch „nicht." Ich höre den heiligen Greisen Tobias, wie er seinen Sohn mit diesen Worten unterweiset (Tob. 4, 7—12.): „Gieb Almosen von „deinem Vermögen und wende von kei- „nem Armen dein Angesicht ab; denn so „wird geschehen, daß des Herrn Ange- „sicht auch von dir nicht abgewendet „werde. Sey barmherzig so wie du es „kannst. Wenn du Viel hast, gieb reich- „lich; wenn du wenig hast, suche auch „das Wenige gerne zu geben. Denn ei- „nen guten Lohn sammelst du dir auf „den Tag der Noth, weil das Almosen

„von jeglicher Sünde und vom Tode
„erlöset, und die Seele nicht in die Fin=
„sterniß kommen läßt. Almosen giebt
„großes Vertrauen vor dem höchsten Gott
„Allen, die es geben." Was kann mehr
gesagt werden? denn er ermahnet, auch vom We=
nigen sollen wir Almosen geben, damit unsere
Seele von Sünden und vom ewigen Tode erlöset
werde. Es ist auch der Apostel, den Jesus liebte,
zu hören, der den Gläubigen so schreibt (I. Joh.
3, 17.): „Wer die Güter dieser Welt hat
„und doch, wenn er seinen Bruder Noth
„leiden sieht, sein Herz vor ihm ver=
„schließt, wie bleibet die Liebe Gottes
„in ihm?" Wenn die Liebe nicht in ihm ist, so
wird die böse Begierde in ihm seyn, und er wird
in der künftigen Welt seinen Antheil bekommen
mit dem reichen Manne, der sich in Purpur und
Bissus kleidete und täglich köstliche Mahlzeiten
hielt, dem armen Lazarus aber das Almosen ver=
sagte von den Brosamen, die von seinem Tische
fielen (Luk. 16, 19.). Inwendig schreit das Ge=
wissen und mit fürchterlicher Stimme ruft es dem
reichen Geizhalse zu: warum stößest du den armen
Hungrigen von dir? Wenn du ihm die Nahrung

entzogen, so hast du ihn getödtet! Das Brod, das von deinem Tische übrig bleibt, gehört dem Hungrigen; die Kleider, die bei dir altern, dem Nackten; das Gold, das du im Kasten verwahrest, dem Dürftigen. Christus wird im letzten Gerichte die Gottlosen zum ewigen Feuer verdammen, weil sie die Werke der Barmherzigkeit den Dürftigen verweigert haben; denn Er wird sprechen (Matth. 25, 42 ꝛc.): „Ich war hungrig und ihr „habt Mich nicht gespeiset; Ich war durstig „und ihr habt Mich nicht getränket; Ich „war nackt und ihr habt Mich nicht be„kleidet," und Er thut da gar keine Meldung, weder von einer großen noch von einer äußersten Noth. Es wird wohl auch im Laufe des ganzen Lebens kaum Jemand kommen, der von so großer Noth gedrückt wäre, daß er ohne die Hilfe eines Andern gar nicht leben könnte, und daß gar kein Anderer sich fände (als du) der ihm Hilfe leisten könnte oder wollte. Das dürfen wir für gewiß annehmen. Selten treffen alle diese Umstände zusammen, und wenn sie zu berücksichtigen wären; so gäbe es fast gar keinen Anlaß mehr zum Almosen geben. Man muß also Almosen geben genau von dem, was Jemand übrig hat; denn die Barmherzigkeit ist die Fülle der Tugenden. Man soll auch nicht, wie Viele thun, fromme Schankungen bis auf das Ende des Lebens verschieben; denn was durch ein Testament vermacht wird, hat vor Gott viel geringern Werth, als was ein noch Lebender, der es noch zurückbehalten könnte, mit frommer Freigebigkeit vergabet.

§. 18.

Wie nothwendig die Geduld sey.

Unter den übrigen christlichen Tugenden, die erforderlich sind, um das ewige Leben zu erwerben, ist keine besser, keine nützlicher, als die Geduld, durch die der Mensch die Langmüthigkeit Gottes nachahmet, der durch so viele Sünden der Sterblichen herausgefodert, die größte Nachsicht übet, Niemanden von seinen Segnungen ausschließet, und seine Sonne über Gerechte und Ungerechte scheinen läßt. Die Geduld besänftigt den Zorn, bezähmt die Zunge, regiert das Gemüth, bewahrt den Frieden, bricht die Gewalt, tilget den Groll, unterdrückt den Stolz, besiegt die Welt, bändigt das Fleisch, macht bemüthig im Glück, starkmüthig im Unglück und sanftmüthig bei Schmähungen, überwindet die Versuchungen, erträgt Unbilden und vollendet und krönet das Leben. Sie allein bewirket, daß kein Unrecht geschieht. Wären alle mit ihr begabt, so käme keine Bosheit, kein Betrug vor in menschlichen Dingen. Darin unterscheidet sich der weise und gute Mann von den Bösen und Thörichten, daß Jener eine unüberwindliche Geduld besitzt, die diesen fehlet. Die Geduld ist also eine große Tugend, welche allen Lastern und Leidenschaften entgegengesetzt ist. Um ihretwillen wird der Gerechte von Gott durch allerlei Widerwärtigkeiten geprüft, damit er die Uebel, die ihm angethan werden oder zustoßen, gleichmüthig tragen und sich selbst beherrschen und regieren lerne. Denn, weil wir der Natur nicht widerstehen und nicht verhindern können, daß die durch Unbild verwundete Seele aufgeregt werde; so ist diese Tugend nothwendig, die das aufbrausende Gemüth zurückhält, daß es nicht überspringe, um sich zu rächen, und den Menschen sich selbst wieder gebe. Selbst die Weltweisen haben die Geduld mit den größten Lobsprüchen empfohlen und zu ihrem Ruhm all' ihre Weisheit ausgekramt; aber wie ihre Weisheit nicht die rechte war, so kannten sie auch die rechte Geduld nicht. Denn weil sie Gott nicht kannten, so wichen sie von der wahren Weisheit eben so weit ab, als sie ihrem Urheber ferne standen. Wir aber haben aus Christi Lehre gelernt, daß wir durch viele Trübsale in das Reich Gottes eingehen müssen, und das ist die wahre Weisheit, Christum kennen und zwar den Gekreuzigten und sein Kreuz lieben und gerne tragen. Denn da das Leben des Christen ein Nachbild des leidenden Christus seyn muß; so ist der kein Christ, der das Kreuz scheuet. Es mache sich ja Niemand Hoffnung, daß er ohne Geisel bleiben werde. Gott geiselt Jeden, den Er als Kind annimmt, keiner wird ausgenommen. Selbst der eingeborne Sohn, der allein ohne Sünde war, war doch nicht ohne Geißel; denn Er mußte leiden und so in seine Herrlichkeit eingehen. Jeder Mensch wird durch die Strafen und Uebel dieses Lebens entweder geübt zur Reinigung, oder angetrieben zur Bekehrung. Wie viel immer aber Jemand leiden müßte, bis zu den Leiden und zu der Schmach und zum Kreuze Christi wird er niemals kommen.

§. 19.
Widerwärtigkeiten sind Gelegenheiten zur Tugendübung.

Unser Leben ist der Weg, auf dem wir in's Vaterland reisen. Es fehlt ihm kein Merkmal (keine Eigenschaft) eines Weges. Es geht manchmal durch Ebenen, manchmal über Berge; es giebt liebliche Gegenden und giebt dornige; auch abschüssige und ungangbare. Zuweilen treten ganze Schaaren Volkes zusammen, ein andermal ist es einsam. Es sind Gefahren (zu fürchten) von wilden Thieren und Gefahren von Räubern. Jetzt regnet es; jetzt ist heiteres Wetter. Hindernisse und Widerwärtigkeiten finden sich überall und auch in der Ordnung der Gnade gilt der Ausspruch eines gewissen Philosophen: „Alles geschehe im Streite." Denn die Tugend wird ohne Kampf nicht errungen und der Mensch kann nicht inne werden, wie viel er Stärcke besitze, wenn keine Widerwärtigkeiten und Trübsale eintreten. Wenn Jemand durch die Lobpreisungen der Thoren, deren es eine unzählige Menge giebt, bis zum Himmel erhoben würde; wenn es Niemand wagte ihm zu widersprechen; wenn ihm der

Tisch mit kostbaren Gerüchten im Ueberfluß bereitet würde; wenn sein Hauswesen getreu verwaltet, großen Aufwand gestattete; wenn große, prachtvolle Gebäude ihm zur Wohnung dienten; wenn alle Ehrenstellen, alle Würden, alle Vergnügungen ihm zuströmten: wer hätte solche Beredsamkeit und Wohlredenheit, daß er ihn überzeugen könnte, Alles das, sey eitel, was man gemeiniglich Güter nennt; die Uebel dieses Lebens aber seyen Wohlthaten Gottes, womit er uns zu Erlangung der ewigen Seligkeit vorbereitet? Darum übet Gott seine Auserwählten durch Widerwärtigkeiten, damit sie aus eigener Erfahrung lernen, wie flüchtig und zerbrechlich und wie so voll Elend Alles sey, was die Sterblichen für Güter halten, und im Gegentheil wie gut das sey, wovon böse Menschen meinen, es sey böse, als ob des Menschen höchstes Glück darin bestünde, nichts zu leiden. Es ist daher Weisheit, in allen Widerwärtigkeiten und Hemnissen, der göttlichen Vorsehung sich mit fröhlichem Sinne ergeben und sein Herz dorthin zu heften, wo die Leiden dieses Lebens nicht mehr vorkommen. Mögen also böse Menschen gegen die guten wüthen, wie sie wollen und so viel ihnen zugelassen ist; mögen alle Drangsale haufenweise auf sie hereinbrechen „den Gerechten betrübet nichts, was ihm auch widerfährt (Sprüchw. 12, 21.)." Einen solchen Mann verderbt kein Glück und beugt kein Unglück; denn bei jedem Ereignisse spricht er (Jerem. 10, 19.): „Es ist ja meine Strafe, ich will sie ertragen." So muß es geschehen; so will ich, daß es geschehe. Jedes Geschöpf, möge es wollen oder nicht, ist dem Einen Gott unterworfen; aber Einige folgen wie Kinder und thun, was recht ist: Andere leiden wie Knechte (Sklaven) und es geschieht an ihnen, was recht ist. Niemand entflieht den Gesetzen Gottes: der Mensch thut entweder, was das Gesetz befiehlt, oder er leidet, was das Gesetz verlangt.

§. 20.

Man muß geduldig ertragen, was täglich vorkömmt.

Es giebt Viele, die sich einbilden, daß ihnen viel schweres Kreuz und Trübsal bevorstehe, die sie sich vornehmen recht geduldig zu tragen, und von dieser nichtigen Vorstellung von Umständen, die nie eintreten werden, getäuscht, meinen sie im höchsten Grad Geduld bewiesen zu haben, während sie viel geringeres Kreuz, und welches wirklich vorhanden ist, aus allen Kräften fliehen und wegwünschen. Dieser Irrthum muß beseitigt werden und man muß recht wohl bemerken, daß sich im Großen nur sehr selten, im ganz Kleinen aber häufig Gelegenheit darbietet zur Geduld, die wir täglich, ja fast in jedem Augenblicke ausüben können, durch Ertragung fremder und durch Verbesserung eigener Fehler. Gerne soll aber das Kreuz angenommen werden, das Gott schickt; denn das, welches der eigene Wille aufnimmt, ist nicht allemal von Gott. Wie sich Kranke freuen, wenn sie einen erfahrnen Arzt getroffen haben, der die tödliche Krankheit des Leibes heilen kann und will: so sollen wir uns freuen und frohlocken, wenn wir von Beschimpfungen, Unbilden und andern Beschwernissen verwundet sind, daß Einer ist, durch dessen Hilfe die Wunden unserer Seele geheilet, und wir bei Gott mit den höchsten Gütern bereichert werden. Was also immer vorkommen mag, das sollen wir gerne annehmen; denn was man gerne thut, das gefällt uns auch, und nur das ist lästig, was man ungerne thut. Wer willig und gerne leidet vermindert seine Leiden und vermehret seine Verdienste. Es schadet auch nichts, wenn schon die Natur sich sträubet und widerstehen will, wenn nur des Menschen Wille, von dem allein Verdienst oder Schuld abhängt, nicht beifällig zustimmet. Möchte sich aber auch der Wille widersetzen; so rufe man Gottes Hilfe mit inbrünstigem Gebete an; murret er aber, wird er unwillig und thut nicht, was er thun kann; so ist das ein Zeichen der freien Einwilligung (freiwilliger Empörung); indem er zu dem antreibt, was nicht geschehen kann, ohne reife Ueberlegung. Tugenden, die in Handlungen bestehen, werden leicht ausgeübt, aber Tugenden, die in Erduldungen liegen, sind sehr schwer, weil die Uebung der erstern außer uns, die der letztern aber in uns vorgeht und die Natur jenen zustimmet, diesen aber widersteht. Uebrigens geben uns die Soldaten (Krieger) deren Geduld unglaublich groß ist, ein Beispiel, wie man die tagtäglich vorkommenden mancherlei Widerwärtigkeiten, aus Liebe zu Gott, gelaßen und ruhig ertragen solle; denn welche Märsche, welchen Frost, welche Sonnenhitze, welche Entbehrungen, welche Wunden, welche Gefahren erdulden sie, und das Alles mit fröhlichem Muthe, damit sie sich für das hohe Alter einige wenige ruhige Tage verschaffen, und wissen nicht einmal, ob sie dazu kommen werden. Und wir sollten für eine ewige Ruhe eine Arbeit von sehr kurzer Zeit, nicht übernehmen? Alles, was wir leiden, werden wir wohl erdulden und leicht ertragen können, wenn wir den Lohn betrachten, den Gott verheißen hat.

§. 21.

In Trübsalen soll man fröhlich seyn.

Wie bei der Aufführung eines Gebäudes an dem einen Stein mehr gehauen und geschnitten wird, als an dem Andern, je nachdem es der Baumeister befiehlt und anordnet, der den einen Stein vor dem Andern auf eine ansehnlichere Stelle bestimmt hat: so hängt der Grund von Gottes Rathschluß ab, warum ein Mensch größere Drangsale erdulden solle als der Andere. Denn Gott legt einem Jeden sein eigenes Kreuz auf, wie es den Kräften der Einzelnen angemessen, und der Herrlichkeit und Krone, die er jedem Einzelnen bereitet hat, entsprechend ist. Darum, wie der Marmor, hätte er Verstand, die Streiche und Schläge des Steinhauers gerne leiden, und sogar dafür danken würde: so sollten wir uns freuen, wenn uns Gott, durch allerlei Trübsale, gleichsam wie mit einem Steinmeisel, zu glätten die Gnade hat, damit wir in seinem Hause an einem höhern Platze aufgestellt werden. Er züchtiget, die Er liebet, damit sie vom Weltglück nicht verdorben werden und von dem Wege des Heiles nicht abirren. Deßwegen sind auch böse Menschen für die guten nothwendig, damit sie nämlich durch dieselben, als Gottes Diener, (bearbeitet) geübet und durch heftige Schläge zur Tugendübung abgehärtet werden. Da dieß vollkommen wahr ist; so sollten wir uns gegen unsere Widersacher die Gesinnung eigen machen, welche der hl. König David gegen den ihm fluchenden (ihn lästernden) Semei zeigte, indem er sprach (2. Könige 16, 10.): „Der Herr hat „ihm befohlen, daß er David fluche und „wer ist's, der sagen dürfte, warum Er „solches gethan?" Niemand thut (uns) wehe, wenn es Gott nicht will, oder zuläßt, und Er würde es weder wollen, noch zulassen, wenn es nicht zu seiner größern Ehre und zu unserm Heile diente. In den Leiden, die wir erdulden, müssen wir durchaus nicht bei den Geschöpfen Trost suchen, sondern allein bei Gott, der die erste Ursache aller Strafen ist. Denn wahrer Trost wird nur in der Wahrheit gefunden, und diese ist Gott. Diese lehrt uns, daß Trübsal nothwendig sey und daß wir sie mit

Freuden als Bürgschaft und Pfand der Liebe Gottes zu uns annehmen sollen. „Haltet es" sagt Jakobus der Apostel, (Jak. 1, 2 — 4.) „für „lauter Freude, meine Brüder! wenn ihr „in mancherlei Anfechtung fallet, und „wisset, daß die Prüfung eures Glaubens „Geduld wirket, die Geduld aber das „Werk vollendet." Nachstellungen, Verläumdungen, Verfolgungen und andere Widerwärtigkeiten dieses Lebens sind etwas sehr Heilsames und sehr hoch zu schätzen, weil in ihnen nichts Gutes und nichts Liebenswerthes ist, als allein das Wohlgefallen Gottes, auf welches, als den ersten Grund, Alles, was Fleisch und Blut lästig ist, bezogen werden muß. Zu Pilatus, dem ungerechten Richter sprach Christus (Joh. 19, 11.): „Du hättest keine Gewalt über Mich, „wenn sie dir nicht von Oben herab ge„geben wäre." Wenn man bei jedem Ereignisse diese Gewalt erkennet, so wird die Ruhe des Gemüthes sehr leicht erhalten. Möge uns beängstigen was da will, wenn wir es außer Gott anschauen; so entstehen daraus tausenderlei irrige Vorstellungen und Zerstreuungen. Denn wenn wir die Uebel aus ihrem Grund (Mittelpunkt) herausziehen; so fangen sie an schwer zu werden, und sie spiegeln der Einbildungskraft (Phantasie) allerlei Vergangenes, Gegenwärtiges und Künftiges vor, was nie gewesen, nicht ist, und nie seyn wird. Daraus entstehen dann Beängstigungen des Herzens, schlaflose Nächte und unheilbare Kümmernisse. Wenn aber Jemand gewöhnt ist, Alles in Gott anzuschauen und auf Ihn zu beziehen, der wird, bei Allem, was sich zuträgt, heiter und ungebeugt mit Hiob sagen (Job 1, 21.): "Wie es dem "Herrn gefallen hat: also ist es geschehen! "der Name des Herrn sey gebenedeit." Gott, der mich züchtigen läßt, sorgt für mich mit gränzenloser Liebe. Er hat mich an's Kreuz geheftet, an dem ich standhaft aushalten will, bis Er mich selbst wieder herabhebt.

§. 22.

Verläumdungen muß man ertragen.

Wenn wir mehr wegen dem, was die Menschen Schlimmes von uns reden, gekränkt werden, als wegen unsern Sünden, die uns allein schmerzen sollten; so sind wir völlig überwiesen, daß wir uns selbst mehr als Gott lieben. Unzählig und entsetzlich sind die Lästerungen, die von den verdorbenen

Sterblichen gegen Gott ausgestoßen werden, und Er duldet sie und läßt sie Theil nehmen an seinen Segnungen; wir aber, die wir voll Sünden und Laster sind, brausen im Zorne auf, wenn uns Jemand das Böse vorwirft, das wir gethan haben, und wollen von Niemanden beschämt werden. Wir sollten vielmehr fürchten, durch unverdiente Lobsprüche erhoben zu werden, damit uns nicht all' zu großes Glück von der Theilnahme am Kreuze Christi und von seiner Herrlichkeit ausschließe. Wenn das, was wir durch unsere Sünden verschuldet haben und was Christus für uns gelitten hat, wie auf einer Wage, abgewogen, in die andere Schaale aber alle Qualen, alle Unbilden, alle Schmähungen gelegt würden; so würden diese gegen jene so viel als gar kein Gewicht haben und äußerst leicht erscheinen. Auch ist zu erwägen, daß alles, von Andern uns zugefügte Uebel nicht durch die Beschaffenheit dessen, der es zufügt, sondern dessen, dem es zugefügt wird, schwer oder leicht werde. Denn wer es verachtet, wer es nicht annimmt, wer über die Verletzung erhaben ist, der leidet gar nicht. Nicht die Hand, die den Pfeil abdrückt, macht die Wunde, sondern der Leib, der sie empfängt; denn wenn Jemand einen

Leib von Diamand hätte, so könnte ihm keine Wunde beigebracht werden, würde er auch auf allen Seiten von unzähligen Pfeilen getroffen. So haben auch alle Unbilden und Widersprüche und ähnliche Uebel die Kraft zu verletzen nicht von der Bosheit muthwilliger und gottloser Menschen, sondern von der Gebrechlichkeit des Verletzten. Glücklich ist, wer sein Leben so eingerichtet hat, daß etwas Schlimmes über ihn nicht einmal erdichtet werden kann, weil die Größe seiner Verdienste böswillige Ehrabschneidungen abwehrt. Wenn wir es aber dahin nicht bringen können, so sollten wir doch wenigstens solchen Fleiß auf unser Leben verwenden, daß Niemand an uns einen Anlaß zum Lästern finde. Sonst zürnen wir mit Unrecht über die Lästerer, wenn wir ihnen selbst Stoff dazu bieten. Wenn wir aber Alles sorgfältig gethan haben, was zur Ehrbarkeit (Ehrenfestigkeit) gehört, und sie uns dennoch anfallen, so muß uns der immer denkwürdige Ausspruch unseres Erlösers trösten (Matth. 5, 11.): „Selig seyd ihr, „wenn sie alles Böse mit Unwahrheit „gegen euch reden." Denken und sagen die Menschen von uns, was sie wollen, wir werden selig seyn, wenn uns nur unser Gewissen vor

Gott nicht anklagt. Falsch und veränderlich sind die Meinungen der Menschen und eitel ihre Urtheile, und sie können uns weder nützen noch schaden. "Wenn ich noch Menschen gefallen wollte" sagt der Apostel (Gal. 1, 10.) "so wäre ich "Christi Diener nicht." Es kann auch gar nicht geschehen, daß Jemand Allen gefalle; denn Jeder hat seinen eigenen Willen, und verschiedene Lust zieht Alle, und Jeden seine eigene, und wer von Einem gelobt wird, der wird von Andern verlacht. Einem gewissen Philosophen sagte Jemand: "Es lachen dich Alle aus;" und er antwortete ihm: "Ich werde aber doch nicht verlacht." Er hielt nämlich dafür, diejenigen können nicht verlacht werden, denen das Verlachen nicht wehe thue.

§. 23.
Sowohl eigene, als fremde Uebel müssen mit Gleichmuth getragen werden.

Das beste Heilmittel in jeder Betrübniß und Widerwärtigkeit besteht darin, daß man sein Gemüth von der Bedrängniß die man gerade hat, wegwende und zu Gott empor hebe; weil unsere Natur eine recht große Noth, ohne das Gefühl des Mitleidens, gegen sich selbst nicht anschauen kann.

Sodann weil jede Qual und Kränkung der Seele daher kommt, daß wir eine Sache, die wir lieben, zu verlieren fürchten; so ist das allerwirksamste Arzneimittel gegen alle Uebel, dieses, daß man nur allein jenes Gut liebe, welches keiner Veränderung unterworfen ist, und von keiner irdischen Macht geraubt oder verhindert werden kann. Wenn wir aber durch irgend ein Wort oder eine That verwundet sind, müssen wir die Zunge streng im Zaume halten, daß sie nicht in Worte ausbreche, welche die Gemüthsbewegung verrathen; denn wie ein schwacher Magen eine schwere Speise nicht verdauen kann; so kann auch eine kleine Seele rauhe Worte nicht ertragen. Ein gewisser heiliger Mann sagte, er habe niemals irgend eine so schwere Betrübniß gehabt, die er nicht durch Stillschweigen überwunden hätte; denn was auch schmerzen mag, wenn es nicht beachtet wird, so vergeht es; wenn wir aber über ein Unrecht zürnen, so zeigen wir, daß wir es verdient haben. Wen die Verachtung schmerzt, verdient verachtet zu werden. Es ist aber noch nicht genug den Schmerz blos innerlich zu unterdrücken und zu schweigen, man muß sich auch innerlich selbst anklagen, und sich aller Verachtung werth halten. Denn ein weiser Mann, der sich selbst recht strenge erforschet, bedenkt nicht, was er leide, sondern wie Vieles er, seiner Sünden wegen, womit er Gott beleidiget, zu leiden verschuldet hätte. Auch richtet er Andere nicht, damit er sich nicht selbst verdamme, eingedenk des Apostels, der da sagt (Röm. 2, 1.): „Worin „du den Andern richtest, verurtheilst du „dich selbst; da du dasselbe thust, was du „richtest." Auch fühlt er sich nicht beleidiget durch eine geringe Schuld seines Nächsten, weil er selbst ein Schuldner ist von 10,000 Talenten. Der ist ein Thor, der einen Andern heilen will von der Krankheit, mit der er selbst behaftet ist, nämlich vom Zorn und vom Stolze. „Wer bist du," sagt der Apostel, „der du einen fremdn Knecht „richtest. Seinem Herrn steht oder fällt „er." „Oder wie kannst du zu deinem „Bruder sagen" (wie wir im Evangelium lesen, Luk. 6, 42.): „halt, laß dir den Split-„ter aus dem Auge ziehen; da du selbst „den Balken in deinem Auge nicht siehst?" Fremde Vergehen zu richten, ist allein Gottes Sache, Ihm steht es zu, sie gerecht zu strafen, oder barmherzig zu heilen. Uns aber steht es zu, sie, wenn wir's können, zu verbessern und zu verhindern, sonst aber geduldig zu ertragen; denn wenn uns das Laster mißfällt, so muß es zuerst in uns, als dann erst in Andern getilget werden. Wie Gott gegen uns ist, nämlich geduldig (langmüthig) und barmherzig, so müssen wir auch gegen Andere seyn.

§. 24.

Mittel gegen die Ungeduld.

Es giebt vielerlei Geschäfte, die wir verrichten, viele Obliegenheiten, die wir erfüllen müssen und viele Gesellschaften, denen wir uns nicht entziehen dürfen, und es ist kaum möglich, daß sich da Alles ganz nach unserm Herzenswunsch ergebe und Alle mit uns eines Sinnes seyen. Deßwegen müssen wir sehr auf der Hut seyn, daß die Ruhe unseres Gemüthes nicht gestört werde und wir nicht in Ungeduld fallen. Das werden wir aber erreichen, wenn wir schon vorher recht in's Auge fassen, was bei einzelnen Geschäften, Pflichterfüllungen und Versammlungen vorzukommen pflegt, und von uns weder geändert, noch verhindert werden kann, und wenn wir durch diese Betrachtung unser Gemüth vorbereiten und wohl ausrüsten. Denn, wenn man das Widrige, Unangenehme und Lästige, das fast mit allen Sachen verbunden ist, vorausgesehen hat und es mit Gleichmuth zu ertragen entschlossen ist, so wird man jeder Aufregung und Verletzung des Gemüthes leicht ausweichen. Eine Hauptsache, die wir wohl beobachten müssen ist das, daß wir die äußerlichen Dinge so gebrauchen, wie es ihre Natur mit sich bringt. In ihrer Natur liegt es aber, daß sie uns dienen, nicht uns beherrschen sollen, daß sie von allerlei Zufällen abhängen und außer unserer Gewalt sind, und daher bringen sie den weisen, und seinem Vorsatze getreuen Mann niemals aus der ruhigen Fassung seines Gemüthes. Wenn auch Jemand ihn gefangen nehme, ihm sein Vermögen raubte, ihn seiner Würde entsetzte, ihm Furcht vor Qualen und Tod einjagen wollte, er wird nicht besiegt, er weichet nicht, er wird nicht verletzt, weil er schon lange gedacht und eingesehen hat, daß Alles das außer ihm sey. Ansichten (Meinungen) sind es, nicht Sachen, die den Menschen verwirren. Niemand wird beängstiget, Niemand trauert, Niemand zittert, Niemand bebet, als wer etwas verlangt oder etwas fürchtet, was nicht in seiner Macht steht. Die Blutzeugen Christi, durch alle Gattungen von Tormenten zerfleischet, behielten, unter den ermatteten Henkern, eine unbesiegte Geduld und Standhaftigkeit; selbst Knaben und Frauen konnten weder Geiseln noch Glutöfen Seufzer auspressen. Geschlagen und getödtet konnten sie werden, aber besiegt konnten sie nicht werden; denn, was die Tyrannen geben oder nehmen konnten, das verachteten sie, als außer ihnen liegend. Die Stärke der Seele aber konnte ihnen Niemand entreißen, weil sie außer der Herrschaft und außer der Gewalt der Tyrannen ist.

§. 25.

Demuth ist die, den Christen eigenthümliche, Tugend.

Das Wort Gottes, die Quelle der Weisheit, der Lehrer und Urheber aller Tugend ruft und spricht (Matth. 11, 29.): „Lernet von Mir!" Wir werden gewiß etwas Großes hören; denn wer ist der, der da spricht: „Lernet von Mir?" Der ist es, der Himmel und Erde erschaffen und Alles aus nichts gemacht und zur Finsterniß gesprochen hat: werde Licht! Wird Er uns wohl lehren, das Nämliche auch zu thun und eine neue Welt zu schaffen? Nein! das thut nur Gott allein. Er sagt uns also, wir sollen von Ihm lernen, zu werden, was Er selbst um unsertwillen geworden ist: (Philipp. 2, 6—7.): „Welcher, da Er in „Gottes Gestalt war, sich selbst ent-„äußerte, Knechtesgestalt annahm, dem „Menschen gleich und im Aeußern wie „ein Mensch erfunden ward." Lernet von Mir, spricht Er, nicht Todte erwecken, nicht Teufel austreiben, nicht Aussätzige reinigen, nicht Blinden das Gesicht und Tauben das Gehör geben, nicht trockenen Fußes auf den Wogen des Meeres wandeln (obwohl es auch Einige gethan, denen Ich diese Gaben verlieh) sondern „lernet von Mir, denn Ich bin sanftmüthig und demüthig von Herzen." Er wollte nicht lehren, zu seyn, was Er nicht selbst war; Er wollte nicht befehlen, zu thun, was Er nicht selbst gethan. Darein hat Er alle Schätze seiner Wissenschaft und Weisheit gesetzt, daß wir von Ihm lernen möchten, bemüthig zu seyn. Es ist also um die Demuth eine so große und schwere Sache, daß sie von Niemanden erlernt werden könnte, als von dem, welcher der Größte ist. Denn der menschliche Stolz könnte seine Aufgeblasenheit nicht ablegen und demüthig werden, wenn er nicht von dem geheilet würde, welcher, obgleich Er Gott war, „sich selbst er-„niedrigte und gehorsam ward bis zum

„Tode, ja bis zum Tod am Kreuze." Die Demuth ist daher die eigenthümliche, und eine vortreffliche Tugend der Christen, die den stolzen Weltweisen unbekannt ist, die aber Christus vor andern durch Wort und Beispiel lehrte, damit wir in einem neuen Leben wandeln, und Ihm nachfolgend zum Preise der himmlischen Berufung gelangen möchten, indem wir reiflich bedenken, woher wir kommen und wohin wir wollen, welchen Weg wir zurückgelegt haben und mit welchen Hilfsmitteln wir zur Weiterreise versehen seyen. Denn, wenn nicht Demuth Allem vorausgeht, Alles begleitet und auf Alles folget, was wir thun, so werden wir niemals zum erwünschten Ziele gelangen. Während wir uns nämlich über irgend ein gutes Werk erfreuen, wird, was wir gethan haben, durch den Stolz verdorben, der auch bei guten Handlungen zu fürchten ist, damit das, was wir lobenswürdig gethan, nicht gerade durch die Lobbegierde wieder verloren gehe, (durch das Verlangen gelobt zu werden, seinen Werth verliere). Wenn nun unsere Gedanken uns zuweilen vorstellen, wir seyen Etwas, so steht die Erde vor unsern Augen und mahnet uns an unsern ersten Ursprung. Wir sind von der Erde und werden bald wieder in die Erde zurückkehren. Auf dieses Fundament (die Demuth nämlich) muß das Gebäude aller übrigen Tugenden errichtet werden; denn, wenn Jemand die Gabe besäße, Wunder zu wirken, so daß er Berge versetzen könnte, wenn er verschiedene Sprachen redete, wenn er mit der Gabe der Weissagung ausgerüstet wäre, wenn er alle Ungläubige zu Gott bekehrt, und sein ganzes Vermögen unter die Armen vertheilet hätte; so wird er (dennoch) immer in der größten Gefahr zu fallen schweben, indem der Stolz ihm wieder zu entwinden sucht, was er Gutes gethan hat, wenn er nicht seiner Gebrechlichkeit bewußt, das ihm drohende Verderben stets fürchtet, und mißtrauisch auf sich selbst sein Heil in Furcht und Zittern wirket. Die wahre Weisheit der Christen besteht darin, daß sie lernen, demüthig zu seyn.

§. 26.
Der Mensch ist durch die Hoffart von Gott abgewichen, und muß durch die Demuth wieder zu Gott zurückkehren.

Die Hoffart ist ein, mehr als alle übrigen Sünden fluchwürdiges und verderbliches Laster und hat von dem Engel seinen Ursprung genommen, da er sich gegen Gott erhob, Gott verließ, und sich zu sich selbst wendete und Alles Gute, das er vom Schöpfer empfangen hatte, frech sich selbst zuschrieb, als ob er dessen Quelle und Ursprung wäre; denn sein sind jene abtrünnigen, (gotteslästerlichen) und unbändigen, Hochmuth aussprechenden Worte bei Isaias (14, 13. 14.): „Zum Himmel will ich aufsteigen, über „die Sterne Gottes setzen meinen Thron; „ich steige auf die Höhe der Wolken; dem „Allerhöchsten will ich gleich seyn." Das Nämliche gieng auch mit dem Menschen vor, der von der List der Schlange betrogen, seinem Schöpfer gleich seyn wollte, als ob das Gott gleich seyn heiße, wenn er aus sich selbst reich wäre. Deßhalb steht geschrieben (Sir. 10, 14—15): „Der An= „fang der Hoffart ist Abfall des Men= „schen von Gott, weil sein Herz von Dem „weicht, der ihn erschaffen hat" und in der Höhe aufgestellt, ist erschrecklich herabgestürzt worden. Daher, wie dieselbe Schriftstelle sagt, „ist die Hoffart der Anfang jeder Sünde," und wir haben sie Alle als Erbtheil von unserm Stammvater bekommen; denn wir bezwecken in allem Denken und Handeln nur unsere eigene

Vortrefflichkeit, nachdem wir uns von Gott weg und zu uns selbst gewendet haben. Wenn wir also zu Gott wieder zurückkehren wollen, von dem wir durch die Hoffart abgewichen sind, so müssen wir den entgegengesetzten Weg der Demuth einschlagen. Der Grund oder das Fundament aber, worauf die Demuth erbauet wird, ist die Erkenntniß der eigenen Gebrechlichkeit und des eigenen Elendes. Es muß nämlich Jeder einsehen und bekennen, daß er nichts besitze, nichts könne, nichts sey und sich selbst nichts zu verdanken habe. Denn Gott hat den Leib des ersten Menschen aus dem Kothe der Erde gebildet, und ihm eine, aus nichts erschaffene, selbstbewußte und mit den herrlichsten Gnadengaben geschmückte Seele eingehauchet, welcher Gnadengaben sie aber, durch Dazwischenkunft der Sünde, beraubet und ihr eine durch eigene — natürliche Kräfte unvertilgbare Makel eingedrückt worden ist: durch die Gnade Christi, des Erlösers, aber in den frühern (ursprünglichen) Ehrenstand wieder hergestellt, ist sie mit eigenem, freiem Willen abermals von der Gerechtigkeit abgewichen und verunstaltet und vor Gott häßlich geworden: und so würde sie freilich bleiben, wenn nicht der Vater der Erbarmungen, auf sie von Oben herab blickend, sie nochmal aus der Knechtschaft der Sünde erlöset, in die Freiheit und zur Schönheit der Kinder Gottes herstellen würde. Vom Falle aufstehen kann aber Niemand, der nicht bekennt, es sey Gottes Gnade, wenn er aufsteht. Denn wer scheidet den Menschen aus der Masse des Verderbnisses aus, um ihn zu einem Ehrengefäße zu machen, als die Gnade Gottes durch Jesum Christum? Wäre Jemand so eitel aufgeblasen, daß er sagte: mein Glaube scheidet mich davon aus, oder mein Gebet, oder meine Gerechtigkeit, so entgegnet ihm der Apostel und sagt (I. Kor. 4, 7.): „Was hast „du denn, das du nicht empfangen hättest? „Hast du es aber empfangen, warum „rühmest du dich, als hättest du es nicht „empfangen?" Derselbe Apostel sagt auch (I. Kor. 3, 5.): „Nicht weil wir tüchtig „sind durch uns selbst etwas zu denken, „wie aus eigener Kraft, sondern unsere „Tüchtigkeit ist aus Gott." Endlich sagt unser Erlöser (Joh. 15, 5.): „Ohne Mich kön„net ihr nichts thun," damit sich alles Fleisch nicht rühme vor seinem Angesichte, sondern wie geschrieben steht: „wer sich rühmet der rühme „sich im Herrn." Die Sünder können sich einmal nicht rühmen, weil sie nichts haben, dessen sie sich rühmen könnten, und eben so auch die Gerechten nicht, weil sie keinen Ruhm haben, als in Demjenigen, welchem sie singen (Ps. 3, 4.): „Herr! „Du bist mein Ruhm und erhebest mein „Haupt." Sollte sich etwa Jemand rühmen dürfen, daß er die Gaben Gottes nicht verworfen habe? Das wäre doch ein eben so erstaunlicher Unsinn, als wenn Einer sich damit groß machte, daß er sich hätte elend machen und in einen gähen Abgrund stürzen können, und es doch nicht gethan habe. Aber auch das kommt von der göttlichen Barmherzigkeit: wenn sie uns ihr Licht und ihre Hilfe entzöge, so vermöchten wir ihre Gaben weder zu erkennen, noch zu gebrauchen. Die Begierde nach Ruhm muß daher durch die Liebe zur Gerechtigkeit überwunden werden, so, daß das Verlangen nach menschlichem Lob, in dem, was wir recht thun, der Liebe zur Wahrheit weiche. Denn rühmen soll man sich in nichts, weil nichts unser ist. Und das ist das Fundament aller Tugenden, daß wir wissen und glauben, aus uns selbst können wir nichts, seyen wir nichts und haben wir nichts. Denn Gott ist es, der in uns wirket das Wollen und das Vollbringen; und es

ist daher zu befürchten, die Gnade Gottes, die dem
Demüthigen gegeben wird, werde vom Hoffärtigen
weggenommen.

§. 27.
Karakter des Hoffärtigen.

Die Hoffart (der Stolz) ist eine Erhebung,
durch welche der Mensch über sein Maß hinaus-
schreitet und sich selbst prahlerisch zuschreibt, was
nicht sein ist. Dann sucht er auch seine Gestalt
und Ansicht (seine Vorstellungs- und Denkweise)
die er für die schönste und richtigste hält, Andern
beizubringen, indem er sich seiner Herkunft, seiner
Würden, seiner Geistesgaben und Körperkräfte
rühmet, womit er sich über Andere erhebt, als ob
er an Macht und Größe alle überträfe. Immer
noch höher steigt er im Geiste und in der An-
massung, wenn dazu auch noch eine Menge Diener
kommt und kostbarer Hausrath, prächtige Kleider,
glänzende Edelsteine, herrliche und wohleingerichtete
Gebäude, Geld auf viele Jahre hinterlegt und
vieles Andere dieser Art, was Stoff zur Groß-
thuerei giebt und dem Hochmuthe Nahrung bietet.
Daher wünscht er hohe Titel, den Beifall und die
Lobsprüche des Volkes, gleichsam als Urtheil, daß

er über Andere emporrage, und dessen rühmt er
sich dann und ruht darin, als wäre es das höchste
Gut dieses Lebens, und ist ganz sorglos für das
ewige Leben. Daher kömmt dann der Widerwille,
womit Jemand gegen Alles erfüllet ist, was ihn
erniedriget und ihn geringer als Andere darstellt.
Daher die Niedergeschlagenheit und Betrübniß,
wenn er auf etwas ertappt wird, was die eigene
Vortrefflichkeit zu vermindern scheint. Daher die
beständige Furcht und die Aengstlichkeit aller Menschen, welche besorgen, ihre Unternehmungen könnten einen unglücklichen Ausgang haben; denn alle
wollen gesehen und gelobt werden. Von dieser
Krankheit sind sogar Leute der untersten Volksklasse,
die die schmutzigsten und verächtlichsten Gewerbe
treiben, nicht einmal frei; denn sie thun sich hervor und möchten in der Gewandtheit ihres Gewerbes
sich vor Andern ihres Standes auszeichnen. Selbst
Philosophen, die von der Verachtung des Ruhmes
viel Vortreffliches geschrieben haben, konnten dem
Stolze nicht entfliehen, den sie gewaltig bekämpften,
indem sie den Ruhm in der That suchten, den sie
mit Worten verdammt hatten. Dieses Gift schleicht
nämlich im Verborgenen, und wenn auch die Wurzel
dieses grundschlechten Baumes ausgerissen wird,

bleiben immer noch äußerst feine Fasern zurück, die kaum von den heiligsten Männern ganz ausgerottet werden können. Man muß daher auf seine Bewegungen sehr genau Acht haben und sie durch die Furcht Gottes unterdrücken und größeres Wohlgefallen an der Wahrheit, als an den falschen Lobsprüchen der Menschen haben. Der Rauch, der aus einem Ofen hervorbricht, steigt in die Höhe und verfinstert, wenn er sich in eine große Wolke sammelt den hellesten Sonnenschein; aber, weil es ihm an Festigkeit fehlt, so zerfließt er bald in Luft und verschwindet. Eben so werden auch die Stolzen, die sich eitel erheben, weil sie nicht auf dem Boden der Tugenden feststehen, je mehr sie sich erheben und größern Raum einzunehmen suchen, desto kleiner, und nehmen um so geschwinder ab, und werden nicht mehr gesehen. (Ps. 36, 35 u. 36.): „Ich „sah einen Gottlosen überaus erhöhet, „und hochgewachsen wie die Cedern des „Libanons; und ich gieng vorüber, und „sieh', er war nicht mehr; ich suchte ihn „und sein Ort ward nicht gefunden."

§. 28.

Anreizungsmittel zur Demuth.

Von allen Seiten werden wir von dem Gewichte (der Schwere) der verdorbenen Natur gedrückt, und auf schlüpfrigen Grund gestellt, können wir nicht festen Fußes stehen, wenn uns die Rechte des Herrn nicht hält. Wenn wir uns von gröbern Sünden enthalten, so geschieht es (nur) mit Gottes Hilfe, der allen Anlaß zum Sündigen barmherzig von uns abhält; sonst haben wir von der Erfahrung unserer Lehrmeisterin, schon (zur Genüge) gelernt, was wir sind, die wir in der nächsten Gefahr stehen, zu fallen. Wenn je etwas Gutes in uns ist, so ist es sehr wenig und unvollkommen; und wenn es auch, aus reiner Absicht und ohne irgend eine böse Beimischung, gut wäre, wer dürfte für gewiß behaupten, daß er je eine That gethan, welche ohne alle Befleckung gut und Gott wohlgefällig gewesen sey, und nicht vielmehr mit unzähligen Unvollkommenheiten vermischt? Wer sucht so sorgfältig sein Seelenheil, oder strebt mit solchem Eifer nach Vollkommenheit, wie die Kinder dieser Welt Reichthümer suchen und nach Ehrenstellen streben? Auch wissen wir recht wohl, daß wir die schwersten Sünden begangen haben, über deren Vergebung wir ungewiß sind und nicht wissen, ob wir der Liebe oder des Hasses würdig seyen. Obgleich wir hoffen von Gott Gnade erlangt zu haben, so sind wir doch nicht gewiß, ob wir auch die Gabe der Standhaftigkeit besitzen, sondern alles Ungewisse ist auf die Zukunft aufbewahrt. Wie kann aber Jemand, der das erwägt, sich rühmen, oder etwas sich als eigen zuschreiben und auf sich selbst sein Vertrauen setzen? Ja, wer sollte sich nicht fürchten? Wer nicht offen und von Herzen bekennen, daß er nichts sey und nichts könne? Wie die Luft, wenn die Sonne untergeht dunkel und finster wird, so sieht die Seele nichts und kann nichts, wenn Gott sein Licht und seinen Beistand entzieht. Wenn Jemand diese Wahrheit recht eingesehen hat, so wird er wünschen, daß sie auch von Andern erkannt werde: und wenn er aufrichtig und von Herzen sich aller Verachtung und Schmach für schuldig hält, so wird er Verlangen haben, von Andern verachtet und für nichts gehalten zu werden; denn wenn er anders thäte, so widerstrebte er der erkannten Wahrheit. Die Wahrheit ist die unzertrennliche Begleiterin der Demuth, und je mehr die Seele in Erkenntniß der Wahrheit fortschreitet, desto klarer sieht sie ein, daß sie nichts sey und nichts könne.

§. 29.

Daß gar nichts Gutes in dem Menschen sey, dem die Demuth mangelt.

Von jedem Falle würde man leicht wieder aufstehen, wenn man sich vom Arzte sogleich ein Heilmittel erbäte, aber die Meisten sind so von der Hoffart verblendet, daß sie ihre Krankheit entweder nicht kennen, oder meinen, sie können sich schon mit eigenen Kräften heilen. Das ist die Ursache, warum die Gefallenen nicht aufstehen und in ihrem Schmutze vergehen, weil sie ihre Zuflucht nicht zu Gott nehmen und von seiner Gnade nicht abhängen wollen, wie es seyn sollte, sondern sich, mit Hintansetzung des Arztes, von sich selbst ein Mittel gegen ihre Krankheiten versprechen, woher es dann kommt, daß die Arznei selbst Krankheit wird. Es ist aber kein Mensch unglücklicher, als wer blind ist und meint, er sehe Alles deutlich; denn da er den Beistand eines Andern nicht sucht, so ist kein Abgrund, in den er nicht stürzen könnte. Jener alte Spruch „kenne dich selbst" von dem man sagt, daß er vom Himmel herab gekommen sey, ermahnet den Menschen, daß er einsehen lerne, aus sich selbst könne er nichts, aber Alles in Gott. Darum verlieren Viele, die in Schwachheiten krank darnieder liegen, ihre Seele, weil sie die Hilfe Gottes nicht anrufen, und ihre Hoffnung nicht auf denjenigen setzen, von dem der Apostel sagt (Philipp. 4, 13.): „Ich vermag Alles in dem, „der mich stärkt," von dem auch der Psalmist singt (Ps. 17, 30.): „Mit meinem Gott über= „steig ich die Mauer." Es ist nicht die wahre Demuth, die nicht hochherzig ist und nicht in die Höhe aufsteigt, festvertrauend auf die Hilfe dessen, der für uns Mensch geworden, um uns seiner göttlichen Natur theilhaftig zu machen. Wie glü= hendes Eisen nicht selbst Feuer ist, sondern vom Feuer brennt, das in ihm ist: so sagt man vom Menschen, er brenne nicht aus sich, sondern aus der ihm göttlich eingeflößten Liebe, die in ihm ist; und er leuchte, sagt man, nicht aus sich selbst, son= dern aus dem Lichte der Weisheit und Wahrheit, womit er vom Vater des Lichtes erfüllet ist. Wie auch ein Instrument nicht von sich selbst, sondern durch die Hand des Künstlers wirket; so sagt man vom Menschen, er wirke, indem Gott durch ihn Alles wirket; Gott, der Allen das Wollen und das Vollbringen giebt, und alle unsere (guten) Werke in uns thut. Wenn die Liebe, die Weisheit, das Licht vom Menschen weichen würden, so würde ihn augenblicklich Kälte und Frost, tiefe Unwissenheit und dicke Finsterniß befallen, und er wäre unnütze und untauglich zu jedem Gebrauche, wie das Instrument ohne den Künstler. Da also der Mensch aus sich nichts ist, nichts vermag, nichts hat, so soll er auch in nichts, als wäre es sein Mittelpunkt, verweilen; denn in Gott wird er Alles vermögen, wenn er erkannt hat, daß er selbst nichts sey und nichts könne.

§. 30.

Wer wahrhaft demüthig ist, achtet auf sich selbst und urtheilt nicht über Andere.

Die Demuth ist eine Tugend, durch welche der Mensch, aus völlig richtiger Selbstkenntniß, vor sich selbst geringe erscheint. Die Selbstprüfung verräth den Menschen von sich selbst: denn das Buch des Gewissens wird aufgeschlagen, die unglückliche Zahl der Lebensjahre wird durchgegangen, der Verstand wird erleuchtet, und die Seele wird genöthiget, vor sich selbst zur Rede zu stehen, und sich vor ihrem eigenen Richterstuhle zu stellen, um von sich selbst gerichtet zu werden. Wenn sie sich so selbst gerichtet haben wird, wird sie nicht mehr gerichtet werden. Wehe der Seele, die zum Verwundern eitel sich erhoben und über äußerliche Dinge sich ausgegossen hat und die innere Verdammung nicht verstöret. Daher fodert die heil. Schrift die Sünder auf, in's eigene Herz zurückzukehren. (Isai. 46, 8.): „Nehmet euch's zu „Herzen, ihr Uebertreter." Damit sie fleißig erforschen, was darin verborgen sey, und wenn sie dann ihr eigenes Elend erkennen, sich vom Beurtheilen (vom Richten) anderer Menschen enthalten. Die Meisten thun aber das nicht, und, was zum erbarmen und nie genug zu beweinen ist, während sie selbst höchst elend (lasterhaft) und in einer so dichten Finsterniß befangen sind, daß sie ihre eigenen Sünden und Laster nicht sehen können; so suchen sie dennoch die geringsten Unvollkommenheiten Anderer sehr pünktlich auf und beurtheilen sie auf das strengste. Es ist das nämlich eine (besondere) Eigenheit unvollkommener Menschen, daß sie sich mit dem Tadeln fremder Fehler in Einem fort abgeben, während sie sich selbst ganz und gar nicht kennen. Diejenigen dagegen, welche sich Mühe geben, ihr Inneres zu erforschen, kennen sich selbst gerade um so unvollkommener, je mehr sie in der Selbstkenntniß vorschreiten, weil sie von einem höhern Lichte erleuchtet immer deutlicher einsehen, wie weit sie noch von der wahren Heiligkeit und Vollkommenheit entfernt seyen. Deßwegen schauen sie nie auf Andere, wenn es ihnen je nicht als Pflicht obliegt; denn sie haben mit der Verbesserung der eigenen Fehler genug zu thun. Das ist die rechte Weise der Heiligen: gegen sich selbst strenge seyn und Anderer Fehler geduldig ertragen; denn es ist ein Beweis von großer eigener Unvollkommenheit andere Unvollkommene nicht ertragen zu können. Wie Gott, nach der Naturordnung Alles aus nichts erschaffen hat, so bringt Er auch, nach der Gnadenordnung, allen Tugendschmuck aus nichts hervor, d. i. aus reiner Seele, die sich innig bewußt ist und bekennt, daß sie nichts sey. Das ist eine kernhafte Tugend, die durch Verhöhnungen, Verachtung, Unbilden (Lästerungen) und unabläßige Uebung der Demuth bewähret wird. Fehlt es aber an Demuth, so ist das, was in irgend Jemanden als Tugend erscheint, nicht Tugend, sondern Täuschung und Heuchelei und ein eitles Trugbild der Tugend. Wer ohne Demuth Tugenden sammelt, der streuet Staub in den Wind.

§. 31.
Schilderung des wahrhaft Demüthigen.

Für wahrhaft demüthig muß der gehalten werden, der höher steht, als jede Erhöhung und tiefer als jede Erniedrigung: der in der Höhe stehend, durch dargebrachte Ehrenbezeugungen und Lobsprüche nicht noch mehr erhöhet (aufgeblasen), und in die Tiefe geworfen, niemals mit einer solchen Verachtung, Schande und Schmach angethan (gekränkt) werden kann, daß er sich nicht selbst sagte, er habe noch weit Schlimmeres verschuldet. Wahrhaft demüthig ist ferner, wer für nichts gehalten zu werden begehrt: wer Verlangen darnach hat, in der Meinung der Menschen nicht für demüthig, sondern für verwerflich gehalten zu werden, so daß alle meinen, er ertrage die Widerwärtigkeiten nicht aus Tugend, sondern aus Noth, weil er ihnen nämlich nicht entfliehen und sie nicht verhindern könne. Wenn es ihm begegnete, daß er sich in einem Worte oder in einer Handlung verfehlte, so schämt er sich nicht, vor denen, die dabei waren, Verzeihung zu erbitten, besonders wenn er etwa eine Lüge gesagt, oder von Jemand aus menschlicher Schwachheit übel gesprochen hätte, worin eine Art von Martyrthum liegt, wie ein großer Mann gelehrt hat. Ebenso, wenn er etwas gesagt oder gethan hätte, wodurch sein Ansehen vermindert würde, so hat er zwar Reue darüber, weil eine Beleidigung Gottes darin liegt, aber auch eine Freude über die Schande und Geringschätzung, die für ihn daraus entsteht. Solche Anlässe nimmt er mit ruhiger Seele an, thut jedoch vorsätzlich nichts, wodurch er verächtlich würde. Wenn seine Worte, die er ganz unschuldig (in bester Meinung) gesprochen, in verkehrtem Sinne ausgelegt werden; wenn die, welche er liebt, auf die er vertraut, denen er Gutes gethan, ihn schmähen und verfolgen und seinen Umgang meiden, und wenn er nach vielen Arbeiten nicht nur keinen Lohn empfängt, sondern vielmehr mit Beschimpfungen überhäuft wird; so beklagt er sich durchaus nicht, weil er seine Werke für nichts hält und nimmt seine Verachtung begieriger an, als Andere Ehre und Ruhm. Von Allen verlassen nimmt er seine Zuflucht zu Gott, in dem er alle Freude und alles Gute findet. Was immer ihn angeht, bedeckt er mit Stillschweigen und ist zu aller Schande und Schmach von Herzen bereit, wie ein Verstorbener und Begrabener, an den man nicht mehr denkt. Er unterwirft sich nicht blos seinen Obern und den, ihm Gleichgestellten, sondern sogar den Geringern, und zwar innerlich immer und äußerlich mit Berücksichtigung der Umstände und Wahrung seiner (Standes- oder Amts-)Würde. Er glaubt fest, daß er der unwürdigste aller Menschen sey, weil er seine Fehler mit den Vorzügen Anderer vergleicht, und dann weil er sich selbst nach dem betrachtet, was er aus sich selbst hat, Andere aber nach den Gaben, die ihnen Gott verliehen. Er wünscht verborgen und der Spott- und Spielball Aller zu seyn, und hält sich nicht nur aller Ehre und Bequemlichkeit, sondern selbst der Speise und des Trankes für unwürdig: und wenn er etwa Andern vorgezogen (vorgesetzt) wird, so erschrickt er und zittert und wird traurig, weil er sich für untauglich ansieht und jedes Amtes für unfähig. Das ist das Bild des wahrhaft Demüthigen, mit schwacher Feder entworfen, woraus jeder Christ wird abnehmen können, wie weit er noch von dieser Tugend entfernt sey, welche Christus, der für uns zum Spotte der Menschen und zum Auswurf des Volkes geworden ist, denen, die Ihm nachfolgen wollen, so nachdrücklich empfohlen hat. In Erwerbung dieser Tugend ist auch keine Gefahr, wenn sich auch Jemand selbst für geringer ansähe, als er wirklich ist. Ein großes Uebel ist es dagegen und eine schreckliche Gefährlichkeit, wenn er sich mehr erhebt, als ein Gerechter, oder wenn er sich für besser hält, als er wirklich ist. Wie es demjenigen, der durch eine Thüre eingeht, deren Oberschwelle nieder ist, nichts schadet, wenn er sich auch zu tief bücket, aber wenn er auch nur einen Querfinger breit höher einher geht, als es das Maaß der Thüre gestattet, anstößt, den Kopf anschlägt und eine Quätschung bekommt: so schadet auch der Seele keine Erniedrigung, wie tief sie auch sey, das größte Verderben aber bringt ihr jede, auch die geringste Erhebung. Daher, wer aller Gefahr des Stolzes entgehen will, der muß sich Niemanden, ich will nicht sagen, vorziehen, sondern nicht einmal gleichsetzen. So werden wir Christum, den Herrn, nachahmen, welcher, da Er Gottes Sohn war, Knechtesgestalt annahm, um uns das Vorbild der Demuth zu geben.

§. 32.

Der menschliche Wille muß dem göttlichen Willen unterworfen und gleichförmig seyn.

Keine Gabe ist Gott angenehmer, kein Opfer vor Ihm größer, als sich selbst dem göttlichen Willen unbedingt und in allen Stücken unterworfen und gleichförmig machen; denn seine hohe Majestät fodert von dem Menschen nichts anderes, als daß er sich als ein lebendiges, heiliges, wohlgefälliges Opfer darstelle. Wenn Jemand dieses recht dargebracht; so hat er fromm und heilig geopfert. Durch diese Gleichförmigmachung und Unterwerfung bringen wir nicht äußerliche Güter, nicht irgend eine einzelne Sache, sondern den eigenen Willen, das eigene Urtheil und den ganzen Menschen als ein vollkommenes Brandopfer dar, ohne irgend eine Ausnahme und ohne alle Beschränkungen. So oft also etwas vom Unsrigen in uns ist, so müssen wir jedesmal aus uns hinausgehen und uns selbst verlassen, bis Gott allein in uns ist, und bis wir zu Allem, was seine ewige Vorsehung über uns beschlossen haben mag, völlig bereit und gleichgiltig geworden sind. Denn Gott vollzieht sein Wohlgefallen in uns nicht, so lange etwas in uns ist, was Ihm widerstrebet und entgegen steht. Er verlangt ein ungetheiltes Herz und wer sich Ihm nicht ganz hingiebt, der giebt Ihm nichts. Es ist zwar der menschlichen Gebrechlichkeit erlaubt, etwas Eigenes zu wollen, aber man muß sich sogleich über sich selbst erheben und Dem anhängen, der Herr über Alle ist. Er ist der Schöpfer, wir die Geschöpfe; Er ist der Herr, wir die Knechte; Er allmächtig, wir ohnmächtig. Wir müssen daher unsern Willen bessern und seinem Willen unterwerfen und sagen (Matth. 26, 39.): "Nicht wie ich will, sondern wie Du "willst." Das sind die Worte Christi, des Herrn, wie Er zum Vater betete, und der uns in sich verklären will, damit wir von Ihm lernen, nichts zu wollen, als was Gott will. Was hätte auch Christus dem Willen des Vaters Zuwiderlaufendes wollen können? Deren Gottheit Eine ist, deren Willen kann nicht verschieden seyn. Deßwegen hat Er uns beten gelehrt (Matth. 6, 10.): "Dein "Wille geschehe wie im Himmel, so auch "auf Erden." Wie die Engel deinen Willen thun, so wollen wir ihn auch thun durch Befolgung deiner Gebote. Die Menschen thun ihren, nicht Gottes Willen, wenn sie thun, was sie wollen, nicht was Gott gebietet. Möchte doch der Kampf in uns aufhören, den der Apostel beschreibt, indem er sagt (Gal. 5, 17.): „Das Fleisch gelüstet „wider den Geist, der Geist aber wider „das Fleisch." So geschieht der Wille Gottes, wenn Fleisch und Geist vollkommen übereinstimmen, so daß keine fleischliche Begierden mehr übrig bleiben, mit denen der Geist kämpfen müßte. Es soll nichts im Körper seyn, was dem Geiste widerstrebt, und alle Begierlichkeit soll in Liebe verwandelt werden. Denn das ist der Wille Gottes, unsere Heiligung. Es ist Ein Gott und wer Ihm anhängt, ist Ein Geist und Ein Wille mit Ihm.

§. 33.

Alles ist von der Hand Gottes anzunehmen.

Die Summe aller Vollkommenheit besteht darin, daß wir Alles, was geschieht mit ruhigem Herzen aus der Hand Gottes annehmen und alle Sorge auf Ihn werfen, weil Er für uns sorgt (1. Petr. 5, 7.). Die heil. Schrift bezeugt, daß Alles, was die Welt Uebel nennt, die Sünde ausgenommen, welche das einzige und wahre Uebel ist, von Gott komme; es heißt (Sir. 11, 14.): „Glück und „Unglück, Leben und Tod, Armuth und „Reichthum kommt von Gott." Und in einer andern Stelle (Isai 45, 6. 7.): „Ich bin der „Herr und es ist kein Anderer; der Ich „das Licht bilde und die Finsterniß schaffe, „der Ich Frieden gebe und das Uebel „schaffe: Ich bin der Herr, der dieses „Alles thut." Da also, nach Gottes Wink, und nach der unveränderlichen Anordnung seiner verborgensten Rathschlüsse, Alles bei Ihm festgesetzt ist, was immer in der Welt geschieht; so ist es billig, daß wir Alles, was sich zuträgt, wie hart und bitter es auch wäre, als Zeichen seines besondern Wohlwollens gegen uns aus seiner Hand annehmen, und seiner Vorsehung uns überlassen, nicht unserer Klugheit, die immer furchtsam und unsicher ist, und Gottes Werk in uns zerstörete, Verläumbungen, Betrügereien, Diebstähle, Räubereien, Verfolgungen, Nachstellungen, Kriege, Schlachten, Krankheiten, Zerstörungen, Seuchen, Unfruchtbarkeiten und Elend aller Art, öffentliches oder häusliches, läßt Gott zu, und schickt sie um die Laster der Gottlosen zu bessern oder zu strafen, die Frommen aber zu prüfen und zu befestigen, und wenn uns so etwas zustößt, müssen wir uns an das Wort des geduldigsten Propheten halten, der von allen Gattungen der Uebel gequält, sagte

(Job 1, 21.): „Der Herr hat's gegeben, „der Herr hat's genommen. Wie es dem „Herrn gefallen hat, so ist es geschehen! „der Name des Herrn sey gebenedeit!" Die Herren geben treuen Knechten, was immer zu thun ist, ihre Befehle so, daß sie diese nicht wissen lassen wollen, welches den Zweck, welches die Absicht und der Grund ihrer Aufträge sey. So sollen auch wir der göttlichen Vorsehung uns unterwerfen wie unnütze und folgsame Knechte, und nicht zu wissen verlangen, was sie an uns, oder was sie an Andern geschehen lassen will. Und wir dürfen annehmen, daß der Herr auch uns sage, was Er zu Petrus sagte: (Joan 21, 22.) „Was „geht es dich an? du, folge Mir." Und wenn es manchmal geschieht, daß wir an der Ausübung guter Werke, die wir uns vorgenommen (angefangen) haben, durch Krankheit oder durch irgend eine Widerwärtigkeit verhindert werden; so soll uns das nicht betrüben; denn Gott weiß, was für uns besser ist. So werden wir beständigen Frieden und unzerstörbare Ruhe haben, und die Wahrheit wird allen Widerwärtigkeiten zurufen, sie sollen sich dem Orte nicht nahen, wo der Gott des Friedens wohnet.

§. 34.

Der göttlichen Vorsehung muß man sich in Allem völlig hingeben.

Es ist schon gut, daß man wünsche, von Gott gezüchtiget zu werden und Vieles für Ihn zu leiden, aber noch viel besser ist es, sich seiner Anordnung und seinem Wohlgefallen in Allem völlig hingeben und beten, daß Er uns führe, wie Er will. Das natürliche Leben giebt sich durch Bewegung und Empfindung, das übernatürliche Leben aber durch Unterlassung aller Bewegung und Entäußerung aller Empfindung zu erkennen. Denn wer sich seiner selbst entäußert und alle Bewegungen der Seele Gott überläßt, der lebt das Leben der Gnade und ist seiner selbst so entlediget, als wenn er nichts von sich selbst wüßte, wie ein Kind, das nur einen Tag auf Erden lebt. Was ihm immer begegnet; schaut er nicht auf sich selbst, sondern nur auf Gottes Willen und Vorsehung. Von dieser Welt eignet er sich nichts zu, als was Gott will, in dessen Hand er wie ein Werkzeug ruht, das nach dem Gutbefinden des Künstlers zu jeder beliebigen Arbeit verwendet werden kann. Er begehrt nicht die göttlichen Rathschlüsse (Gottes Absichten) zu ergründen, sondern er betet sie an in Demuth, und glaubet festiglich, daß sie allezeit gerecht seyen, wenn sie schon oft verborgen sind. Er will, was Gott will; wie Gott will und warum Gott will. Er richtet seinen Willen ganz nach dem göttlichen Willen, in Bezug auf alle Güter der Natur, der Gnade und der Herrlichkeit, so daß er sich enthält, selbst zu handeln, und sich, so viel möglich, seiner Freiheit selbst beraubt, damit nur Gottes Wille in ihm lebe und wirke. Denn der Wille der verdorbenen Natur liebt sich selbst am meisten und hat seine Freude am eigenen Thun, eben weil es ihm eigen ist, und wenn er auch einzig und allein die Ehre Gottes sucht, so sucht er sie doch durch eigenes Thun, und gefällt sich darin als in seinem Eigenthum. Da nun das so ist, so kann man erst dann, wenn er sich alles eigenwilligen Thuns enthält, und alles daraus entstehenden Gefallens sich gänzlich entäußert, sagen, daß er sich wahrhaft und vollkommen dem Willen Gottes hingebe und seinen Willen mit dem Willen Gottes auf das Reinste, vereinige, mit völliger Hintansetzung seiner selbst und aller Geschöpfe. Gottes Wille muß zwar nothwendig geschehen; denn der Herr hat Alles gemacht, was Er wollte,

und Niemand ist, der seinem Willen widerstehen
könnte; aber am besten geschieht er, wenn er in
uns und von uns vollzogen wird.

§. 35.
Nur den Beifall Gottes muß man
wünschen.

Im Willen Gottes muß man Frieden und
Ruhe suchen. Wenn wir gesündiget; wenn wir
Andere zum Sündigen verleitet haben; wenn aus
unsern Sünden viele Uebel entstanden sind; so
müssen wir freilich Reue haben und die Vergehungen
mit Thränen abwaschen und mit wohlverschuldeter
Züchtigung abbüßen, aber Verwirrung und Unruhe
des Gemüthes müssen wir vermeiden mit Besonnenheit der Besserung obliegen, und die Barmherzigkeit
Gottes anrufen, der uns fallen ließ, damit wir
lernen, uns nichts Großes einzubilden, sondern
uns zu fürchten, und nicht für das Unsrige zu
halten, was Gottes ist. In Demuth und mit
zerknirschtem Herzen müssen wir von Gott Gnade
und Verzeihung erwarten, wie ein Knecht die Ankunft seines Herrn mit der größten Geduld erwartet; denn er ist der Herr, er kommt wann er will.
Ein getreuer und kluger Knecht Gottes sucht nichts

und wünscht nichts als den Beifall des Herrn, und bei jedem Vorfalle spricht er aus Herzensgrund: (Matth. 11, 26.): „Ja, Vater! denn also „ist es wohlgefällig gewesen vor Dir." (Matth. 6, 10.): „Dein Wille geschehe." Ich bin bereit auf jeden Wink von Dir. Willst Du mich gesund oder willst Du mich krank haben? Willst Du mich deine Süßigkeit genießen, oder willst Du mich in Dunkelheit und beständiger Dürre schmachten lassen? Willst Du, daß ich Ueberfluß habe oder Mangel leide? Ich will, was Du willst, mach' mit mir, was Dir gefällig ist. Diese, dem Willen Gottes unbedingt Alles anheimstellende Gemüthsstimmung macht den Menschen für alle Leiden unerschrocken und unerschütterlich, und größer als jede Widerwärtigkeit, und befreiet ihn von aller Sorge und Aengstlichkeit, seiner selbst und aller Dinge wegen. Denn, wenn uns Christus verbietet, für Speise und Kleidung und andere Lebensbedürfnisse ängstlich zu sorgen; um wie viel verwerflicher wird die überflüßige und unnütze Sorge für das Uebrige seyn? Selbst der Frieden des Herzens geht verloren, wenn er ängstlich gesucht wird; daher muß man aller (ängstlichen) Sorgen sich enthalten, und in Gottes Willen allein Ruhe suchen. Die

Wißbegierde und Ergrübelung, womit wir oft unsere Zukunft erforschen möchten, wie es uns wohl noch ergehen werde, kömmt von der eigenliebigen Natur, die sich selbst liebt und etwas zu leiden fürchtet. Gott, der von der hohen Warte seiner Vorsehung Alles sieht, weiß am besten, was einem Jeden zuträglich ist, ordnet Alles herrlich und zuverläßig und nimmt jede Sorge für den Menschen auf sich, wenn Er sieht, daß dieser alle Sorge für sich auf Ihn geworfen habe.

§. 36.
Auch die Hoffnung unseres Heiles müssen wir Gott anheimstellen.

Der Mann, welcher mit christlicher Weisheit begabt ist, überläßt der göttlichen Anordnung nicht nur Alles, was zum Unterhalt des zeitlichen Lebens gehört und sorgt nicht für den morgigen Tag, wie es Christus befohlen hat, sondern er legt auch die Hoffnung seines Heiles in den Willen Gottes, der diejenigen nie verläßt, die auf Ihn hoffen. In dieser Hoffnung und in dieser Gleichförmigkeit des eigenen mit dem göttlichen Willen fest stehend, wirkt er sein Heil mit Furcht und Zittern, und erwartet gläubig ein barmherziges Gericht von seinem Herrn in dessen Geheimnisse einzudringen und den tiefen Abgrund seiner Rathschlüsse erforschen zu wollen, doch gar zu verwegen wäre. Es ist zwar gewiß, daß in diesem Leben, ohne besondere Offenbarung Niemand eine Versicherung (Sicherheit — Gemäß= heit) von seinem ewigen Heile haben könne, aber weit entfernt sey von einem Christenmenschen die Thorheit, daran zu verzweifeln. Das thun nur die, welche mit ganz hartnäckigem Willen in ihrem Unrathe verderben und in Sünden verharren wol= len. Wer aber bedenkt, daß er durch Christi Blut erlöset und durch das heil. Sakrament der Taufe eingeweihet worden sey, der hat eine sichere Zuflucht in Ihm, der dem, mit Thränen Bittenden und seine Sünden mit zerknirschtem Herzen Bereuenden seine Gnade niemals versagt hat. Die Rathschlüsse Gottes sind groß und überaus heilsam, und aus= gesucht nach allen seinen Absichten, und deßhalb weislich ausgesucht, weil Er wollte, daß uns unsere Auserwählung verborgen bleiben solle, damit die Sicherheit nicht Hoffart und Trägheit erzeuge und damit (1. Kor. 10, 12.) wer da meine, er stehe, wohl zusehe, daß er nicht falle. Weil aber nur Wenige auserwählet sind, muß der Gläubige mit Wenigen heilig leben, damit er seine Berufung sicher stelle und am Ende mit den Wenigen gekrönt zu werden verdiene. „Eng ist die Pforte und „schmal der Weg, der zum Leben führt, „und Wenige sind, die ihn finden," wie uns Christus, unser Erlöser lehret (Matth. 7, 14.). Wir müssen also auf dem schmalen Wege einhergehen, und immer, auch wenn wir gut zu wandeln scheinen, uns fürchten, weil Niemand der Gnadengabe der Beharrlichkeit gewiß ist. Man darf aber dennoch den Muth nicht verlieren (nicht verzweifeln), sondern muß seine Hoffnung auf Gott setzen und seinem Wohlgefallen den eigenen Willen unterwerfen für Zeit und Ewigkeit. Vielleicht sagt aber Jemand: es ist mir ungewiß, was Gottes Wille mit mir vorhat. Was ist es denn? Ist dir gewiß, was dein (eigener) Wille mit dir vor hat? In der That, nein! Wenn nun Beides ungewiß ist, warum setzest du deine Hoffnung nicht lieber auf den göttlichen Willen, als auf den deinigen? Höchst stolz und höchst unglückselig ist der, welcher sein Vertrauen auf sich selbst und nicht auf Gott setzet. Selig aber ist der, welcher auf den Herrn vertraut, dessen Verheißung zuverläßig ist, und in dem Keiner von allen, die auf Ihn hofften, zu Schanden geworden ist.

§. 37.

Daß der Geist und die Vollkommenheit der christlichen Religion in der Liebe bestehe.

Obgleich wir wegen des Glaubens und der Taufe Christen genannt werden und sind; so ist es doch nur die Liebe, in welcher der Geist und das Wesen unserer Religion besteht, und durch welche wir christlich leben können. Wie nämlich Gott aus übergroßer Liebe, womit Er uns geliebet hat, seinen Sohn in die Welt sandte, daß Er uns mit seinem Blut erlöse; so müssen auch wir Ihn von ganzem Herzen und aus allen Kräften lieben und den Nächsten wie uns selbst. Darin besteht die Liebe, nicht als hätten wir (zuerst) Gott geliebet, sondern Er hat uns zuvor geliebet und seinen Sohn gesandt zum Lösegeld für unsere Sünden. Das ist aber das größte und erste Gebot, von dem das ganze Gesetz abhängt und die Propheten. Das ist das Fundament unseres Glaubens, daß wir verstehen und erkennen die Liebe Gottes, weil wir, da wir Feinde waren, versöhnet worden sind durch Christus. **Das ist das Feuer, welches unser Erlöser selbst auf die Erde zu senden gekommen ist, und nichts Anderes will, als daß** es brenne (Luk. 12, 49.). Das war der Geist der ersten Christen, die Ein Herz und Eine Seele waren. Das ist gleichsam die Seele, welche den Leib der Kirche belebet. Das hat uns Christus, der Herr, als Kennzeichen angegeben, woran seine Nachfolger vor andern Menschen erkannt werden sollen, indem Er sprach (Joh. 13, 35.): „Daran „werden Alle erkennen, daß ihr meine „Jünger seyd, wenn ihr euch lieb habet „unter einander." In dieser Liebe Gottes und des Nächsten besteht die Vollkommenheit des christlichen Lebens, durch welches die Seele mit Gott vereiniget wird. Die Vollkommenheit aber ist ein Werk der göttlichen Gnade, und deßwegen müssen wir uns nicht auf unsere Kräfte verlassen, und nicht auf unsere Thätigkeit vertrauen, sondern unser ganzes Vertrauen auf Gott setzen und seinen Beistand unabläßig anrufen, daß Er uns von dem Uebel (der Sünde) erlöse, zu welchem wir so geneigt sind, und uns errette aus den Versuchungen der Feinde, deren Täuschungen und Nachstellungen zahllos sind. Wenn wir manchmal fallen und nach dem Fall den Muth verlieren, so ist das ein sicheres Zeichen, daß wir unsere Hoffnung auf uns selbst und nicht auf Gott gesetzt hatten. Denn wer auf sich selbst mißtrauisch ist, sieht seine Schwäche ein und bittet nur immer eifriger und streitet immer tapferer. Das Verlangen nach Vollkommenheit muß aber auch wirksam seyn und täglich wachsen, so daß es zur That antreibe, und niemals abnehme. Es ist nicht genug, die Vollkommenheit loben und Andern empfehlen, sondern wir müssen Hand an's Werk legen, damit wir nicht zu jenen gehören, welche die Unvollkommenheiten und Sünden verabscheuen, als wären es fremde nicht ihre eigene. Dann aber wird der Mensch vollkommen seyn, wenn er seine Seele Gott darbringt, rein, nackt, einfältig, ohne Bosheit und ohne Neigung zu den Kreaturen und abgewendet von aller irdischen Lust.

§. 38.

Von der rechten Ordnung der Liebe.

Derjenige lebt gerecht und heilig, welcher die Dinge richtig schätzt und in der Liebe die rechte Ordnung einhält, indem er wohl Acht hat, daß er nicht etwas liebe, was man nicht lieben, und etwas nicht liebe, was man lieben sollte, oder etwas mehr liebe, was weniger geliebt, oder in gleichem Maße liebe, was entweder mehr oder weniger, oder zu wenig oder zu viel, was auf gleiche Weise geliebt werden sollte. Daher haben weise Männer sich dahin ausgesprochen, die Tugend sey nichts Anderes, als die (rechte) Ordnung der Liebe, die Sünde aber ungeordnete Liebe. Es giebt zwar auch noch andere Neigungen, aber alle gehen aus der Liebe, als aus ihrer Quelle hervor, und wenn (die rechte) Ordnung in der Liebe ist, so sind alle Neigungen geordnet; wenn aber (die rechte) Ordnung in der Liebe nicht ist, so ist auch keine Ordnung in jenen, sondern Verkehrtheit und Verwirrung. Es giebt nämlich in dieser Welt keine Tugend als nach (der rechten) Ordnung lieben, was zu lieben ist. Das zu wählen ist **Klugheit**; und davon durch keine Beschwerniß sich abwenden lassen, ist **Starkmüthigkeit**; durch keine Reize, ist **Mäßigkeit**, und durch keine Hoffart ist **Gerechtigkeit**. Das ist aber die (rechte) Ordnung der Liebe, was die (rechte) Ordnung der Dinge ist, so daß vor Allem und über Alles Gott geliebt werden muß, außer dem nichts Besseres, nichts Höheres weder aufgefunden noch erdacht werden kann. Durch die Liebe zu Ihm, verbessern wir unsere Sitten, daß wir rein dem Reinen anhängen können. Unsere Sitten werden nach dem beurtheilt, was wir lieben; denn gute oder böse Sitten entstehen nur aus reiner oder unreiner Liebe. Die Seele hält und beobachtet die (rechte) Ordnung der Liebe, wenn sie aus allen Kräften das liebt, was über ihr ist, nämlich Gott, und andere Seelen wie sich selbst. Das ist das Gesetz der Liebe, daß der Mensch Gott liebe und den Nächsten und sich selbst. Es ist ihm aber kein Gebot gegeben, sich selbst zu lieben, weil Niemand sich selbst — mit Beobachtung der rechten Ordnung — anderst recht liebt, als durch die Liebe Gottes, von welchem die Kraft und das Maaß der Liebe entnommen werden muß. Wie wir die Menschen lieben müssen, entweder weil sie gerecht sind, oder gerecht seyn sollen; so muß auch Jeder sich selbst lieben, entweder weil er gerecht ist, oder gerecht seyn soll. Wer sich anderst liebt, liebt sich nicht recht, weil er sich liebt, als sollte er ungerecht seyn; wer aber die Ungerechtigkeit liebt, der hasset seine Seele. Es darf sich also Niemand um seiner selbst willen lieben, sondern wegen Gott, welcher der Endzweck aller Dinge und das höchste Gut ist, dem wir mit aller Liebe anhängen müssen. Denn wer sich um seiner selbst willen liebt, bezieht sich nicht auf Gott, und entfernt von dem unveränderlichen Gut, genießt er (nur) sich selbst und übertritt die, von Gott gegebene Ordnung der Liebe. Wir haben nämlich das Gebot empfangen, Gott aus ganzem Herzen, aus ganzer Seele und ganzem Gemüthe zu lieben, damit wir das ganze Leben, und den Verstand und alle Empfindungen der göttlichen Liebe zuwenden; und wenn uns etwas Anderes zu lieben vorkommt, dasselbe dahin bezogen werde, wohin die ganze Kraft der Liebe zielet. Den Nächsten aber soll Jeder, wie sich selbst, lieben und die ganze Liebe zu ihm und zu sich selbst auf Gott beziehen, damit auch der Nächste Gott von ganzem Herzen, aus ganzer Seele und aus ganzem Gemüthe lieben möchte. Da also die Liebe Gottes den Vorzug hat, so daß, was sonst noch zu lieben ist, in Ihm zusammen läuft, so ist Er vor Allen und über Alles zu lieben, das Uebrige aber in Ihm und wegen Ihm, damit unsere Liebe recht geordnet sey.

§. 39.

Von der Nächstenliebe.

Gott kann weder ohne den Nächsten noch der Nächste ohne Gott geliebet werden; denn (I. Joh. 4, 20.) „wir haben ein Gebot von Gott, „daß, wer Gott liebt, auch den Bruder „lieben soll. Wenn Jemand sagt: Ich „liebe Gott, und hasset doch seinen Bru= „der, der ist ein Lügner. Denn wer sei= „nen Bruder, den er sieht, nicht liebet, „wie kann er Gott lieben, den er nicht „sieht?" Der uns befohlen hat, den Nächsten zu lieben, nimmt aber keinen Menschen aus, nicht den Lasterhaften, nicht den Armen, nicht den Frembling, nicht den Feind, Alle, welchen Standes sie nur immer seyn möchten, muß man aufrichtig lieben (I. Tim. 1, 5. und I. Joh. 3, 18.) „aus reinem Herzen und unverfälschtem Glauben, nicht mit Worten und mit der Zunge, sondern in der That und Wahrheit," weil die Probe der Liebe Beweis der Sache ist. Wie Christus uns geliebet und sich für uns hingegeben hat, nicht weil Er an uns etwas der Liebe Wür= diges gefunden hätte, sondern aus Liebe, womit

Er Gott liebte; so müssen auch wir in Gott und wegen Gott Alle lieben mit jener Reinheit, womit wir uns einst im Himmel lieben werden, ohne alle Rücksicht auf das Gute, das aus ihnen hervorleuchtet, als in wie ferne es von Gott kommt und auf Ihn bezogen wird. Die Gerechten sind durch solche Liebe mit einander verbunden, daß Jeder sich freuet, in dem Andern zu haben, was er selbst nicht in sich hat, und wenn er Etwas vor den Andern hat, er es mit größter Freude, den Andern mittheilet. Wie wir durch die Liebe, womit wir Gott lieben, Ihm Alle anhängen und Ein Geist mit Ihm werden: so sind wir durch die Liebe des Nächsten Alle unter uns Eines, so daß das Gute der Einzeln Allen gemeinschaftlich ist, und Jeder im Andern besitzt, was er selbst in sich nicht hat. So werden alle Gebote gehalten; so wird alle Gerechtigkeit erfüllt. Denn die Liebe ist die wahreste, die vollste und die vollkommenste Gerechtigkeit. Der Anfang der Liebe ist Anfang der Gerechtigkeit; der Fortschritt in der Liebe ist Fortschritt in der Gerechtigkeit; vollkommene Liebe ist vollkommene Gerechtigkeit; welche dann in diesem Leben den höchsten Grad erreicht hat, wenn um ihretwillen das Leben selbst für nichts geachtet (für sie hingegeben) wird.

§. 40.

Welches die Art und Weise der brüderlichen Liebe sey.

Die Art und Weise den Nächsten zu lieben ist in zwei Geboten enthalten: „Thue einem Andern, was du willst, daß dir gethan werde; und thue einem Andern nicht, was du nicht willst, daß es dir gethan werde." Daher soll sich Jeder, im Angesichte Gottes, selbst prüfen, was das sey, was er will oder nicht will, daß es ihm von Andern gethan werde. Und wenn er wünscht, daß er von Niemanden verachtet werde, daß Andere mit ihm Mitleiden haben, seine Fehler geduldig ertragen und gut von ihm sprechen sollen: so soll er ihnen die nämlichen Dienste thun. Es ist das Zeichen eines verkehrten Herzens, wenn wir Andern das thun, was wir von ihnen nicht leiden wollen. Ein wahrer Jünger Christi untersucht die Sitten Anderer nicht, sondern überläßt diese Untersuchung dem, welchem der Vater alles Gericht übergeben hat. Er bemühet sich die eigenen Gebrechen kennen zu lernen, und beschäftigt sich damit, diese zu heilen. Sich selbst richtet er strenge und hält sich selbst für den größten aller Sünder. Stets bleibt er ruhigen Gemüthes, was er auch immer sehen oder hören mag: ist es Gutes, so lobt er dafür Gott; ist es Böses, so kehrt er es in's Gute, indem er sein Gemüth davon abwendet und es zu Gott erhebt, und dieß ganz ruhig ohne alle Angst und Erschütterung. Bei Ahndung fremder Fehler, wenn sie ihm als Pflicht obliegt, oder das Gebot der brüderlichen Zurechtweisung sie fodert, zeigt er einen milden, wohlwollenden und mit fremder Schwachheit Mitleiden habenden Eifer; denn Strenge und Aufbrausen ist der Liebe ganz zuwider. Er entschuldiget, wenn es je möglich ist, was Andere nicht ganz gut gethan haben, und enthält sich des Urtheilens; denn er kennt die Beschaffenheit menschlicher Zustände und weiß, daß nichts so heilig ist, das nicht in irgend einer Beziehung getadelt werden könnte, wenn der Mensch seinem Urtheil Zaum und Zügel schießen lassen und Alles, was ihm vorkommt, übel deuten will. Ueberall giebt es Sünder, wo Menschen sind. Von diesen die höchste Vollkommenheit verlangen, heißt nichts Anderes, als unter dem Schein des Eifers, der eigenen Unduldsamkeit schmeicheln die nichts Ungeordnetes oder Belästigendes an Andern ertragen kann. Wer sich mit dem Beurtheilen und Richten frember Fehler abgibt, der wird in der Vollkommenheit selbst niemals fortschreiten.

§. 41.
Welches die wahre Freundschaft sey.

Die Freundschaft besteht in der Mittheilung der Güter; darum wird sie gerade so beschaffen seyn, wie die Güter beschaffen sind, welche sich Freunde gegenseitig einander mittheilen. Es giebt aber keine wahren Güter als die ewigen, überirdischen, durch deren Mittheilung die wahre und dauerhafte Freundschaft begründet wird. Die fleischliche Freundschaft löset sich sehr leicht auf, weil die Geister durch die Sinnlichkeit nicht verbunden werden können. Die geistliche Freundschaft aber ist unzerbrechlich; denn obgleich unter Freunden auch manchmal eine Irrung eintritt; so besiegt doch die Liebe Gottes alle Heftigkeit und Strenge und hebet sie durch ihre Milde. Durchaus schädlich aber und zu fliehen ist jene Freundschaft, welche das Herz an die geliebte Person heftet. Hier müssen die ersten Gefühls-Erregungen ohne Weiteres unterdrückt werden, damit sie nicht durch ein gewisses süßes Gift die Seele anstecken. Diese Freundschaft verräth sich leicht, wenn alle Gedanken und

Empfindungen sich beständig mit dem, welchen man liebt, beschäftigen, wenn das Herz in demselben wie in seinem Mittelpunkte ruht, und wenn wir ihm, wie einem Götzen alle unsere Handlungen opfern. Es kann auch wohl geschehen, daß eine solche Freundschaft unschädlich und unschuldig zu seyn scheint; denn das Herz verweichelt nach und nach, und wird zuletzt ganz Fleisch. Fromme Menschen sind immer besonnen, ernsthaft und gesetzt, gegen Alle wohlwollend, Niemanden schmeichelnd, mit Wenigen vertraulich. In ihrem Umgange leuchtet Bescheidenheit, Klugheit, Ernst und strenge Gerechtigkeit hervor. Ihr Leben ist ein inwendiges; nach außen machen sie kein Aufsehen, weder mit Worten noch mit Werken. Weil es aber nothwendig ist von Zeit zu Zeit mit Menschen umzugehen, so schließen sie, was sie gesehen und gehört, sogleich von ihrer Seele wieder aus, und hängen Gott allein an. Mit denjenigen, die andere Wege wandeln, nach andern Zwecken streben und andere Grundsätze haben, handeln sie vorsichtig, weil die, welche ungleiche Ueberzeugungen haben, auch ungleiche Gesinnungen hegen, und weil der irdische Mensch und der himmlische nicht übereins kommen können, indem nämlich Keiner des Andern Sprache versteht. Wie die Pestkranken die, welche ihnen nahe kommen, durch den bloßen Hauch anstecken; so liegt auch in den fleischlichgesinnten Menschen ein gewisses Gift verborgen, welches die Nahestehenden sogleich ansteckt, wenn sie sich nicht weit von ihnen zurückziehen. Kein Kranker wird dadurch geheilet, daß er sich einem Gesunden nahet; die Gesunden aber, wenn sie mit Verpesteten in Berührung kommen, werden von der nämlichen Seuche befallen.

§. 42.
Welche Dienstleistungen Freundschaft bewirken.

Alle Menschen wünschen, vermöge eines gewissen Naturtriebes, Andern zu gefallen und von ihnen geliebt zu werden, und geben sich alle Mühe die Freundschaft verschiedener Menschen zu erwerben. Aber diese Freundschaft wird niemals fest und aufrichtig seyn, wenn nicht die Liebe Gottes die Herzen mit einander vereinigt. Die Freundschaft, welche nur durch menschliche Dienstleistungen zu Stande kommt, ist eine Art Kaufmannswaare und dauert nur so lange, als davon irgend ein Vortheil bezogen oder erwartet wird. Die Geselligkeit und feine Sitte die wir von Freunden mit allem Ernste fodern, ist ein Spiel mit Worten und nichts als Eitelkeit und Täuschung. Denn jene, welche Dienste dieser Art recht häufig und artig zu leisten pflegen, versprechen zwar Vieles; wenn ihnen aber etwas angesonnen wird, dann zeigt es sich erst, wie eitel jener Wortkram gewesen sey. Es ist darin nichts Wahres, nichts Zuverläßiges, nichts Aufrichtiges. Würden die Menschen Gott von ganzem Herzen lieben; so würden sie auch dem Nächsten ungeheuchelte Liebe zuwenden. Es bestünde unter ihnen der höchste Friede und gäbe keine Streitigkeiten, keine Spaltung, keine Zwietracht. Niemand würde dem eigenen Willen, sondern nur dem göttlichen anhängen. Wo die Liebe des göttlichen Willens ist, da vereiniget sie die Gemüther und stimmt sie so, daß Jeder will, was der Andere will, und alle mit einander wollen, was Gott will. Denn da alle unsere Wünsche auf das, was wir vor Allem lieben, als auf den Mittelpunkt abzielen; so wäre, wenn die Liebe Gottes in Allen herrschte, auch in Allen nur Ein Wille, Eine Liebe, und vollkommene Einigkeit. Allein, weil die Einzelnen sich selbst und ihre Vortheile lieben, und die Absichten und Neigungen der Einzelnen gar verschiedene

sind, so geschieht es, daß Keiner das Gute und
den Vorzug des Nächsten anerkennt, wenn für
ihn daraus kein Nutzen entspringt. Es sey Jemand ein tiefdenkender Philosoph oder ein ausgezeichneter Mathematiker, mit großer Wissenschaft
und Tugend begabt; wenige werden ihn lieben;
wenn er aber Ueberfluß an Reichthümern besitzt
und sie mit freigebiger Hand ausspendet, so laufen
ihm Alle nach, weil nämlich nur wenige Wissenschaft und Tugend lieben, Alle aber das Geld.
Daraus aber entstehen die Kriege, die Zwistigkeiten
und Feindschaften, weil Einer den Andern um
seine Güter beneidet, wenn sie seinem eigenen Vortheile im Wege stehen. Niemand liebt sich selbst
in soferne er als Mensch mit allen Uebrigen die
Menschheit gemein hat, sondern er steht nur auf
sich selbst, und sondert sich von Andern ab, stimmt
auch nicht mit den übrigen Menschen, sondern
nur mit sich selbst überein: und weil er seine Liebe
nicht aus sich hinaus gehen läßt, so werden Andere derselben nicht theilhaftig, als etwa in soferne
sie auf ihn Bezug haben und ihm dienen. Das
bedenkt der Weise und darum, wenn er schon absichtlich nichts thut, wodurch er sich den verdienten
Haß Anderer zuziehen könnte, hat er doch (große)

Scheue vor den eiteln Freundschafts-Verbindungen
mit Weltmenschen. Sehr angenehm ist ihm die
Einsamkeit und das sanfte Stillschweigen und
überaus süß die Unterhaltungen mit Gott, in dem
er allein, alle Freude, alles Vergnügen und allen
Trost findet.

§. 43.

Anlässe zur Ausübung der Nächstenliebe.

Zu Ausübung der Nächstenliebe fehlt es nie=
mals an Anlässen. Es giebt so viel menschliche
Leiden, bald körperliche, bald geistige, daß wir kaum
einen Schritt thun, kaum die Augen umwenden
können, ohne daß uns Viele begegnen, die unserer
Hilfe bedürfen. Und zwar vor Allem bedürfen
die Gerechten unserer Hilfe und unserer Gebete,
damit sie mit Gottes Gnade in der Gerechtigkeit
ausharren; denn wir haben viele Beispiele von
großen Männern, die durch eine sehr leichte Ver=
suchung verführt, in erbärmlichem Sturze aus der
Gnade Gottes gefallen sind und die Hoffnung des
ewigen Lebens verloren haben. So groß ist die
Gebrechlichkeit (Schwachheit) der gefallenen Natur,
so groß die Wuth des Teufels, so groß die Em=
pörung des Fleisches, so groß die Gewalt böser

Gewohnheiten, so groß das Verderben der Welt, daß Niemand sicher seyn kann. Sodann bedürfen unserer Hilfe und Unterstützung die, welche in den Banden der Sünde verstricket sind, für die man beten muß, daß sie in ihrem Sündenunrathe nicht völlig zu Grunde gehen; denn sie können nicht aus ihren Kräften aufwachen und sich erheben, wenn nicht der allmächtige Gott von der hohen Himmelswohnung (auf sie) herabschaut, und ihnen die Hand zur Hilfe bietet. Im nämlichen Elende befinden sich alle Ungläubigen, deren eine unzählbare Schaar täglich in die Hölle hinabsteigt. Körperliche Leiden aber giebt es ohne Ende. Viele werden gequält von Hunger, Durst, Blöße, Schulden, Streitigkeiten und Krankheiten. Andere von Feindseligkeiten, Verfolgungen, Lästerungen, Güterverlust, Kerker, Gefangenschaft und sonstigen elenden Zuständen. Nicht geringer ist die Noth derjenigen, die zwischen Furcht und Hoffnung mit dem Tode kämpfen, in dem schrecklichen Augenblicke, von welchem die Ewigkeit abhängt. Endlich in der größten Noth (Bedrängniß) befinden sich die Seelen der Verstorbenen, die mit den strengsten Strafen gepeiniget werden, und deren ganze Hoffnung auf den Fürbitten der Lebenden beruht. Auf alle diese müssen sich die Uebungen unserer Liebe und unseres Erbarmens, so weit es Gott giebt, erstrecken, durch Almosen, Rathschläge, Gebete und andere Mittel und heilsame Dienstleistungen. Christus nimmt die Wohlthaten, die wir ihnen erweisen, als Ihm geleistet an, und wird uns dafür am jüngsten Tage reichlichen Lohn geben.

§. 44.
Daß man die Feinde lieben müsse.

Eine heroische Tugend, eine Heldentugend, und die Vollkommenheit des evangelischen Gesetzes ist die Feindesliebe, die Christus verkündet mit den Worten (Matth. 5, 44—45.): „Ich aber sage „euch: Liebet eure Feinde, thut Gutes „denen, die euch hassen, und betet für die, „welche euch verfolgen und verläumden, „auf daß ihr Kinder seyd eures Vaters, „der im Himmel ist, der seine Sonne über „die Guten und Bösen aufgehen und „über die Gerechten und Ungerechten „regnen läßt." Dieses Gesetz ist hart für Fleisch und Blut, und deßwegen erhebt der Gesetzgeber die Gemüther zum Himmel, indem Er spricht: „auf daß ihr Kinder seyd eures Vaters, der im Himmel ist," damit wir unsere fleischliche Geburt hinansetzen und nach jener Geburt leben sollen, durch die wir in Christus wiedergeboren sind. Er fodert aber von uns nicht blos, daß wir unsere Feinde lieben, sondern daß wir ihnen überdieß auch noch Gutes thun, immer gut von ihnen denken und reden, und für sie beten sollen: sonst wird uns unser Vater auch unsere Sünden nicht vergeben, wie derselbe Herr angedrohet hat (Matth. 6, 15.). Auch der Apostel sagt (Röm. 12, 20.): „Wenn dein Feind Hunger hat, „so speise ihn; wenn er Durst hat, so „tränke ihn." Dann heißt es (V. 21.): „Laß „dich nicht vom Bösen überwinden, son„dern überwinde durch das Gute das „Böse." Daß wir von Menschen nicht überwunden werden, das steht nicht in unserer Macht, aber daß wir vom Bösen nicht überwunden werden, das ist uns gegeben. Vom Bösen wird aber überwunden, wer Diejenigen haßt, die ihm wehe thun; durch das Gute überwindet aber das Böse, wer dieselben aufrichtig und von Herzen, wie große Wohlthäter liebet, und wenn sie in ein Unglück kommen, Mitleiden mit ihnen hat, und ihnen in ihren Nöthen gerne und mit Freuden beispringt.

Von dieser Wahrheit überzeugt die Liebe besser, als alle Beweise der Gelehrten. Daher ist nicht das Böse zu fürchten, welches uns die Menschen durch Worte oder Thaten zufügen können, sondern vielmehr das, welches wir uns selbst anthun durch den Haß derselben, durch Ungeduld und Rachbegierde. Nur die Liebe allein macht uns unüberwindlich und größer als alles Uebel. „Viele „Wasser, der Widerwärtigkeiten und Verfolgun„gen, vermögen die Liebe nicht zu löschen, „und die Ströme reißen sie nicht hinweg" (Cant. 8, 7.). Es muß ein großes Feuer seyn, das den Ueberschwemmungen der Gewässer widersteht.

§. 45.
Das wahrhaft Gute muß man lieben.

Gott ist uns das höchste Gut, das uns von ganzem Herzen, aus ganzem Gemüthe und aus allen Kräften zu lieben befohlen ist, und dahin ist durchaus zu streben und weiter nichts Anderes zu suchen; darauf müssen alle unsere Unternehmungen gerichtet seyn. Denn die Liebe des höchsten Guts schließt jede Tugend in sich ein. Die Liebe ist nämlich Mäßigkeit, die den Menschen in Gott unverletzt und unverdorben bewahret; die

Liebe ist Starkmüthigkeit, welche wegen Gott Alles standhaft erträgt; die Liebe ist Gerechtigkeit, welche Gott allein dienet und alles Uebrige, was unter Gott steht, wohl beherrschet; die Liebe ist endlich Klugheit, welche wohl unterscheidet was dazu hilft, zu Gott zu gelangen, von dem, was daran hindern kann. Das höchste Gut selbst aber muß nicht (aus Rücksicht) auf Lohn oder aus eigenem Vortheil, sondern um seiner selbst willen geliebet werden, um seiner Güte willen, welche kein anderes Gut übertrifft, weil sie unendlich und der höchste Endzweck ist. Daher kann man sagen, die Liebe Gottes sey vollkommen, wenn alles Gute um seinetwillen geliebt wird, von dem und durch den es gut ist; wenn Gott ohne Maß geliebet wird, so daß der menschliche Wille seiner höchsten und unermeßlichen Güte, wenn schon nicht gleich, doch so viel möglich, nahe kommt, und seiner Liebe weder Ziel noch Schranke setzt, und endlich, wenn Gott über Alles geliebet wird, weil alles andere Gute, mit der göttlichen Güte verglichen, wie nichts zu achten ist. Sehr sorgfältig muß man aber auf der Hut seyn, daß der Ernst und die Thätigkeit des Willens in der Liebe Gottes, durch den Genuß und Gebrauch sinnlicher Güter nicht nach und nach abnehme. Denn die Neigungen sind zum Ewigen und Unbegreiflichen, weil es den Sinnen entfernt liegt, langsamer, zum Sinnlichen aber schneller, wenn auch jenes höher geschätzt wird. Sodann sucht die Natur sich selbst, und da sie sehr lästig ist, so ersinnet sie so viele Ränke, um uns zu betriegen, und so viele Ausflüchte, hinter welche sie sich versteckt, daß wir ihren Fallstricken kaum entgehen können. Wie ein volles Gefäß nicht aufnehmen kann, was es nicht schon hat, wenn es nicht das ausschüttet, womit es angefüllt ist; so muß auch die böse Weltliebe von uns ausgeschüttet werden, damit wir von der Liebe Gottes erfüllet werden können. „**Habet nicht lieb die Welt**" sagt der Apostel, den Jesus liebte, (I. Joh. 2, 15.) „**noch was in der Welt ist**," mit welchen Worten wir verwarnet werden, die Dinge, die Gott erschaffen hat, nicht so zu lieben, daß wir darüber den Schöpfer vergessen. Sie scheinen schön (diese Dinge) aber um wie viel schöner ist der, der sie gemacht hat? Gott hat sie uns gegeben, daß wir sie, wegen **Ihm gebrauchen, Ihn selbst aber genießen**. Wer außer Gott sein Gutes sucht, wird es nie finden. Wer aber Gott über Alles liebt, wird auch von Ihm geliebt, und wenn Er uns liebt, was für ein Gut kann uns dann mangeln? Wahrlich, Er liebt uns immer, wenn wir nie aufhören Ihn zu lieben.

§. 46.

Worin die Liebe Gottes bestehe.

Darin vorzüglich zeigt sich die Liebe Gottes, wenn wir mit freudigem Herzen Vieles für Ihn erdulden. Denn Lieben ist leiden und wer mehr leidet, liebt mehr. Die Apostel giengen fröhlich vom Angesichte des hohen Rathes weg, weil sie würdig erfunden wurden, für den Namen Jesu Schmach zu leiden. Zarte Empfindungen gegen Gott und daraus entspringende Thränen sind eine Wirkung der Natur, die zu Empfindungen sehr geneigt ist. Wahre Tugenden und dauernde Freuden entspringen aus thätiger und gehorsamer Liebe. Denn wer liebt, gehorcht mit willigem Herzen und mit größter Freude dem, den er liebt in Allem, nicht aus Furcht der Strafe, sondern aus Liebe zur Gerechtigkeit, und wenn ihm etwas, seinen Sinnen Schweres und Hartes befohlen wird, das macht ihm die Liebe ganz leicht und angenehm. Aus keiner andern Ursache bezeugt die hl. Schrift

(I. Joh. 5, 3.): „die Gebote Gottes seyen „nicht schwer," als damit die Seele, welcher sie schwer vorkommen, einsehe, daß sie noch nicht recht liebe, und sich von Gott Gnade erbitte, wodurch sie leicht und süß werden. In Beobachtung der Gebote Gottes haben diejenigen Mühe, welche blos aus Furcht thun, was recht ist, „aber „(I. Joh. 4, 18.) die vollkommene Liebe „treibet die Furcht aus" und macht die Last des Gesetzes leicht, die (dann) nicht nur nicht drückt, sondern wie auf Flügeln in die Höhe erhebet. Der Knecht, der seinen Herrn liebt, gehorcht seinen Befehlen auf das Bereitwilligste und je schwerer und schwieriger das ist, was befohlen wird, desto bereitwilliger thut er es, auch wenn die härtesten Arbeiten zu übernehmen sind; denn der Liebe kommt nichts zu hart und nichts zu schwer vor. Der böse Knecht aber, der seinen Herrn nicht liebt, sondern fürchtet, achtet des Herrn Befehle wenig und sucht sich, unter allerlei Schein und Vorwand, von dem, seinem Herrn schuldigen, Gehorsam los zu machen, und dessen Befehle zu umgehen. So liegt denn auch der Beweis vor, daß es Demjenigen an der Liebe Gottes mangle, der durch menschliche Vernunftschlüsse für sich eine Ausnahme von der

Verbindlichkeit des Gesetzes herauszubringen sich Mühe giebt, und laxere Meinungen (schonendere, nachgiebigere Ansichten) und solche Lehrer sucht, welche den Ohren schmeicheln, der verderblichen Freiheit das Wort reden und die Gebote Gottes und der Kirche durch so vielerlei Unterscheidungen und heillose Auslegungen entkräften, daß kaum noch von einem Gebote die Rede seyn kann. So leben denn die Menschen nicht, wie sie **sollen**, sondern wie sie **wollen**, weil es über die menschlichen Handlungen so vielerlei Meinungen (Ansichten) giebt, daß fast Alles erlaubt ist, was gelüstet. Vor dem schrecklichen Richterstuhle Christi werden wir aber nicht nach den Meinungen, sondern nach dem Gesetze Gottes und der Wahrheit gerichtet werden. Da wird keine Meinung gelten, sondern nur nackte Wahrheit. Ich weiß zwar, daß nicht jede Probabilität (Wahrscheinlichkeit, Erweisbarkeit, Glaubhaftigkeit) verworfen werden könne, aber ich fürchte, daß das, was Vielen probabel (glaubbar, erweisbar, wahrscheinlich) scheint, im letzten Gerichte als durchaus falsch erfunden werde; ich fürchte, daß die all' zu große Meinungs-Freiheit Viele in's Verderben stürze. Das sieht aber nur der ein, welcher Gott mit heißer, immer zum Gehorsam gegen Ihn bereitstehender, Liebe liebet; denn die Seele ergießet sich durch die Liebe ganz in Gott, den sie liebet, und es wird aus Ihm und der Seele Ein Geist, Ein Wille, wie die Schrift sagt (I. Joh. 4, 16.): „Gott ist „die Liebe, und wer in der Liebe bleibet, „der bleibet in Gott, und Gott in ihm." Aus dieser Einheit entsteht die wahre Freude, welche die Seele mit unaussprechlichem Entzücken genießt, weil sie das Gut wirklich besitzt, welches sie liebet und Ihm und seinen Geboten und Winken fest anhängt; denn von Ihm und durch Ihn und in Ihm ist Alles, was gewunschen werden kann. Das ist also das Zeichen, woraus der Mensch erkennen mag, daß er Gott anhänge und mit Ihm vereiniget sey: wenn all' sein Streben, all' sein Verlangen, all' sein Unternehmen, was er immer hoffet und siehet und spricht und verstehet, Gott ist.

§. 47.
Welches die vollkommene Liebe Gottes sey.

Allen Menschen ist ein Verlangen nach Wissen (Kenntnissen, Einsichten) angeboren, und je mehr Jemand weiß, desto mehr wächst die Begierde, noch mehr zu wissen, und wenn er zu jener Stufe gekommen ist, daß er glaubt, er wisse nun Alles, und habe das Höchste von Gott begriffen; so erfüllet ihn hohe Freude und Lust, und er liebet dann sein Wissen als die beste Sache, die der Grund seiner Freude ist: daher kommt es denn aber, daß er das Wissen selbst mehr liebt, als das, was er weiß. So hatten die Weltweisen, wenn sie Gott erkannten, nicht eigentlich Gott verherrlichet, sondern sie verloren sich in ihren Gedanken, indem sie sich selbst und ihre Wissenschaft liebten, nicht Gott. Eben so sind auch unter den Christen viele, welche die Erkenntniß und Liebe Gottes höher schätzen und mehr lieben als Gott selbst und sein Wohlgefallen (s. Willen). Es ist zwar schwer, in einen gut verfertigten Spiegel zu schauen, ohne daß der Mensch sich selbst darin sehe, aber wenn wir in Gott, als den allerhellesten Spiegel schauen, obgleich es nicht anders geschehen kann, als daß wir uns selbst sehen in Ihm, der Alles sieht; so müssen wir doch blos bei der Liebe der göttlichen Schönheit und Güte stehen bleiben, und keine Rücksicht nehmen darauf, daß wir uns selbst gesehen und auf die Lust, die daraus hervorgeht. Sonst lieben wir uns selbst, während wir meinen, wie sehr wir

Gott lieben. Gott ist ein Geist und das reinste Wirken, Ihn muß man im Geiste und in der Wahrheit anbeten und lieben, was nur dann recht und rein geschieht, wenn wir Ihn einzig wegen seiner selbst und wegen seiner unendlichen Güte lieben, keineswegs aber auf uns selbst und auf unsere Vortheile und unsere Lust Rücksicht nehmen.

§. 48.

Daß die praktische (die thätige und ausübende) Wissenschaft mehr zur Liebe beitrage als die spekulative, (die erforschende).

Wie ein Bauer, ohne alle Gelehrtheit und wissenschaftliche Bildung, der die Sonne alle Tage sieht, und ihren Glanz und ihre Wärme genießt, das Licht inniger liebet als ein, mit vieler Wissenschaft begabter, Blinder, der vom Lichte und seinen Ursachen und Wirkungen Vieles aus den Lehrsätzen der Gelehrten erlernet hat; so liebt auch ein einfältiger, frommer Mensch Gott mehr aus seiner praktischen Kenntniß des Glaubens, als der tiefsinnigste Theolog (Gottesgelehrte) blos aus seiner Spekulation (aus seinen Forschungen). Ein gelehrter und kenntnißreicher Mann in der nördlichen Region (am Nordpol) wo es keine Weinreben giebt und Niemand Wein trinkt, könnte über den Weinbau, das Weintrinken, dessen Wirkungen und Eigenheiten viel und richtig lehren; aber er wird doch, weil er selbst nie Wein verkostet hat praktisch (aus Erfahrung) nicht wissen, was der Wein sey, wie er des Menschen Herz erfreue, wie er berausche und er wird niemals die genaue Kenntniß vom Weine bekommen, welche der bäuerliche Winzer hat, der alle Tage selbst Wein trinkt. Eben so geschieht es auch, daß Jemand aus dem (gemeinen) Volke, der nicht einmal lesen kann, von Gott und göttlichen Dingen aus Kenntnissen der Erfahrung Tieferes — Höheres zu sagen vermag, als ein Mann von großem Rufe, der die ganze Zeit seines Lebens sich mit theologischen Studien befaßt hat. Die Erfahrung übertrifft nämlich die Forschung (Spekulation) und Liebe die Wissenschaft und man kommt viel leichter zu Gott durch das Gefühl des Herzens, als durch Kenntnisse (des Verstandes). Wir müssen daher alle Kräfte der Seele mehr dem Gefühle und dem Gebete zuwenden, als dem Lernen, wenn wir bälder zur brünstigen Liebe Gottes gelangen wollen. Wir erwerben uns eine höhere Kenntniß von Gott leichter durch Liebe als durch Forschung, weil die Liebe selbst die Kenntniß ist, und wir durch Lieben immer mehr befestiget werden in der Betrachtung durch welche wir Gott klarer und heller beschauen. Damit, daß wir Ihn lieben, haben wir weniger Mühe und gehorchen Ihm mehr; denn die Erkenntniß, die wir uns in diesem Lande der Verbannung von Ihm erwerben können, ist in gewiße enge Gränzen eingeschlossen. Lieben aber können wir, so viel wir wollen, das heißt, so viel Er es uns selbst verleihet, der ohne Maß geliebt werden will, und der Liebe ist keine Gränze gesetzt. Die Meisten aber, von thörichtem Irrthum befangen, wollen lieber durch Forschen Gott nie finden, als Ihn durch Lieben besitzen.

§. 49.
Daß die wahre Heiligkeit in der Liebe Gottes bestehe.

Wir haben das Gebot von Gott, daß wir heilig seyn sollen, denn Er sagt (Lev. 11, 45.): „Ihr sollet heilig seyn; denn Ich bin „heilig." Die Heiligkeit aber ist die, von jedem Fehler freie, durchaus vollkommene, allseitig unbefleckte Reinigkeit. Denn wie alle Sachen durch Beimischung einer schlechtern und geringern beschmutzt und beflecket werden, wie das Gold durch

Beimischung von Blei, das Kleid durch Bespritzung mit Koth; so wird auch die Seele unrein und befleckt, wenn sie niedern Sachen anhängt, und kann nicht völlig rein und heilig seyn, wenn sie nicht von allen erschaffenen Dingen abgewendet ist. Die Heiligkeit besteht also in völliger Reinheit und in unbewegbarer Vereinigung mit Gott, welche durch das stärkste Band der Liebe zu Stande kommt, wenn die von allem Roste irdischer Gesinnungen gereinigte, und über alle Dinge erhabene Seele jene vollkommene Gerechtigkeit errungen hat, daß sie in Wahrheit und Sicherheit mit dem Apostel sagen darf (Röm. 8, 35 u. 38 — 39.): „Wer „wird mich scheiden von der Liebe Christi? „Trübsal? oder Angst? oder Hunger? „oder Blöße? oder Gefahr? oder Verfol= „gung? oder Schwerdt? denn ich bin ver= „sichert, daß weder Tod, noch Leben, we= „der Engel, noch Mächte, noch Gewalten, „weder Gegenwärtiges noch Zukünftiges, „weder Höhe noch Tiefe, noch ein anderes „Geschöpf es vermag, mich zu scheiden „von der Liebe Gottes, die da ist in Christo „Jesu, unserm Herrn." Fasten, Almosen, Züchtigung des Fleisches, der Gebrauch der heil.

Sakramente und andere Uebungen dieser Art, tragen zwar sehr viel bei, um die Heiligkeit zu erringen, aber ohne Liebe nützen sie nichts, wenn auch alle Habe zur Speisung der Armen ausgetheilt, und der eigene Leib dem Feuer überliefert würde, wie der Apostel lehret (1. Kor. 13, 3.). Auch kann zuweilen in andern Tugenden eine Enthebung (Dispensation) Statt haben, wie denn Kranke vom Fasten, Arme vom Almosengeben, Gebrechliche von körperlicher Züchtigung oft entbunden werden; aber vom Gebote der Liebe, die das Ziel aller Gebote und die Summe des christlichen Gesetzes ist, ist Niemand ausgenommen (enthoben) und Niemand kann, was auch immer für eine Gewalt oder Noth drängte, daran verhindert oder davon entbunden werden, daß er Gott nicht lieben und nicht ohne Unterlaß nach Ihm ringen dürfte. Armuth, Krankheit und andere Hindernisse, welche der Ausübung der übrigen Tugenden eine Gränze setzen, reichen der Liebe sogar Nahrung. Innerlich ist die Liebe, im Herzen, im Willen, und was Gott von uns vor Allem fodert, dazu hat Er die Kraft in uns selbst gelegt. Das ist jenes Eine, das allein nothwendig ist und allein genügt, daß wir heilig seyen. Das ist das größte und vorzüglichste Gebot, schöner und leichter als die übrigen; denn was ist angenehmer als Liebe? Und wer wagte zu sagen: ich kann nicht lieben? Wer aber Gott liebt, der Einer ist, der liebt Alles in Einem, und Einen in Allem, und wer etwas Anders liebt als in dem Einen und wegen dem Einen, der liebt Gott nicht, weil er etwas liebt, das nicht Gott ist. Nichts ist höher als Gott, und Nichts Ihm gleich. Es kann also das Herz von Ihm nicht abgewendet werden, ohne daß es zum Niedrigen und Sinnlichen herabsänke, von welchem es nie wieder erhoben werden kann, wenn es nicht vom Irdischen, welches der Druck der Seele ist, auftauchet und wieder zu dem zurückkehret, von dem es unseliger Weise abgefallen war. Es ist daher, um heilig zu seyn, nothwendig, daß wir von uns selbst zurückgetreten und von Allem, was außer Gott ist, und zu jenem Ursprunge zurückkehren, von dem wir ausgegangen sind, und daß wir Ihm mit allem Ernste anhängen; denn dort werden wir Eines seyn mit dem Einen, Ein Leben, Ein Geist, Eine Seligkeit.

§. 50.

Viele sind berufen, Wenige auserwählt.

Kein Sporn kann zur Verbesserung böser Sitten und dazu schärfer antreiben, daß wir unser Leben nach der Vorschrift des Evangeliums einrichten, als jener schreckliche und entsetzliche Ausspruch (Matth. 20, 16.): „Viele sind berufen, „aber Wenige auserwählt," wenn wir anders seinen Sinn tief erwägen. Denn Niemand weiß, ob er in jener Berufung eingeschlossen sey, durch welche, nach der Vorherbestimmung Gottes diejenigen berufen sind, von welchen geschrieben steht (Röm. 8, 30.): „Die Er berufen, die „hat Er auch gerechtfertiget, die Er aber „gerechtfertiget, die hat Er auch ver„herrlichet." Niemand weiß (Pred. 9, 1 u. 2.) „ob er der Liebe oder des Hasses würdig „sey, sondern Alles wird als ungewiß „für die Zukunft aufgehalten." Niemand weiß, ob er so berufen sey, daß er in der Berufung bis an's Ende verharre. Als der Apostel an dieses tiefe Geheimniß gekommen war, rief er, wie von einem gewissen Schauer vor dessen Tiefe ergriffen aus (Röm. 11, 33.): „O Tiefe des

„Reichthums der Weisheit und Erkennt-
„niß Gottes! Wie unbegreiflich sind
„seine Gerichte und wie unerforschlich
„seine Wege!" Bei solcher Ungewißheit des
Heiles, bei solcher Unsicherheit der Beharrlichkeit
muß daher jeder Christ von beständigem Schauer
durchdrungen sich Mühe geben, in Furcht und
Zittern seine Berufung sicher zu machen, damit
er im Glauben lebe, der in Liebe thätig ist, und
durch gute Werke zeige, er gehöre zu jener kleinen
und glücklichen Zahl, welche Gott vor Grundlegung der Welt aus Barmherzigkeit auserwählet hat.
Daß aber die Zahl der Auserwählten klein und
viel kleiner als die Zahl der Verworfenen sey,
wenn auch nur von den Anhängern des wahren
Glaubens allein, mit Ausnahme der Kinder, die
vor dem Gebrauche der Vernunft sterben, die Rede
ist, wird durch das unfehlbare Zeugniß der heil.
Schriften, und viele Zeichen und Gründe und sogar
durch die Erfahrung bewiesen. Denn deßhalb
sagt Christus seinen Jüngern, es koste viele Mühe
und habe sehr große Schwierigkeit den Weg des
Heiles zu wandeln, zu dem man nur durch eine
enge Pforte gelangen könne. „Gehet ein"
spricht Er, (Matth. 7, 13—14.) „durch die

„enge Pforte; denn weit ist das Thor
„und breit der Weg, der zum Verderben
„führt, und Viele sind es, die da hin=
„durchgehen." Dann fügt Er gleichsam mit
Verwunderung bei: „Wie eng ist die Pforte,
„und wie schmal der Weg, der zum Leben
„führt; und Wenige sind, die ihn finden."
Und als Er gefragt wurde, ob es Wenige
seyen, die selig werden, antwortete Er bei
Lukas (13, 23.): „Bemühet euch einzugehen
„durch die enge Pforte; denn Ich sage:
„Viele werden suchen einzugehen, und
„es nicht vermögen." David, der König,
als er den Herrn fragte (Pf. 14, 1.): „Wer
„wird wohnen in Deinem Zelte?" erhielt
vom heiligen Geiste die Antwort und sagt (V. 2.):
„Der ohne Makel einhergeht und Ge=
„rechtigkeit übet." Und wieder in einem andern
Psalm (23. V. 3—4.): „Wer wird hinauf=
„steigen auf den Berg des Herrn? oder
„wer wird stehen an seinem heiligen
„Orte? Wer unschuldig an Händen und
„rein von Herzen ist." (Sprüchw. 20, 9.):
„Wer kann aber sagen: Mein Herz ist
„rein, ich bin frei von Sünden? Oder wer

wird sich getrauen zu behaupten, er sey unschuldig und habe keinen Fehler?" Christus sagt (Matth. 10, 38.): „Wer sein Kreuz nicht auf sich „nimmt und Mir nachfolget, ist meiner „nicht werth." Aber wie Wenige umarmen das Kreuz Christi? Hören wir den Apostel (Philipp. 2, 21.): „Alle suchen das Ihrige, nicht „die Sache Jesu Christi." Die aber Christum nicht suchen, sind Verworfene. Ferner sagt unser Erlöser (Matth. 18, 3.): „Wahrlich, sage „Ich euch, wenn ihr euch nicht bekehrt, „und nicht werdet wie die Kinder, so „werdet ihr nicht in das Himmelreich „eingehen." Wenn aber der menschliche Stolz das erwägt, so wird er ohne Zweifel finden, daß nur sehr Wenige seyen, welche durch Demuth und Einfalt zur Natur der Kinder zurück zukehren streben. Der Apostel bezeugt, daß diejenigen, welche nach dem Rathschlusse als Heilige berufen sind, von Gott vorherbestimmt worden seyen, dem Bilde seines Sohnes gleichförmig zu werden (Röm. 8, 29.). Aber wer dürfte sich rühmen, daß sein Leben dem Leben Christi gleichförmig sey? Wer ist es, der mit Ihm leidet, damit er mit Ihm verherrlichet werden könne?

Allen ist es gesagt (Matth. 19, 17.): "Willst "du zum Leben eingehen, so halte die "Gebote." Aber (Ps. 13, 3.): "Alle sind "abgewichen, allesammt unnütz gewor- "den; Keiner ist, der Gutes thue, auch "nicht Einer." Das Himmelreich leide Gewalt und nur die, welche Gewalt brauchen, reißen es an sich, hat der König des Himmels bezeugt (Matth. 11, 12.). Da aber das Gewaltbrauchen der Natur zuwider ist, so äußert es sich bei Wenigen; daher sind auch nur Wenige, die sich selbst Gewalt anthun und jenes künftige, den Sinnen entrückte, und nur durch das Licht des Glaubens in der Dämmerung erkannte, Reich einem sinnlichen und vor der Nase liegenden Gute vorziehen mögen. Wenn aber die Sterne nicht rein sind vor dem Angesichte Gottes, was werden die Menschen seyn, die, an die Erde gekettet, in der dicken Nacht dieser Welt leben? Wenn all' unsere Gerechtigkeiten ab- scheulich besudelt sind, wie der Prophet sagt, was werden unsere Ungerechtigkeiten und unsere Sün- den seyn? (Isai. 64, 6.). "Wenn der Ge- "rechte kaum selig wird, wo wird der "Gottlose und Sünder sich zeigen kön- "nen?" (I. Petr. 4, 18.). In der Arche Noes sind Wenige, das ist: Achte gerettet worden, die übrige unzählige Menschenzahl gieng in den Gewässern der Sündfluth zu Grunde. Aus dem Brande der gottesvergessenen Städte entkam Loth mit Frau und zwei Töchtern, alle Uebrigen wurden von den rächenden Flammen verzehrt. Aus 600,000 Juden, die von Egypten auszogen, giengen nur zwei, Caleb und Josue in das Land der Verheißung ein. Das ereignete sich aber nur zum Vorbilde, um zu zeigen, wie klein die Zahl der Auserwählten sey, im Vergleiche mit den Verworfenen. Ganz das Nämliche kann auch bestätiget werden durch die kleine Anzahl derer, die aus diesem Leben wahrhaft reumüthig abscheiden. Denn obgleich Viele der Menschen gut zu sterben scheinen; so reicht doch die Reue über die Sünden, welche aus der Todesfurcht entsteht, höchst schwerlich bis zu einer wahren Buße hin. Denn wie wird der Sünder ein frommes Leben anfangen können, wenn er an dessen Ende gekommen ist? Wie wird er seine Sünden und seine Lüste, die er in seinem ganzen Lebenslaufe innigst geliebt, über alle Uebel, bereuen und verwünschen können? wie aufrichtig zur Buße greifen, die er immer gescheuet hat? wie wird er einen nachhaltigen Entschluß zu Stande bringen, Alles das zu unterlassen, wenn er länger leben würde: was er sich durch eingewurzelte Ausübung angewöhnt hat? wie wird der Verstand zwischen der Beklemmung der Krankheit und der Todesangst übernatürliche, von den Sinnen entfernte, Dinge erwägen können, da er bei vollen Kräften entweder gar nie oder nur oberflächlich daran gedacht hat? wie wird er die Gewohnheiten des zurückgelegten Lebens durch (ganz andere) entgegengesetzte Akte besiegen können, in so großen Beängstigungen der Krankheit, der Zeit und der Versuchungen? Aus der Erfahrung wissen wir, daß selten Einer seinem Vorsatze getreu geblieben sey, wenn die Gefahr wieder vorüber war. Alle kehren wieder zu ihren (alten) Gewohnheiten zurück und vergessen gar bald, was sie in der Todesangst, entweder auf den Zuspruch ihrer Freunde, oder aus menschlicher Klugheit zu thun sich vorgenommen haben, um so mehr, da fast Niemand ist, der selbst in der äußersten Todesgefahr die Lebenshoffnung ganz aufgäbe, eine Täuschung, womit der Satan Viele betrügt und zu Grunde richtet. Dazu kommt die Schwäche der Seele, die vor dem Austritte aus dem Körper erzittert, und die entschwundenen Geisteskräfte, die fast jeden Sterbenden so unfähig laſſen, daß er die Worte der Umſtehenden, die ihm die Tugendakte vorbeten, entweder gar nicht mehr hört, oder nur den Ton der Stimme ohne Sinn vernimmt. Man darf zwar gute Hoffnung hegen über das Heil ſolcher, die in den letzten Zügen Zeichen der Buße gegeben haben; aber es liegt darin doch keine Gewißheit, wie uns davon der König Antiochus ein auffallendes Beiſpiel hinterlaſſen hat (2. Mach. 9.). Denn da er an ſein Lebens-Ende gekommen war, bemüthigte er ſich unter der mächtigen Hand Gottes im Gebete und verſprach, die den Juden zugefügten Beſchädigungen zu vergüten, und den Tempel zu ſchmücken, und gelobte überdieß, er wolle von ſeinen Einkünften den, zu den Opfern erfoderlichen, Aufwand beſtreiten, das Heidenthum abſchwören und ein Jude werden und die ganze Welt durchwandern um die Macht Gottes zu verkünden. Wer konnte von einem Sünder mehr und ſicherere Bußzeichen verlangen? Aber Antiochus erwarb keine Gnade, wie die Schrift ſagt: „der Verruchte „betete zu dem Herrn, von dem er doch „keine Barmherzigkeit erlangen konnte," weil nämlich ſeine Buße aus Todesfurcht entſtand und nicht aufrichtig war. Wer bedenkt dieß, und zittert nicht? Wer wird es, unter so vielen Schwierigkeiten und Gefahren, wagen, sich sein Heil als ganz gewiß zu versprechen? Wer erbebet nicht darüber, daß er nicht weiß, ob er der Liebe oder des Hasses würdig sey? Daher weil Wenige erwählet sind, und vielleicht noch viel Wenigere, als wir meinen; so müssen wir von der Menge zurücktreten und mit den wenigen Heiligen, Auserwählten und Unschuldigen leben, damit Jeder am Ende seines Lebens, mit dem Zeugnisse seines Gewissens, zu Gott, dem gerechten Richter sagen dürfe: Gieb mir den Lohn, den Du versprochen; denn ich habe gethan, was Du befohlen hast.

Inhalt des I. Theils.

Seite

§. 1. Von dreierlei Gattungen Christen . . . 3
§. 2. Die dritte Gattung der Christen wird geschildert 6
§. 3. Daß die Erbsünde Ursache aller Uebel sey . 10
§. 4. Veranlassung und Zweck dieses Büchleins . 12
§. 5. Warum Viele die Grundsätze des christlichen Lebens kennen lernen, Wenige aber befolgen 14
§. 6. Daß die Regeln der evangelischen Vervollkommnung (Vollkommenheit) nicht blos den Ordensleuten, sondern allen Christen gegeben seyen 17
§. 7. Nutzen dieses Büchleins und Ermahnung zur Vollkommenheit 20
§. 8. Wie nothwendig dem Christen die Betrachtung des letzten Ziels und Endes (seiner Bestimmung) — sey 22
§. 9. Warum nicht Alle selig (glücklich) seyen, da doch Alle selig seyn wollen 25
§. 10. Alles muß, in reiner Absicht, auf Gott bezogen werden 27
§. 11. Woher es komme, daß gar so Viele ihr Ziel und Ende, (ihre Bestimmung) verfehlen . 30
§. 12. Wir lassen uns durch den Schein des Guten täuschen 33
§. 13. Verlauf und Verkehrtheit des menschlichen Lebens 35
§. 14. Der rechte Weg zum Ziel und Ende zu gelangen (seine Bestimmung zu erreichen) ist, daß Jeder sein Kreuz trage 37
§. 15. Bedingungen des letzten Ziel und Endes, und warum so Viele von demselben abirren 39

	Seite
§. 16. Es wird noch eine weitere Ursache bezeichnet, warum Viele das letzte Ziel und Ende (ihre Bestimmung) nicht erreichen	43
§. 17. Wir sind Kinder Gottes und sollen nach seinem Geiste leben	47
§. 18. Der Gerechte lebt aus dem Glauben	49
§. 19. Die Grundlage des christlichen Lebens ist Selbstverläugnung und Losreißung von allen (irdischen) Dingen	52
§. 20. Von dem Unsinn der Menschen, die gerne verdammt werden wollen	55
§. 21. Karakter des wahren Christen	57
§. 22. Wie der Christ seine Werke verrichten solle	61
§. 23. Die guten Werke müssen dem eigenen Berufe (eines jeden) angemessen seyn	63
§. 24. Wie Christen leben sollen	65
§. 25. Die äußerlichen Werke müssen von inwendigem Geiste beseelet werden	67
§. 26. Woraus die Vollkommenheit der Werke entstehe	68
§. 27. Wie nützlich die Vergegenwärtigung Gottes sey	70
§. 28. Warum die Nachahmung der Heiligen schwer zu seyn scheine	73
§. 29. Alles muß auf die Ehre Gottes bezogen werden	75
§. 30. Eigenliebe ist die Wurzel alles Bösen	77
§. 31. Eigenliebe hat Babylon erbaut	81
§. 32. Alle suchen sich selbst, sogar in heiligen Dingen	83
§. 33. Was jeder Christ wissen soll	86

		Seite
§. 34.	Der Unterschied zwischen dem innerlichen und dem äußerlichen Menschen	88
§. 35.	Wie verderblich es sey, von den Dingen falsche Vorstellungen in die Seele aufzunehmen	90
§. 36.	Drei Punkte sind dem Christen nothwendig: a) daß er auf sich selbst wohl Acht habe, b) daß er die Zeit weislich benütze und c) daß er die heiligen Sakramente recht gebrauche	93
§. 37.	Daß die Buße allen Christen nothwendig sey	96
§. 38.	Zeichen und Früchte der wahren Buße . .	98
§. 39.	Auf welche Weise kleinere Sünden getilget und die Laster ausgerottet werden sollen	101
§. 40.	Daß Geistliche und Ordensleute (besonders strenge) zum Streben nach Vollkommenheit verpflichtet seyen	104
§. 41.	Schilderung solcher Ordensleute, die ihres Berufes nicht eingedenkt sind	107
§. 42.	Ein Ordensmann sollte der Welt fremd seyn	109
§. 43.	Warnung für diejenigen, welche sich um die Leitung der Seelen (um die Seelensorge) bewerben	111
§. 44.	Daß das Gebet allen Christen nothwendig sey	113
§. 45.	Welche Gemüthsstimmung (Herzensbeschaffenheit) zum Gebete erfordert werde . . .	116
§. 46.	Warum Viele aus dem Gebet keine Frucht schöpfen	118
§. 47.	Den Gebets-Eifer soll man nie erkalten lassen	120

		Seite
§. 48.	Die Eigenschaften des guten Gebets	122
§. 49.	Die Gabe und die Weise des Gebetes ist zweifach	124
§. 50.	Das Gebet ist die Quelle alles Guten	126

Inhalt des II. Theils.

§. 1.	Die Wahrheit muß man suchen; die Eitelkeit fliehen	131
§. 2.	Wie wichtig es sey, Nichts, auch nicht das Mindeste, zu versäumen, um zur christlichen Vollkommenheit zu gelangen	134
§. 3.	Kreuz und Selbstverläugnung ist allen Christen nothwendig	137
§. 4.	Das Fundament des christlichen Lebens ist Selbstverläugnung	141
§. 5.	Wie man gegen Laster und böse Begierden streiten solle	144
§. 6.	Von Bezähmung der äußerlichen Sinne	148
§. 7.	Von dem Kampfe gegen den Gaumen und das Fleisch	152
§. 8.	Wie schlimm die Geschwätzigkeit und wie gut das Stillschweigen sey	154
§. 9.	Von der unschuldigen und von der sündhaften Ergötzung und von dem Unglücke derjenigen, welche die Tugend in der unrechten Absicht üben	158
§. 10.	Wir leben in Meinungen	161
§. 11.	Sehr Viele verschmähen die Wissenschaft des Heiles	164

		Seite
§. 12.	Nachtheile des eigenen Willens	167
§. 13.	Wie nützlich die Einsamkeit sey	170
§. 14.	Wie schädlich die Reichthümer seyen, und wie man die Neigung zu denselben bezähmen solle	172
§. 15.	Vom Gebrauche der Reichthümer	176
§. 16.	Welches die Armen im Geiste seyen	179
§. 17.	Was und von welcher Beschaffenheit die Verpflichtung sey, Almosen zu geben	182
§. 18.	Wie nothwendig die Geduld sey	188
§. 19.	Widerwärtigkeiten sind Gelegenheiten zur Tugendübung	191
§. 20.	Man muß geduldig ertragen, was täglich vorkommt	193
§. 21.	In Trübsalen soll man fröhlich seyn	196
§. 22.	Verläumdungen muß man ertragen	199
§. 23.	Sowohl eigene, als fremde Uebel müssen mit Gleichmuth getragen werden	202
§. 24.	Mittel gegen die Ungeduld	206
§. 25.	Demuth ist die, den Christen eigenthümliche, Tugend	207
§. 26.	Der Mensch ist durch die Hoffart von Gott abgewichen, und muß durch die Demuth wieder zu Gott zurückkehren	210
§. 27.	Karakter des Hoffärtigen	215
§. 28.	Anreizungsmittel zur Demuth	218
§. 29.	Daß gar nichts Gutes in dem Menschen sey, dem die Demuth mangelt	220
§. 30.	Wer wahrhaft demüthig ist, achtet auf sich selbst und urtheilt nicht über Andere	222

		Seite
§. 31.	Schilderung des wahrhaft Demüthigen	225
§. 32.	Der menschliche Wille muß dem göttlichen Willen unterworfen und gleichförmig seyn	229
§. 33.	Alles ist von der Hand Gottes anzunehmen	231
§. 34.	Der göttlichen Vorsehung muß man sich in Allem völlig hingeben	234
§. 35.	Nur den Beifall Gottes muß man wünschen	236
§. 36.	Auch die Hoffnung unseres Heiles müssen wir Gott anheimstellen	238
§. 37.	Daß der Geist und die Vollkommenheit der christlichen Religion in der Liebe bestehe	241
§. 38.	Von der rechten Ordnung der Liebe	243
§. 39.	Von der Nächstenliebe	247
§. 40.	Welches die Art und Weise der brüderlichen Liebe sey	249
§. 41.	Welches die wahre Freundschaft sey	251
§. 42.	Welche Dienstleistungen Freundschaft bewirken	253
§. 43.	Anlässe zur Ausübung der Nächstenliebe	256
§. 44.	Daß man die Feinde lieben müsse	258
§. 45.	Das wahrhaft Gute muß man lieben	260
§. 46.	Worin die Liebe Gottes bestehe	263
§. 47.	Welches die vollkommene Liebe Gottes sey	266
§. 48.	Daß die praktische (die thätige und ausübende) Wissenschaft mehr zur Liebe beitrage, als die spekulative (die erforschende)	268
§. 49.	Daß die wahre Heiligkeit in der Liebe Gottes bestehe	270
§. 50.	Viele sind berufen, Wenige auserwählt	274

Gebete
eines
katholischen Christen.

Morgenandacht.
Beim Erwachen und Aufstehen.

Wache auf, meine Seele, und lobe den Herrn, und vergiß nicht, was er dir Gutes gethan! Gott! Dir danke ich, daß ich noch lebe; ich erkenne, daß ich nur durch Dich lebe, und bete Dich an als den Herrn meines Lebens. — Und so stehe ich auf im Namen des † Vaters, der mich erschaffen, im Namen des † Sohnes, der mich erlöset, im Namen des † hl. Geistes, der mich geheiliget hat. Ich will heute nur Gutes denken, reden und thun, und mein Herz rein für Gott bewahren.

Beim Ankleiden.

Lieber Gott und Vater! ich danke Dir für diese Kleider; ich will sie nicht mißbrauchen. Verzeihe mir, wenn ich Dich jemals auch durch Hoffart und Unzufriedenheit beleidiget habe. Gib mir das Gnadenkleid der Seele, damit ich Dir wohlgefalle.

Beim Waschen.

O Gott! ich danke Dir für die hl. Sakramente der Taufe und der Buße, in denen ich von meinen Sünden durch das kostbare Blut Jesu Christi rein gewaschen worden bin. O reinige meine Seele immer und mehr von allem Bösen und bewahre mich vor jeder Sünde, damit meine Seele nicht mehr verunreiniget werde.

    Die Sünde will ich standhaft meiden,
    Ja lieber Tod und Mangel leiden;
    Was nützt mich denn die ganze Welt,
    Wenn dir, o Gott! mein Herz mißfällt?

Morgengebet.

Mein Gott und mein Herr! Zu Dir erhebe ich mein Gemüth am frühen Morgen, und sage Dir Dank aus dem Grunde meines Herzens für die erquickende Ruhe dieser Nacht; so wie, daß Du mich abermals einen Tag erleben ließest, um zu wachsen und zuzunehmen in aller Tugend und Vollkommenheit. Aus väterlicher Liebe zu mir hast Du mich bisher am Leben erhalten und in Allem so gütig für mich gesorgt, und ich, ich habe Dir für diese großen Wohlthaten so wenig noch gedankt. O allgütiger Vater, erbarme Dich meiner! Laß durch das Licht Deiner Gnade mein Gemüth so hell erleuchtet werden, daß ich den ganzen Tag über meinen Erlöser, Jesus Christus, das schönste Vorbild der Demuth, Liebe, Sanftmuth, Geduld und Heiligkeit vor Augen habe; daß mein Herz in der Einsamkeit, wie im Getümmel häuslicher Sorgen und Unruhen, nur in Dir Ruhe und Trost finde. Haß, Neid und jede Lieblosigkeit sollen meinem Herzen fremd sein, nur ungeheuchelte, uneigennützige Nächstenliebe soll es in sich nähren. Bewahre meine Zunge, daß sie nichts spreche, was Dir mißfällt, und gib nicht zu, daß meine Sinne lüstern werden nach Gegenständen, die zur Sünde führen. Leite alle meine Schritte, damit ich gegen Deine heiligen Gebote nicht sündige. Segne, o Herr, in dieser Morgenstunde meine guten Vorsätze, mein Herz und meinen schwachen Willen, damit ich das Ziel erlange, zu dem Deine Liebe mich erschaffen hat. Ich danke Dir aus dem Innersten meines Herzens, daß Du ohne all' mein Verdienst mich erlöset und geheiligte, und zum wahren Glauben Deiner Kirche berufen hast, ich opfere Dir meine Seele mit allen ihren Kräften, meinen Leib mit all' seinen Trieben. Ich vereinige, o mein Gott! dies mein Opfer mit dem hochheiligsten Opfer des Leibes und Blutes Jesu Christi, Deines eingebornen Sohnes auf allen Altären, wo dasselbe heute Dir, dem himmlischen Vater, dargebracht wird. Verleihe mir Antheil an allen Gnaden, die dasselbe bei Deiner unendlichen Barmherzigkeit erwirket. Liebreichster Jesus! erhöre mein Flehen und segne mich; laß mich gestärkt und mit dem Troste des Glaubens zu meinen Geschäften gehen; laß mich in den Stunden der Prüfung nicht zaghaft werden, nicht den Trost der Welt suchen, sondern möglichst gelassen mein

Kreuz erdulden, in der Erinnerung, daß Du ja auch für mich trostlos am Kreuze gehangen. Mit Dir gehe ich nun zu meinen Geschäften, in Deinem heiligsten Namen und zu Deiner größern Ehre soll heute Alles geschehen; verleihe mir Kraft und Stärke, Dir treu zu dienen, damit, wenn Gott mich heute noch von der Welt abrufen sollte, es mich freuen möge, den heutigen Tag erlebt zu haben. Ehre sei Gott dem Vater, dem Sohne, und dem heiligen Geiste, jetzt und in alle Ewigkeit! Amen.

Nach dem Morgengebete denke ein wenig nach über die Gelegenheiten zur Sünde, in die du etwa heute kommen könntest, und waffne dich dagegen mit besonders darauf gerichteten Vorsätzen. Erinnere dich unter Tags öfter, besonders zur Zeit der Gefahr, an diese Morgens gefaßten Vorsätze und erneuere sie wieder.

Nimm dir auch täglich vor, etwas Gott ganz besonders Wohlgefälliges zu thun.

Gute Meinung.
Beim Beginn der Arbeit.

Mein Gott und Herr! ich will meine Arbeit so verrichten, als hättest Du selbst mir dieselbe anbefohlen, denn du hast mich in diesen Stand gesetzt, und es gefällt Dir, daß ich dieses thue. Ich will sie auch aufs Beßte verrichten, so, als ob sie nur für Dich allein geschehen müßte. Ich opfere darum auf alle meine Gedanken, Worte und Werke zu Deiner Ehre und Verherrlichung.

Fromme Seufzer unter der Arbeit.

Du siehst mich, o Herr, segne mich! — Laß Dir, o Gott, meine Arbeit gefallen! — O, wie freut es mich, daß ich Dir zu Liebe Etwas thun kann! — Alles mein Jesus, in Vereinigung mit Deinen Mühen und Leiden! — Auch dieses, Herr, zu Deiner Ehre!

Tischgebete.

Vor dem Essen.

Aller Augen warten auf Dich, o Herr! und Du gibst ihnen Speise zu rechter Zeit; Du öffnest Deine milde Hand und erfüllest, was da lebt, mit Segen.

Himmlischer Vater! benedeie und segne uns alle Speis und Trank, die wir von Deiner großen Güte empfangen werden. Gib uns Gnade und Gedeihen, daß wir Alles Dir zum Lobe und uns zur Wohlfahrt gebrauchen mögen, auch von Deiner Liebe nimmermehr geschieden werden. Durch Jesum Christum unsern Herrn. Amen.

Vater unser 2c. 2c. — Gegrüßt 2c. 2c. — Ehre sei dem Vater 2c. 2c.

Nach dem Essen.

Himmlischer Vater! wir danken Dir, daß Du uns Unwürdige gespeiset und Deiner Gnaden väterlich theilhaftig gemacht hast, auch nimmer aufhörest, uns Deine Wohlthaten mitzutheilen. Lob und Ehre sei Dir, o Gott! im Himmel, Friede den Menschen auf Erden, Gnade unsern Wohlthätern, die ewige Ruhe allen Abgestorbenen, und nach diesem vergänglichen Leben zukomme uns die ewige Freude und Glückseligkeit. Amen.

Vater unser 2c. 2c. — Gegrüßt 2c. 2c. — Ehre sei dem Vater 2c. 2c.

Abendandacht.

Abendgebet.

Mein Gott und Vater! mit gerührtem Herzen danke ich Dir für alle zeitlichen und geistlichen Wohlthaten, die Du mir diesen Tag hindurch wieder erwiesen hast. Wahrhaftig, Deine Güte und Barmherzigkeit ist ohne Gränzen! So oft ich mich auch gegen Dich versündiget, beschützest Du mich dennoch so väterlich, und lassest mir täglich neue Wohlthaten zu Theil werden. O mein Jesus! ich liebe Dich über Alles; denn Du bist meine Stärke, mein Fels bist Du, meine Burg und mein Retter, zu dem ich fliehe; mein Schild und hoher Schutzort, wo ich Heil finde. Preis, Lob und Dank Dir, Du Allgütiger, daß Du nach der Last und den Mühseligkeiten des Tages die Nacht zur Ruhe geschaffen hast, für den Geist, wie für den Leib. Wie sehr bedarf ich Deines Trostes und der Erquickung! Ermattet, zerstreut und vielfältig verwundet, sehnt sich mein Herz nach Ruhe, nach dem himmlischen

Frieden, mit dem Du mich im Gebete schon so oft gestärkt und beseliget hast. — Erbarmung aber, o Herr, Erbarmung! Sieh, ich bin Deines Trostes und Deiner Segnung nicht würdig; denn ungeachtet der guten Vorsätze am Morgen, und der guten Eingebungen und Stärkungen Deiner Gnade, bin ich aus Mangel an Wachsamkeit und eigner Schuld doch wieder in manche Fehler gefallen.

(Nun erforsche dein Gewissen, rufe alle deine Gedanken, Worte und Werke des heutigen Tages, von Stunde zu Stunde in dein Gedächtniß zurück, und untersuche genau, wie du dich gegen Gott, gegen dich selbst, gegen deine Mitmenschen verhalten habest. Frage dich: Habe ich heute etwas Gutes gethan? — Habe ich meine Pflichten erfüllt? ꝛc. ꝛc. Wenn du auf dein Seelenheil aufmerksam bist, so wird dein Gewissen es dir alsbald sagen, worin du gefehlt hast. Dann bereue deine Fehltritte, und bitte Gott um Verzeihung.)

Recht sehr schmerzt es mich, o mein Gott, daß ich Dich diesen Tag hindurch schon wieder zu wiederholten Malen beleidiget habe. Diese und alle meine Sünden, die ich Zeitlebens begangen habe, bereue ich von ganzem Herzen und von ganzer Seele, vorzüglich deßwegen, weil ich Dich meinen Wohlthäter, meinen liebenswürdigsten, heiligsten Gott und Vater, auf die Seite gesetzt habe. Nimmermehr soll es geschehen, das ist mein ernstlicher, fester Wille. Gib mir Deine Alles vermögende Gnade dazu, und verzeihe mir meine Sünden, damit ich, sollte dieser Tag vielleicht der letzte meines Lebens gewesen sein, vor deinem strengen Richterstuhl Gnade finde. Darum bitte ich Dich, barmherziger Gott, durch die unschätzbaren Verdienste Deines Sohnes unseres Herrn und Erlösers. Amen.

Beim Auskleiden.

O Gott! vor Deinem heiligsten Angesichte lege ich jetzt, vielleicht zum letztenmale, meine Kleider ab. Gib mir Deine Gnade, daß ich auf immer alle bösen Neigungen und Gewohnheiten ablege.

O Gott, gib meiner armen Seele
Der Unschuld und der Tugend Kleid;
Dir, meinem Herrn und Gott! empfehle
Ich Leib' und Seel' in Ewigkeit.

Beim Niederlegen.

Mein Herr und Gott! mit Deinem Segen
Will ich mich jetzt zur Ruhe legen. —
Vielleicht rufest Du auch mich bald ab;
Vielleicht legt man mich bald in's Grab;
Verlaß mich nicht, o Jesu Christ!
Wenn diese Nacht die letzte ist.

Meßgebete.

Zum Eingang.

Allmächtiger, ewiger Gott! ich bitte Dich, verleihe mir Deinen Beistand, daß ich jetzt dem heiligen Meßopfer mit solcher Ehrfurcht, Demuth und Reue über meine Sünden beiwohne, die mein Herz bei dem Tode Jesu auf der Richtstätte würde durchdrungen haben. Verleihe mir und allen Gegenwärtigen durch dieses hochheilige Opfer hier in diesem Leben Deine göttliche Gnade und dort die ewige Freude und Seligkeit. Amen.

Zum Confiteor.

Mein Jesus, der Du am Oelberg Blut für mich geschwitzet hast, laß es eine Abwaschung meiner Sünden sein, die ich von Herzen bereue, und gib, daß dieses Opfer der Gerechtigkeit mir sei ein Opfer der Barmherzigkeit. Ich hoffe, o mein Heiland, auf Deine erbarmende Liebe, auf Deine Verdienste und auf Deine Verheißungen. Unterstütze meine Schwachheit, laß mich nicht in Sünden und Laster fallen, sondern hilf mir, damit ich im Guten zunehmen, und zur Vollkommenheit der Auserwählten gelangen möge.

Zum Gloria.

Ehre sei Gott in der Höhe, und Friede auf Erde den Menschen, die eines guten Willens sind. Dich loben, Dich preisen wir, Dich beten wir an! Im Staube unserer Niedrigkeit danken wir Dir, himmlischer Vater, daß Du das Lob deiner armen und schwachen Geschöpfe nicht verschmähest, und uns gestattest, in die Feiergesänge Deiner heiligen Heerschaaren einzustimmen. Erbarme Dich unser, o Jesus, und vervollkomme unser schwaches Lob; ersetze durch Deine Barmherzigkeit, was unserer Armuth mangelt! Amen.

*

Zur Epistel.

O mein Gott! ich danke Dir, daß Du durch die Nachfolger Deiner Apostel Dein heiliges Gesetz und Deine Erbarmungen auch in meinem Vaterlande hast verkünden lassen, um uns auf die Wege des Friedens zu leiten. Viele Völker liegen noch in der Finsterniß und im Schatten des Todes. Laß mich mit eben dem kindlichen Glauben und der inbrünstigen Liebe die Lehre der Apostel befolgen, wie sie in Demuth und Liebe Deine heiligen Gebote befolgt, sich selbst verläugnet, und starkmüthig die gefährlichen Vergnügungen der Welt geflohen haben. Gib mir die Gnade, in jedem Kampfe gegen die Sünde standhaft zu verharren, damit mir keine Selbstverläugnung und Abtödtung zu groß und zu schwer sei.

Zum Evangelium.

O Herr Jesus Christus! Zu wem anders soll ich gehen, als zu Dir? Nur Du allein hast Worte des ewigen Lebens. Voll der heiligen Freude glaube und bekenne ich Dein heiliges Evangelium. O ewige Liebe in Menschengestalt, wie freundlich, wie liebreich ist das wunderbare Gesetz, das Du vom Himmel auf die Erde brachtest, damit wir durch die Befolgung desselben zum Genusse Deiner Herrlichkeit gelangen! Verleihe mir, gütigster Jesus, daß ich dasselbe tief im Herzen bewahre, es Tag und Nacht betrachte, und täglich Deinem heiligen Vorbilde ähnlicher werde. Die Gnade des heiligen Geistes stärke mich und Deine Gerechtigkeit schrecke mich ab von Sünden, Deine Güte aber leite mich zu allem Guten, damit ich einst zu Deiner ewigen Herrlichkeit aufgenommen werde. Amen.

Zum Credo.

Ich preise Deine Barmherzigkeit, o himmlischer Vater! daß Du aus Liebe zu uns Deinen Sohn in die Welt gesandt hast, damit Alle, die an ihn glauben, durch diesen Glauben und die Ausübung seiner Gebote zum ewigen Leben gelangen. Ich glaube an Gott den Vater, allmächtigen Schöpfer ꝛc. ꝛc.

Zur Opferung.

In Vereinigung mit dem Priester opfern wir Dir, o bester Vater! die Gaben des Brodes und Weines. Sieh herab auf dieselben, wie einst auf das Opfer Melchisedechs, und wie auf jene Gaben des Brodes und Weines, die Jesus beim letzten Abendmahle in seine ehrwürdigen Hände nahm, um sie zu segnen, und in seinen Leib und sein Blut zu verwandeln. Wir schenken Dir zugleich mit diesem Opfer unsern Leib und unsere Seele — laß sie Dir angenehm und wohlgefällig sein!

Zur Präfation.

Sammle, o Herr, die Kräfte meiner Seele von aller Zerstreuung und stimme sie zu Deinem

Lobe, daß sie mit allen Seligen im Himmel, und allen reinen Seelen auf Erden, Dich den himmlischen Vater preise, der Du, durch die Menschwerdung Deines ewigen Sohnes aus Maria der Jungfrau, die Welt mit dem Lichte Deiner Klarheit erleuchtet hast. Wir bitten Dich durch ihn, unsern Mittler, der hier als unser Priester sich selbst zum Opfer der Genugthuung für unsere Sünden und zur Verherrlichung Deiner göttlichen Majestät darbringt. Verleihe uns immer rein und unbefleckt vor Deinen Augen zu wandeln, auf daß wir würdig werden, mit ihm, Deinem eingebornen Sohne, ein immerwährendes Lobopfer vor Dir zu sein.

Zur Wandlung.

Ich bete Dich an, o Jesus, mein Herr und mein Gott! und danke Deiner ewigen Barmherzigkeit für Dein blutiges Opfer am Kreuze. Erbarme Dich meiner, mein Gott und mein Erlöser! Dir lebe ich ꝛc.

O heiliges Blut meines Heilandes! das auch für meine Sünden am Kreuze geflossen ist, ich bete Dich an, aus dem Grunde meines Herzens. Rufe über mich Gnade und Barmherzigkeit vom himmlischen Vater hernieder. Reinige meine Seele von allen Flecken der Schuld, und stärke sie zum ewigen Leben. O Jesu, Dir lebe ich, Dir sterbe ich ꝛc. Amen.

Nach der Wandlung.

Barmherziger Vater! Blicke herab auf das Angesicht Deines Gesalbten; denn dieser ist Dein vielgeliebter Sohn, an dem Du dein Wohlgefallen hast; der in dem Schooße der unbefleckten Jungfrau Mensch ward, um mich von der Schuld und Strafe der Sünde zu erlösen; der für mich und das ganze Menschengeschlecht am Kreuze starb, um Dich mit uns zu versöhnen, und nun glorreich zu Deiner Rechten sitzet und für mich und alle Auserwählten ohne Unterlaß zu Deinem väterlichen Herzen bittet. Erbarme Dich um Seinetwillen unser Aller, die wir auf Deine unendliche Barmherzigkeit vertrauen; gedenke auch unserer Verwandten, Freunde und Wohlthäter, die von diesem Leben abgeschieden sind, nimm sie barmherzig in die Wohnungen Deines ewigen Lichtes auf, damit sie in der Versammlung Deiner Heiligen Dich von Angesicht zu Angesicht schauen und lieben, und auch für uns, die wir noch auf Erde pilgern, fürbitten, auf daß wir einst mit ihnen vereinigt, Dir Lobgesänge anstimmen und Dich ewig preisen mögen. Amen.

Zum Pater Noster.

Aufgemuntert durch die Ermahnung Jesu, wage ich es, o ewiger Vater, zu beten: Vater unser, der Du bist 2c. 2c.

Zum Agnus Dei.

O Jesus, Du Lamm Gottes, unser Versöhner, der Du die Sünden der ganzen Welt auf Deine Schulter nimmst, erbarme Dich unser! O Du Lamm Gottes, das Du hinwegnimmst die Sünden der Welt, sei uns gnädig! O Du Lamm Gottes, welches Du hinwegnimmst die Sünden der Welt, schenke uns den Frieden! Ja, gib Deiner heiligen Kirche den Frieden, wie die Welt ihn nicht geben kann, auf daß alle Gläubigen Dir ungestört dienen, und Dein heiliger Name auf der ganzen Erde verherrlichet werde. Amen.

Zur Kommunion des Priesters.

O freigebigster Jesus! Du Brod des Lebens, der Du uns Allen zurufest: Kommet Alle zu mir, die ihr mit Mühseligkeit und Arbeit beladen seid, ich will euch erquicken! Sieh in heiliger Sehnsucht verlange ich nach Dir, mein Herz seufzet nach Dir, um durch Deine heilige Gegenwart erfreut und gesegnet zu werden. O gütigster Jesus! reinige das Innerste meiner Seele; nimm Alles Sündhafte und Deinem Auge Mißfällige hinweg; entflamme meinen Hunger nach Dir, dem lebendigen Brode das allein alles Verlangen der unsterblichen Seele stillt. Bis aber jene glückselige Stunde erscheint, wo ich erquickt werde mit dem Genusse Deines heiligsten Fleisches und Blutes, labe meine durstende Seele geistiger Weise, damit sie auf dem Wege dieses Lebens nicht erliege, sondern stets Deiner gedenke, in Dir ruhe, durch Dich gestärkt den Weg Deiner Gebote freudig laufe und immer in Deiner Liebe wachse. Amen.

Zum Segen des Priesters.

Segne, o Gott, meine Seele und meinen Leib; begleite mit Deinem heiligen Segen mein Tagwerk, daß es zu meinem Heile gereiche. Amen.

Zum letzten Evangelium.

O göttliches Wort, Jesus Christus! Alle Dinge sind durch Dich erschaffen; Du gabst Allem, was da ist, Dasein und Leben. Du warst als das Licht und Leben der Menschen in der Welt, und offenbartest Dich heller nnd klarer als das Licht der Sonne; die Menschen ließen sich aber von der Welt und der Sinnlichkeit verblenden, liebten die Finsternisse der Sünde mehr, als das Licht, und machten sich dadurch selbst unglücklich. Jenen, welche Deine Stimme angehört und Dir geglaubt haben, hast Du die Kraft Deiner Gnade gegeben, Kinder Gottes und Erben Deiner Herrlichkeit zu werden. Laß mich, o Jesus! nie so unglücklich, wie jene Ungläubigen werden, sondern erleuchte mich, damit ch an Deine Lehre glaube, sie mit Herz, Wort und That befolge, und dadurch zum Genusse Deiner Herrlichkeit gelange.

Schlußgebet.

Nun bitte ich Dich noch, liebevollster Jesus, durch das hochheilige Opfer dieser Messe, worin

Du Dein heiligstes Leiden und Deinen schmerzlichsten Tod auf unblutige Weise erneuert, und Deinem himmlischen Vater für mich geopfert hast, entzünde in mir einen neuen Eifer zu allem Guten, mache mich geschickt in Erfüllung meiner Standespflichten, leite alle meine Gedanken, Worte und Werke bis an das Ende meines Lebens, damit ich munter und gerecht in meinem Berufe wandle, gegen alle Menschen Wohlwollen und Liebe bezeuge, und mein Leben in christlicher Gesinnung beschließe; Du aber alsdann Dich meiner armen sündigen Seele erbarmest, wenn sie von ihrem Leibe scheidet, und sie gnädig aufnehmest in Deine ewige Wohnungen, damit sie dich sammt dem Vater und dem heiligen Geiste lobe und preise in alle Ewigkeit. Amen.

Erweckung der drei göttlichen Tugenden, nebst Reue und Vorsatz.

Glaube.

Ich glaube kräftiglich, daß nur ein Gott sei in der Natur und Wesenheit, dreifach aber in den Personen, nämlich Gott der Vater, Gott der Sohn und Gott der heilige Geist; daß Gott sei ein unendlich vollkommenes Wesen, ein Belohner des Guten und ein Bestrafer des Bösen; daß Gott der Sohn für uns sei Mensch geworden; daß er als Mensch für uns gelitten habe, und gestorben sei am heiligen Kreuze; daß die menschliche Seele unsterblich sei, und daß uns die Gnade Gottes zur Erlangung der Seligkeit nothwendig sei. Ich glaube Alles, was die heilige römisch-katholische Kirche zu glauben befiehlt, nur allein darum, weil Du, o Gott! alles dasselbe geoffenbaret, der Du die ewige, unendliche Wahrheit und Weisheit bist, welche nicht betrügen und auch nicht betrogen werden kann.

Hoffnung.

Ich hoffe von Dir, o Gott! mit festem Vertrauen, durch Deine Gnade und meine Mitwirkung das ewige Leben, die nothwendigen Mittel zur Seligkeit und die Verzeihung meiner Sünden, weil Du mir dieses Alles versprochen hast, der Du allmächtig und unendlich getreu in Haltung Deines Versprechens bist.

Liebe.

Ich liebe Dich, o Gott! über Alles, aus ganzem Herzen, aus ganzer Seele, aus ganzem Gemüthe, aus allen Kräften, weil Du unendlich gut bist, sowohl in Dir selbst, als auch gegen uns Menschen. Ich verlange mit Dir ewig vereinigt zu sein, und nehme mir kräftiglich vor, Dir jederzeit getreulich zu dienen und Alles zu thun, was zur Erhaltung einer wahren Freundschaft mit Dir, o mein Gott! erfordert wird. — Ich liebe auch meinen Nächften, Freund und Feind, als wie mich selbst, und zwar wegen Deiner; nicht nur, weil sie von Dir erschaffen und von Christus erlöset worden sind, sondern weil Du, o Gott! dieselben auch liebest.

Reue und Leid.

Mein Gott und Herr! es ist mir leid und reuet mich vom Grunde meines Herzens, daß ich Dich, meinen liebsten Vater, meinen Gott, mein höchstes Gut, welches ich über Alles liebe, beleidiget habe. Und aus eben dieser Liebe hasse und verabscheue ich alle meine Sünden. Ich nehme mir kräftiglich vor, mein Leben zu bessern, kräftige Mittel wider die Sünde anzuwenden, wahre Buße zu wirken und Alles zu thun, was zur Erhaltung einer wahren Freundschaft mit Dir, o mein Gott! erfordert wird. Amen.

Gebet am Donnerstage
zur Erinnerung an die Todesangst Jesu.

O mildester Herr Jesu Christe, der Du wegen meiner und der ganzen Welt Sünden so große Angst und Betrübniß ausgestanden, blutige Schweißtropfen vergossen und in Deiner Angst von einem Engel gestärkt worden: gib, daß ich in aller Trübsal, Angst und Noth mich zu Dir wende, in Deinen göttlichen Willen mich ergebe, und aus der Betrachtung Deines heiligen Leidens in jedem Leiden Trost und gegen jede Versuchung Kraft erlangen möge. Amen.

Vater unser ꝛc. ꝛc. — Gegrüßt ꝛc. ꝛc.

Gebet am Freitage
zur Erinnerung an das Hinscheiden Jesu am Kreuze.

Es sind Finsternisse entstanden, als die Juden den Herrn Jesum gekreuziget hatten; und um die neunte Stunde rief Jesus mit lauter Stimme: „Mein Gott, mein Gott! warum hast Du mich verlassen? — Vater, in Deine Hände empfehle ich meinen Geist"; und mit geneigtem Haupte gab er seinen Geist auf.

Wir beten Dich an, o Jesu Christe! und loben Dich; denn durch Dein heiliges Kreuz, durch Dein bitteres Leiden und unschuldiges Sterben hast Du die ganze Welt erlöst.

Herr Jesus Christus! ich bitte Dich flehentlich durch die Bitterkeit Deines heiligen Leidens, welches Du am Kreuze für uns ausgestanden, besonders in der Stunde, da Deine Seele von von Deinem heiligen Leibe sich trennte: Du wollest Dich erbarmen meiner armen Seele, wenn sie von meinem Leibe scheiden wird, auf daß Dein Kreuz und Leiden an mir und andern Sündern nicht verloren gehe. Amen.

O Jesus! Dir lebe ich. O Jesus! Dir sterbe ich. O Jesus! Dein bin ich todt und lebendig. Amen.

Vater unser ꝛc. ꝛc. — Gegrüßt ꝛc. ꝛc.

Beicht-Andacht.

Vorbereitungs-Gebet.

O Gott der Erbarmungen, der Du ein reumüthiges und zerknirschtes Herz nicht verwirfst, erbarme Dich meiner, um Deiner großen Barmherzigkeit willen! Sieh, durch das Sakrament der Buße wünsche ich mein Gewissen zu reinigen; verleihe mir Deine Gnade, daß ich die Sünden, die ich seit meiner letzten Beicht begangen, oder von früherer Zeit aus dem Gedächtnisse verloren habe, in ihrer ganzen Strafbarkeit erkenne, sie aufrichtig dem Priester bekenne, von ganzem Herzen bereue, und daß ich meinen bösen Sinn ändere und mich wahrhaft beßere. Um dieses bitte ich Dich durch Deinen Sohn, unsern Herrn und Heiland Jesus Christus. O heiliger Geist, ich bitte Dich, erleuchte meinen Verstand, damit ich mich meiner Sünden genau erinnere, die ich in Gedanken, Worten und Werken und Unterlassung des Guten begangen habe.

Vater unser ꝛc. ꝛc.

Gewissenserforschung.

Wann habe ich das letzte Mal gebeichtet? Habe ich nicht meine Buße, meine Bekehrung bis dahin aufgeschoben, wo die Sünde mich, nicht ich die Sünde verlassen habe? Es ist höchst gefährlich, die Buße so lange zu verschieben, und höchst nachtheilig, die Sakramente zu lange zu vernachläßigen; wir berauben uns dadurch selbst der heiligen Kraft, womit wir der Sünde widerstehen können. Welche Neigungen, welche Leidenschaften haben bei mir die Oberhand? Oder welche Sünden begehe ich am öftesten? Was ist hievon Ursache? Wann, an welchen Tagen, an welchen Stunden begehe ich diese Sünden? Wo, in welchen Gesellschaften, in welchen Orten falle ich in diese Sünden? Viele Sünden will man gar nicht erkennen, oder man denkt sich dieselben nicht so strafbar, als sie wirklich sind. Vor Gott entschuldiget das nicht. Wenn die Frage ist: Ist dies, jenes eine Sünde; so muß man nicht seinem Eigendünkel oder seinen Neigungen Gehör geben; was unser eigenes Gewissen, die christliche Sittenlehre und ein weiser und gottesfürchtiger Gewissensrath als Sünde erklären, das muß man für Sünde erkennen. Habe ich meine Pflichten gegen Gott erfüllt? Murre ich nicht gegen Gottes weise Anordnungen und Verfügungen? Bin ich nicht unzufrieden mit Gott und zaghaft, wenn ich Schmerzen oder Mangel leide, oder nicht so glücklich bin, wie andere Menschen? Fürchte ich Gott, indem er mein

Herr und mein Richter ist? Beobachte ich seine Gesetze, zumal im Verborgenen? Spotte ich nicht zuweilen über Religion und über Religionsgebräuche? Enthalte ich mich alles leichtsinnigen und falschen Schwörens, Fluchens, des Mißbrauches des heiligsten Namens, und überhaupt der göttlichen Dinge? Bekenne ich laut und freimüthig den katholischen Glauben, und die Grundsätze unserer heiligen Religion? Meide ich die Scheinheiligkeit in Worten und Handlungen? Hab' ich meinen Glauben an Gott und an Jesus durch äußerliche religiöse Handlungen, durch Theilnahme an den Verehrungen Gottes, an den heiligen Sakramenten und durch reines inbrünstiges Gebet zu Gott u. s. w., zu beleben und zu unterhalten gesucht? Insbesondere aber, habe ich die Sonn- und Feiertage geheiliget? Habe ich an diesen Tagen dem heiligen Meßopfer und der Predigt oder Christenlehre aufmerksam beigewohnt; und auch die übrige Zeit, wenn nicht mit Andachtsübungen, doch mit schuldlosen und wohl auch nützlichen Handlungen zugebracht? Derjenige, der an diesen Tagen blos eine Messe hört, der thut wohl dem Buchstaben des Gebotes genug; nicht aber dem Geiste; er gehört zu den lauen Christen. Habe ich auch an Werktagen, wenigstens Morgens und Abends, ein Gebet verrichtet? Und wie habe ich, in Betreff der Pflichten, die der Mensch gegen sich selbst zu beobachten hat, seit meiner letzten Beicht für das Heil meiner Seele gesorgt? Habe ich die Mittel zur ewigen Seligkeit zu gelangen, die mir die Religion so freigebig darbietet, gehörig und so oft ich Gelegenheit hatte, gebraucht? Aber auch für unsere Gesundheit, für die Erhaltung unserer Geistes- und Leibeskräfte sollen wir aus Achtung gegen uns selbst Sorge tragen. Vorzüglich sollen wir nicht durch Unmäßigkeit unsern Körper zerstören. Wer seinen Magen mit Speisen und Getränken überladet, der würdiget sich selbst unter die Thiere herab. Das Fastengebot führt zur Mäßigkeit; habe ich es beobachtet? Habe ich dieses Kirchengebot nicht verachtet, und eben deßwegen nach Gefallen übertreten? Was die Kirche vorschreibt, das sollen wir hochachten und hochschätzen. Wer die Kirche nicht achtet, der soll wie ein Heide angesehen werden. Math. 18, 17. Habe ich nicht meinen Neigungen, meiner Sinnlichkeit, meinen Leidenschaften Zügel und Zaum gelassen, und dadurch meine Geistes- und Leibeskräfte geschwächt? Was ist schädlicher für Leben und Gesundheit der Menschen, als die unkörperlichen Gifte: die Leidenschaften der Seele? Was für gräßliche Wirkungen hat der Zorn? — Wie schändlich zerstört die Unzucht den menschlichen Körper? Neid, Geiz, Stolz, Eifersucht und dergleichen, nagen sie nicht an der Wurzel des Lebens? Unsere sinnlichen Triebe, Neigungen, Begierden und Affekte müssen der Stimme der Vernunft und der Religion unterworfen werden, damit sie uns nie die Besonnenheit rauben, und unsere sittliche Thätigkeit stören. Das verderblichste aller Laster ist das Laster der Unkeuschheit. Habe ich, um mich von den ersten Schritten zu dieser schlüpfrigen Bahn zu sichern, meine Augen im Zaume gehalten? Habe ich unkeuschen Gesprächen meine Ohren verschlossen? Habe ich jede Berührung gemieden, die mich in das Laster der Unzucht hätte stürzen können? Habe ich aus meiner Seele alle unreine Gedanken und Vorstellungen gleich anfangs verbannt? Oder habe ich etwa das Gegentheil von allem diesem gethan? Verschwende ich nicht mein Hab und Gut, das mir Gott zu meinem und Anderer Vortheil beschert hat? Wie erfülle ich die Pflichten gegen meine Mitmenschen? Betrachte ich sie als Ebenbilder, Kinder Gottes? Bin ich gegen alle Menschen gerecht? Gebe ich Jedem das Seine? Habe ich nicht etwa der Gesundheit meines Nächsten dadurch geschadet, daß ich ihn zu Ausschweifungen und Lastern verleitet, oder daß ich ihm Verdruß und Kummer gemacht habe? Die Wahrheit ist ein Gemeingut der ganzen Menschheit; wer von ihr durch Zurückhaltung, Verstellung, Schmeichelei, Falschheit, Heuchelei, Lügen und Ränke abgleitet, verletzt ein heiliges Menschenrecht, er hintergeht dadurch seine Mitmenschen. Auf keine Art sollen wir daher unsern Nächsten, er sei, wer er wolle, belügen oder betrügen; sondern zu allen Zeiten sollen wir die Wahrheit reden. Weder durch Geberden, noch durch Handlungen sollen wir unsern wahren Gesinnungen widersprechen. (Wohl gibt es Fälle, wo es die Pflicht gebietet, oder die Klugheit räth, gewisse Dinge zu verschweigen.) War mir das Eigenthum meiner Brüder immer heilig? Habe ich es nicht etwa auf irgend eine Art verringert, mit Gewalt, oder mit List oder durch Betrug? Das Andern entzogene Eigenthum sind wir wieder zu erstatten schuldig, oder, wenn das nicht möglich ist, so sind wir doch verpflichtet, den zugefügten Verlust auf eine andere Art zu ersetzen. Die Ehre Anderer sollen wir auf keine Weise kränken, und ihren guten Namen nicht angreifen. Deßhalb sollen wir unsern Mitmenschen weder in Worten noch in Thaten die schuldige Achtung versagen, ihre Dienste nicht verkleinern, ihre Fehler weder heimlich noch öffentlich verbreiten, sie nicht vergrößern, wenn sie schon allgemein bekannt sind, sie nicht bitter beurtheilen, und uns des voreiligen Absprechens oder Richtens, der Tadelsucht, der hämischen Spötterei, des Lästerns und Verläumdens auf das Sorgfältigste enthalten. Und haben wir wirklich die Ehre Anderer verletzt, so sind wir schuldig, ihnen dieselbe wieder zu erstatten, und die falschen Nachrichten, die wir von ihnen verbreitet haben, zu widerrufen. Wir haben aber gegen andere Menschen nicht blos Pflichten der Gerechtigkeit, sondern auch Pflichten der Billigkeit, des allgemeinen Wohlwollens, der Menschenfreundlichkeit, der Liebe. Das Wohl und Wehe unserer Brüder soll uns stets am Herzen

2

liegen; wir sollen uns bemühen, ihr zeitliches und ewiges Wohl zu befördern. Vorzüglich aber soll unser Herz frei sein von den sträflichen Neigungen des Hasses, der Selbstsucht, des Argwohns, der Schadenfreude, der Unbarmherzigkeit und der Grausamkeit. Der ächte Christ sucht die Leiden der Dürftigen und der Armen durch Geben zu erleichtern; er bestrebt sich, die Ehre und den guten Ruf Anderer zu erhalten, und zu vermehren; er ist dienstfertig, verträglich, friedfertig und sanftmüthig; er nimmt nicht leicht etwas für eine Beleidigung auf, oder er sieht sie doch in einem mildern Lichte; er kennt bei erlittenen Beleidigungen die Aufwallung des Zorns in seinem Herzen nicht, und er ist geneigt, Beleidigungen ganz zu übersehen, im Falle er durch milde Ahndung derselben nichts bessert; er ist wohlwollend und versöhnend gegen den Feind und gegen den Beleidiger; er ist geneigt, auch die Verdienste derer, die ihm übel wollen und ihm Uebels thun, anzuerkennen, und da, wo es mit keiner Pflicht gegen ihn selbst und Andere streitet, ihr Glück zu befördern; er ist gesellig und im Umgange mit Andern freundlich, leutselig, gesprächig, höflich, bescheiden und anspruchslos. Wie habe ich endlich meine Pflichten in meinen besondern Verhältnissen beobachtet? Habe ich als Ehegatte mich bestrebt, den heiligen Bund der Ehe durch unbescholtene Treue, durch wahre Liebe, durch Nachsicht und Schonung bei Fehlern, durch alle das Leben erheiternde Tugenden des Umgangs, durch Sorgfalt für die Wohlfahrt des Hauses, vor Allem aber durch ächte Religiosität immer mehr und mehr zu befestigen? Habe ich für die körperliche und geistige Erziehung meiner Kinder gehörig gesorgt? Insbesondere aber habe ich sie strenge zur genauen Erfüllung der Berufspflichten angehalten? Als Sohn, oder Tochter: Bin ich meinen Eltern gehorsam? Erweise ich ihnen die schuldige Ehrfurcht? Erinnere ich mich von Zeit zu Zeit, daß meine Eltern in Hinsicht auf mich die Stelle Gottes vertreten? Bin ich meinem Vater und meiner Mutter dankbar für das viele Gute, das sie mir gethan haben? Befolge ich ihre heilsamen Lehren und ihren guten Rath? Unterstütze ich sie, im Falle sie meiner Hilfe bedürftig sind? Habe ich sie nicht durch ein unartiges Betragen, oder etwa gar durch Grobheiten beleidiget, in Worten belogen oder durch ein liederliches Leben betrübt? — Das, was man den Eltern schuldig ist, ist man auch gewisser Maßen den Erziehern, Lehrern, Vormündern, Pflegeltern, u. dgl. schuldig. Man kann sich daher gegen diese auf die nämliche Art versündigen, wie gegen die Eltern. Als Bruder oder Schwester: Geschwister sollen sich durch jede edle Tugend im Umgange, vor Allem durch ein liebevolles, friedliches und freundliches Entgegenkommen, durch Befriedigung unschuldiger Lieblingswünsche, durch Nachsicht und Schonung bei ihren gegenseitigen Fehlern, das Leben zu versüßen, sich einander zu veredeln suchen, im reifen Alter sich in den mannigfaltigen Bedrängnissen des Lebens wechselseitig unterstützen und den Geist einer uneigennützigen herzlichen und thätigen Liebe stets unter sich herrschen lassen. Ungefähr eben so sollen wir uns gegen Hausgenossen, Nachbarn, Anverwandte u. dgl. betragen. Habe ich diese Pflichten gegen die benannten Personen erfüllt? Habe ich nicht vielmehr in vielen Stücken das Gegentheil gethan? Als Hausvater, Hausmutter, Vorgesetzter: Bin ich gegen meine Untergebene gerecht gewesen? Habe ich sie billig und menschenfreundlich behandelt? Habe ich insbesondere meine Dienstboten, als Menschen, als Brüder, als Ebenbilder Gottes betrachtet? Gebe ich ihnen den verdienten Lohn? Schone ich ihre Kräfte und Gesundheit, und suche ich durch gesunde und hinreichende Nahrung ihr Leben zu erhalten? Habe ich Nachsicht bei ihren Fehlern und Vergehungen? Vermeide ich das hitzige Poltern, das erniedrigende Schimpfen, und andere Ausbrüche der Ungezogenheit, im Falle ich Fehler ahnden oder bestrafen muß? Belohne ich sie bei ausgezeichneten Diensten? Sorge ich für sie, wenn sie krank oder alt werden? Uebrigens sollen die Hausherren, die Hausmütter, die Obrigkeiten ihren Untergebenen ein Muster der Tugend sein, und es ja nicht dulden, daß sie einen unmoralischen, liederlichen Wandel führen. Vorzüglich sollen sie darauf Acht haben, daß sie den öffentlichen Gottesdienst fleißig besuchen.

Als Dienstbote: Habe ich meiner Herrschaft, meinen Vorgesetzten die schuldige Achtung erwiesen, und bin ich ihnen jederzeit gehorsam gewesen? War ich fleißig in meinem Dienste? Habe ich auch meine Herrschaft auf keine Art betrogen oder hintergangen? Habe ich ihr nicht durch meine Sorglosigkeit und Nachlässigkeit einen Schaden zugefügt? Selbst durch den Eigensinn, durch die Kargheit, und durch die Strenge der Herrschaft soll man sich nicht zur Pflichtvergessenheit verleiten lassen. Als Unterthanen sollen wir Alle den Regenten, den Obrigkeiten gehorchen, unsere Pflichten gegen sie genau erfüllen und für sie beten, nicht über sie schimpfen und murren. Habe ich bei Zeugschaften immer die Wahrheit gesprochen; nie einen falschen Eid geschworen? u. s. w.

Reue und Leid.

Himmlischer Vater! Oft und vielmal habe ich mich an Dir und an Jesus, meinem Erlöser, versündiget; ich bin es nicht werth, Dein Kind genannt zu werden! Wie sehr habe ich mir durch meine Sünden geschadet! Mein zeitliches und ewiges Wohl habe ich dadurch in Gefahr gesetzt. Aber vorzüglich ist mir leid, o mein Gott, daß ich Dich, meinen besten Wohlthäter, Dich, das allerhöchste, liebenswürdigste Gut, welches ich wegen Seiner selbst über Alles liebe, so sehr und oft beleidiget habe. Ich verfluche daher alle meine Sünden und nehme mir kräftiglich vor, künftig alle Sünden und böse Gelegenheiten zu meiden, und Dich, meinen gütigsten Vater, nicht mehr zu beleidigen. Verleih mir, o Herr, Deine kräftige Gnade dazu! Amen.

Gebet nach der Beicht.

Herr, ich danke Dir, daß Du mir die Gnade verliehen hast, meine Sünden dem Priester zu bekennen, und von ihm in Deinem Namen die Lossprechung zu erhalten. Ach, wie Vielen wird diese Gnade entzogen! Mir Unwürdigen hast Du sie ertheilt. Dies sei mir ein neuer Beweggrund, mich wahrhaft zu bessern, und ein neues Leben anzufangen. Steh Du mir bei, lieber Herr und Gott; steh Du mir bei in meinem Vorhaben und in Deinem heiligen Dienste! Stärke Du mich, daß ich heute einmal recht anfange, Deine Gebote zu beobachten; denn, was ich bisher gethan habe, ist wenig oder gar nichts.

Gebet zu Jesus Christus.

Jesus Christus, Du Freund und Begnadiger der reumüthigen Sünder! Du bist in die Welt gekommen, um zu suchen und selig zu machen, was verloren war. Du weißt es, welchen Gefahren und Anfechtungen ich in dem nothwendigen Verkehre mit einer Welt, die ihren Gott so wenig kennt und liebt, stets ausgesetzt bin. Du, o treuer Hirt, steh mir unter den vielfältigen Versuchungen bei, wache über mich, ermahne mich, führe und stärke mich durch Deinen heiligen Geist, daß ich nimmermehr in das Elend der Sünde zurückfalle, aus welchem Deine Erbarmungen mich heute errettet haben. Alle müssen sich freuen und fröhlich sein, die nach Dir fragen, und Dein Heil lieben; sie müssen Alle immerdar sagen: **Hochgelobt sei der Herr; denn ich bin arm und elend, der Herr aber sorget für mich.** Ja, Du bist mein Helfer und Erretter, mein Gott in der Noth, der nicht verweilet mit seiner Güte, Treue und Hilfe, wenn mein Herz aufrichtig und bereit ist, Deinen Geboten zu gehorchen. Ja, mein Herz ist bereitet, o Gott! ich lobpreise Deine unendliche Güte und ewige Wahrheit, die so weit reichet, als der Himmel ist und die Wolken gehen. Barmherzig und gnädig ist der Herr, geduldig und von großer Güte. Er handelt nicht mit uns nach unsern Sünden, und vergilt uns nicht nach unserer Missethat. So hoch der Himmel über der Erde ist, läßt er seine Gnade walten über Alle, die ihn fürchten; so weit der Abend vom Morgen ist, so weit nimmt er unsere Uebertretung von uns hinweg. Wie sich ein Vater über seine Kinder erbarmt, so erbarmt sich der Herr über die, so ihn fürchten. Vater, Deine Gnade beseelige mich von Ewigkeit zu Ewigkeit durch Deinen Sohn, Jesus Christus, unsern Herrn. — Heilige Maria, und ihr Heiligen Gottes alle, bittet für mich am Throne des Höchsten um die Gnade der Beharrlichkeit im Guten, damit auch ich einst, nach meinem Hinscheiden aus diesem Leben, seine Güte und Barmherzigkeit ewig mit euch im Himmel loben und preisen möge! Amen.

(Bete nun andächtig die dir auferlegte Buße. Sollst du das Unglück haben, neuerdings in eine schwere Sünde zu fallen, so gehe gleich den nächsten Sonn= oder Feiertag wieder zur Beicht. Dies ist ein kräftiges Mittel, von einer bösen Gewohnheit los zu werden.)

Communion=Andacht.

Vorbereitungsgebet.

Im Vertrauen auf Deine Liebe und Barmherzigkeit, die so groß ist, wie Du, o mein Gott und Herr! gehe ich zu Dir, ein Kranker zu seinem Heilande, ein Durstiger zur Quelle des Lebens, ein Dürftiger zum Könige des Himmels, ein Geschöpf zu seinem Schöpfer, ein Trostloser zu seinem freundlichen Tröster. Aber, was soll wohl das sein, daß Du zu mir kommst? Wer bin ich, daß Du Dich selbst mir gibst? Ich ein Sünder, wie darf ich es wagen, vor Dir zu erscheinen, und Du, der Heiligste, wie kannst Du so gütig sein, zu einem Sünder zu kommen? Wahrhaft, ich gestehe meine Nichtswürdigkeit; ich erkenne Deine Güte, ich preise Deine Vaterhuld, ich danke Deiner Liebe, die keine Gränzen hat. Denn, was Du hier zu meinem Besten thust, das thust Du nicht um meiner Verdienste, sondern um Deiner Liebe willen; Du thust das nur, um Deine Gnade an mir noch deutlicher zu beweisen, und mir selbst noch mehr Liebe und mehr Demuth einzuflößen. Süßester, gütigster Jesus! Welche Verehrung, welchen Dank, welche Lobpreisung bin ich Dir nicht schuldig dafür, daß Du mich mit Deinem heiligsten Leibe speisest? Der Menschenverstand ist nicht fähig, die Größe Deiner Liebe zu begreifen! Herr, ich kann Dich nicht nach Würde verehren, und doch möchte ich Dich mit voller Andacht empfangen. Was kann ich, indem ich zu Deinem Tische hintrete und Dein heiligstes Fleisch und Blut empfange; Besseres und für das Heil meiner Seele Nützlicheres thun, als mich vor Dir erniedrigen, und Deine gränzenlose Liebe lobpreisen und erhöhen? Ja, das will ich thun, mein Gott! Wie Nichts fühle ich mich vor Dir; im Abgrunde meines Nichts werfe ich mich hin vor Dir, und lobe Dich, und will Dich ewig loben, ewig Deinen Namen über alle Namen erhöhen. Du bist der Heiligste unter den Heiligen, und Du neigest Dich zu mir; Du ladest mich selbst zu Deinem Gastmahle ein. Du wirst mir die Speise des Himmels, das Brod der Engel zu essen geben, kein anderes Brod, als Dich selbst, das lebendige Brod, das vom Himmel herabgekommen ist, und der Welt das Leben gibt. Woher kommt wohl dies Uebermaß der Liebe? Wie herrlich und liebenswürdig erscheinst Du in derselben! Wie kann ich Dir dafür genug danken, Dich genug rühmen? O wie heilsam und nützlich ist Dein Rathschluß, indem Du dieses Sakrament eingesetzt hast! Wie süß und angenehm ist das Gastmahl, bei welchem Du Dich selbst zur Speise gibst! Wie wundervoll ist Dein Werk, wie allvermögend Deine Macht, wie undurchforschlich die Wahrheit Deines Wortes! Denn Du sprachst, und es ward Alles, was Du werden hießest! Du sprachst, und es ward Alles, wie Du es werden hießest. Wahrhaftig eine wundervolle, und bei aller Unbegreiflichkeit für den menschlichen Verstand, glaubwürdige Sache, daß Du, mein Herr und Gott, unter den geringen Gestalten des Brodes und Weines, zugegen bist, und, indem Dich der Mensch genießt, unverzehrt bleibst, ewig unser Gott und unser Herr. Du, dem Alles zu Gebote steht, der keines Dinges bedarf, Du wolltest durch dieses Sacrament in uns wohnen. Bewahre Du mir Leib und Seele unbefleckt, damit ich mit frohem und reinem Gewissen öfters Deine heiligen Geheimnisse feiern, und was Du zu Deiner Ehre und zum immerwährenden Denkmale Deiner Liebe gestiftet hast, zu meinem ewigen Heile empfangen möge. Amen.

(Aus dem vierten Buche der Nachahmung Jesu Christi können nun vor der heiligen Kommunion auch noch die Capitel 1, 2, 3, 4, 12 und 13, oder wenigstens eines derselben, mit gesammeltem Geiste und inniger Andacht gelesen werden.)

Beim Hinzutritt sollst du im Herzen sprechen:

Gütiger Heiland, ich nahe Deinem Tische, Dein heiligstes Fleisch und Blut zu empfangen; Dein heiliger Leib bewahre mich zum ewigen Leben. Amen.

Gebet nach der heiligen Kommunion.

Dank sei Dir, allmächtiger Gott, himmlischer Vater, für Deine unendliche Liebe und Güte, daß Du Deinen eingebornen Sohn Jesus Christus uns geschenket hast. Dank sei Dir, liebevoller Erlöser der Menschen, daß Du nach Deiner unbegränzten Liebe in dem heiligsten Geheimnisse des Altars Dich uns zur Speise, zur stärkenden Nahrung gegeben hast. Dank sei Dir, o heiliger Geist, Du hilfreicher Tröster der Sterblichen, daß Du so eben auf's Neue meine Seele als Deine Wohnung eingeweiht und geheiligt hast. O möchten doch alle Menschen mit mir einstimmen in das Lob Deiner Größe, Güte und Herrlichkeit!

Gott! Dich loben wir. Herr! Dich bekennen wir.
Dich, ewigen Vater, bete die ganze Erde ehrfurchtsvoll an.
Alle Engel und Erzengel, alle Himmel und seligen Chöre.

Alle Cherubim und Seraphin rufen Dir in un-
aufhörlichen Lobliedern zu:
   Heilig, heilig, heilig bist Du, o Herr, Gott
     Sabaoth!
   Himmel und Erde sind voll Deines Ruhmes
     und Deiner Herrlichkeit.
Dich preiset das ruhmvolle Chor der Apostel.
Dich preiset die ausgezeichnete Versammlung
   der Propheten.
Dich preiset das glänzende Heer der Martyrer.
Dich bekennt die heilige Kirche, so weit der
   Erdkreis reichet.
Dich, den Vater der unendlichen Herrlichkeit.
Deinen einigen, wahren, anbetungswürdigen
   Sohn.
Auch den heiligen Geist, unsern Tröster und
   Seligmacher.
Christus! Du König der Herrlichkeit!
Du bist der ewige Sohn des göttlichen Vaters.
Um die Menschen zu retten wurdest Du selbst
   Mensch.
Du hast den Stachel des Todes überwältiget,
   und den Gläubigen den Himmel eröffnet.
Du sitzest nun zur Rechten Gottes, in der
   Herrlichkeit des Vaters.
Du wirst als Richter einst wieder kommen.
Wir bitten Dich demüthig, verleihe uns, Deinen
   Dienern, welche Du mit Deinem Blute erlöset
   hast, Deine Gnade und Deinen Beistand.
Nimm uns zu jener Glückseligkeit auf, welche
   Deine Heiligen preisen.

O Herr, mache Dein Volk selig, segne Dein Erbe!
Leite und schütze uns gegen alle Gefahren.
Täglich, o Herr, preisen wir Dich!
Täglich loben wir Deinen heiligen Namen!
Sei unser Schutz', o Herr, an diesem Tage,
 damit wir nicht in Sünden fallen.
Erbarme Dich unser, o Herr, erbarme Dich unser!
Deine Barmherzigkeit, auf welche wir immer
 gehofft haben, walte allzeit über uns.
Auf Dir, o Herr, ruhet unsere Hoffnung.
Ehre sei dem Vater, dem Sohne und dem heiligen Geiste: von allen Menschen und zu allen Zeiten. Amen.
V. Gelobt sei der Vater, Sohn und heil. Geist!
R. Gelobt und gepriesen in alle Ewigkeit.

Fromme Empfindungen nach der heiligen Kommunion.

Herr, der Du an Liebenswürdigkeit und an Liebe gegen uns, Alles, was liebenswürdig ist und lieben kann, weit übertriffst! Dich habe ich jetzt empfangen und in mein Herz aufgenommen. Dich will ich nun lieben aus allen Kräften meiner Seele; denn nichts wünsche ich mehr, als mit Dir innigst vereinigt, mit Dir Eins zu bleiben. Du aber kennst meine Schwachheit und meine Noth; Du siehst mich, wie ich vor Dir erscheine, von bösen Neigungen und schändlichen Leidenschaften angefochten, und niedergedrückt, befleckt. Um Hülfe komme ich zu Dir. Wohl mir, daß ich mein Herz reden lassen darf, zu dem, der Alles weiß, dem all' mein Innerstes bekannt ist, der allein mich vollkommen trösten, der allein mir helfen kann. Du kennst das Gute, das ich nicht habe, und das ich doch vor Allem haben sollte. Du siehst, wie sehr arm ich bin, an Allem, was Tugend heißt. Sieh, arm und nackt stehe ich vor Dir, und flehe um Gnade, und schreie um Barmherzigkeit. Erquicke meinen Hunger nach Deinen Erbarmungen, entzünde mein kaltes Herz durch das Feuer Deiner Liebe, und erleuchte meine Blindheit durch das helle Licht Deiner Gegenwart. Laß mir alles Irdische, das mich von Dir abzieht, und zu sich hinlockt, bitter werden, lehre mich Alles, was mich drückt und kränkt, geduldig tragen, alles Sinnliche verachten und vergessen. Erhebe mein Herz zum Himmel, zu Dir hinauf und laß es nicht umher irren, auf der Erde. Du allein sollst von nun an mein höchstes Gut sein, Du mein höchstes Gut in alle Ewigkeit bleiben; denn Du allein bist meine Speise und mein Trank, meine Liebe und meine Freude, meine Lust und meine ganze Seligkeit. O, daß ich durch Deine Gegenwart ganz entzündet würde! O, daß alles Unreine in mir verzehret, mein ganzes Wesen in Dein Bild verklärt würde! Ein Geist mit Dir möchte ich werden. Ein Geist mit Dir durch die brennende Liebe, die alles Harte in mir erweichen, die alles Unedle wegschmelzen, und mich mit Dir vereinigen möge! Laß mich nicht hungrig und kraftlos von Deinem Tische gehen. Handle mit mir nach deiner Barmherzigkeit, wie Du mit so vielen Heiligen nach Deiner wundervollen Güte gehandelt hast. Du bist ja ein Feuer, das immer brennt und nie abnimmt; Du bist ja die Liebe selbst, die das Herz heiliget, und den Verstand erleuchtet. O daß ich von Dir entzündet, und durch Dich in eine lebendige Flamme verwandelt würde, und alles eigene Leben in mir erstürbe? Gütigster, liebreichster Jesus, gib, daß das mit mir geschehe! Amen.

Schluß-Gebet.

Gott, Deine Erbarmungen sind zahllos, und die Schätze Deiner Güte unermeßlich! Du gibst den Flehenden, um was sie bitten, und siehest gnädig auf Diejenigen herab, welche Dich mit reuevollem Herzen anrufen. Wir danken dir, Unendlicher, der Du die Liebe selbst bist, für alle Deine Gaben, und flehen ohne Unterlaß zu Deiner Milde, welche ganz Weisheit ist, daß Du uns zu der Belohnung des kommenden Lebens weise vorbereitest und gnädig hinüber leitest, durch Jesus Christus, Deinen Sohn, unsern Herrn, welcher mit Dir und dem heiligen Geiste, als gleicher Gott lebet und regieret von Ewigkeit zu Ewigkeit.

Die Gnade Gottes sei und bleibe allezeit bei uns. Amen.

(Zur fernern Erbauung nach der heiligen Kommunion lese man die Capitel 8, 9, 11, 15 und 16, aus dem vierten Buche der Nachahmung Jesu Christi, die auch, sowie das ganze vierte Buch, zu Nachmittag= und Abend=Betrachtungen an Kommunion=Tagen angewendet werden können.)

Litanei von dem allerheiligsten Altars-Sacramente.

Herr, erbarme Dich unser!
Christus, erbarme Dich unser!
Herr, erbarme Dich unser!
Christus, höre uns!
Christus, erhöre uns!
Gott Vater vom Himmel!
Gott Sohn, Erlöser der Welt!
Gott heiliger Geist!
Heilige Dreifaltigkeit, ein einiger Gott!
Jesus Christus im hochheiligen Sacramente wahrhaft gegenwärtig!
Verborgener Gott und Heiland!
Lebendiges Brod, das vom Himmel gekommen ist!
Brod, das für der Welt Leben gegeben ist!
Opfer des neuen Bundes!
Immerwährendes Opfer!
Unbeflecktes Opfer!
Denkmal der göttlichen Wunderwerke!
Band des Friedens und der Liebe!
Brunnen der Gnaden!

Erbarme Dich unser!

Schatz der Gläubigen!
Ergötzlichkeit der frommen Seelen!
Trost der Betrübten!
Speise der Hungrigen!
Arznei der Kranken!
Wegzehrung der Sterbenden!
Unterpfand der künftigen Glorie!

} Erb. Dich unser!

Sei uns gnädig! — Verschone uns, o Herr!
Sei uns gnädig! — Erhöre uns, o Herr!

Von dem unwürdigen Empfange deines heil. Leibes und Blutes!
Von Begierlichkeit des Fleisches!
Von Begierlichkeit der Augen!
Von Hoffart des Lebens!
Von aller Gefahr und Gelegenheit zu sündigen!
Durch die höchste Demuth, mit welcher Du Deinen Jüngern die Füße gewaschen hast!
Durch die inbrünstige Liebe, mit welcher Du dieses heiligste Geheimniß eingesetzt hast!
Durch die große Begierde, welche Du, dieses Osterlamm mit deinen Jüngern zu essen, getragen hast!
Durch Dein heiligstes Fleisch und Blut, welches Du uns in demselben hinterlassen hast!
Durch die fünf Wunden dieses Deines allerheiligsten Leibes!

} Erlöse uns, o Herr!

Wir arme Sünder! — Wir bitten Dich, erhöre uns!

Daß Du in uns den Glauben, die Ehrerbietung und Andacht gegen dieses göttliche Geheimniß mehren und erhalten wollest!
Daß Du uns von dem Tode der Sünde zum ewigen Leben auferwecken wollest!
Daß Du uns in Deiner Gnade stärken und bestätigen wollest!
Daß Du uns vor allen Nachstellungen des höllischen Feindes beschützen wollest!
Daß Du unser Gemüth mit der Gnade Deiner Heimsuchung erleuchten und reinigen wollest!
Daß Du das Feuer Deiner göttlichen Liebe in uns anzünden und erhalten wollest!
Daß Du uns mit dem Bande einer ewigen Liebe vereinigen wollest!
Daß Du uns in der Stunde des Todes mit dieser göttlichen Wegzehrung versehen und stärken wollest!
Daß Du uns zum Nachtmahl des ewigen Lebens einführen wollest!

} Wir bitten Dich, erhöre uns!

O Du Lamm Gottes, das Du hinwegnimmst die Sünden der Welt! —
Verschone uns, o Herr!
O Du Lamm Gottes, das Du hinwegnimmst ꝛc.
Erhöre uns, o Herr!
O Du Lamm Gottes, das Du hinwegnimmst ꝛc.
Erbarme Dich unser, o Herr!
Christus, höre uns!
Christus, erhöre uns! Vater unser ꝛc.

℣. Gelobt und gebenedeit sei das allerheiligste Sakrament des Altars!
℟. Von nun an bis in Ewigkeit!
℣. Herr, erhöre unser Gebet!
℟. Und laß unsere Bitten zu dir kommen!

O Jesus! Der Du uns in dem wunderbarlichen Sakramente ein immerwährendes Andenken Deines Leidens hinterlassen hast; wir bitten Dich, verleihe uns, daß wir die heil. Geheimnisse Deines Leibes und Blutes so verehren, daß wir die Früchte und den Nutzen Deiner Erlösung immerfort und ewiglich an uns erfahren mögen; der Du lebest und regierest mit Gott dem Vater, in Ewigkeit des heiligen Geistes, von Ewigkeit, zu Ewigkeit! — Amen.

Lauretanische Litanei.

Herr, erbarme Dich unser!
Christus, erbarme Dich unser!
Herr, erbarme Dich unser!
Christus, höre uns!
Christus, erhöre uns!
Gott Vater vom Himmel.
Gott Sohn, Erlöser der Welt.
Gott heiliger Geist.
Heilige Dreifaltigkeit, ein einiger Gott.

} Erbarme Dich unser!

Heilige Maria. Bitt für uns!
Heilige Jungfrau, ohne Erbsünde empfangen. Bitt für uns!

Heilige Gottesgebärerin.
Heilige Jungfrau der Jungfrauen.
Mutter Christi.
Mutter der göttlichen Gnade.
Du reinste Mutter.
Du keuscheste Mutter.
Du unversehrte Mutter.
Du unbefleckte Mutter.
Du liebliche Mutter.
Du wunderbarliche Mutter.
Du Mutter des Schöpfers.
Du Mutter des Erlösers.
Du weiseste Jungfrau.
Du ehrwürdige Jungfrau.
Du lobwürdige Jungfrau.
Du mächtige Jungfrau.
Du gütige Jungfrau.
Du getreue Jungfrau.
Du Spiegel der Gerechtigkeit.
Du Sitz der Weisheit.
Du Ursache unserer Freude.
Du geistliches Gefäß.
Du ehrwürdiges Gefäß.
Du vortreffliches Gefäß der Andacht.
Du geistliche Rose.
Du Thurm Davids [1]
Du elfenbeinerner Thurm. [2]

⎬ Bitt für uns!

---

[1] Das heißt: Tochter aus dem Geschlechte Davids, unerschütterlich in der Tugend.
[2] D. h. du standhafte Jungfrau, rein und unbefleckt wie Elfenbein.

Du goldenes Haus. ³)
Du Arche des Bundes. ⁴)
Du Pforte des Himmels. ⁵)
Du Morgenstern.
Du Heil der Kranken.
Du Zuflucht der Sünder.
Du Trösterin der Betrübten.
Du Helferin der Christen. ⁶)
Du Königin der Engel. ⁷)
Du Königin der Patriarchen.
Du Königin der Propheten.
Du Königin der Apostel.
Du Königin der Märtyrer.
Du Königin der Bekenner.
Du Königin der Jungfrauen.
Du Königin aller Heiligen.

} Bitt für uns!

O Du Lamm Gottes 2c.
Verschone uns, o Herr!
O Du Lamm Gottes 2c.
Erhöre uns, o Herr!
O Du Lamm Gottes 2c.
Erbarme dich unser, o Herr!
Christus, höre uns!

---

³) D. h. du Wohnung der Tugenden, kostbar wie Gold.

⁴) D. h. du Mutter des Stifters des alten und neuen Bundes.

⁵) D. h. du Mutter dessen, der uns den Himmel geöffnet hat.

⁶) D. h. du Mutter dessen, der besonders auch auf deine Fürbitte uns Trost und Hilfe gewährt.

⁷) D. h. die du über alle Engel und Heilige von Gott erhoben bist.

Christus, erhöre uns!
Herr, erbarme Dich unser!
Christus, erbarme Dich unser!
Herr, erbarme dich unser!

Unter deinen Schutz und Schirm fliehen wir, o heilige Gottesgebärerin! Verschmähe nicht unser Gebet in unsern Nöthen, sondern erlöse uns jederzeit von aller Gefährlichkeit; o du glorwürdige und gebenedeite Jungfrau, unsere Frau, unsere Mittlerin, unsere Fürsprecherin; versöhne uns deinem Sohne, befiehl uns deinem Sohne, stelle uns vor deinem Sohne!

V. Bitt für uns, o heilige Gottesgebärerin!

R. Auf daß wir würdig werden der Verheißungen Christi.

Gebet. Wir bitten Dich, o Herr! Du wollest Deine Gnade in unsere Herzen eingießen, damit wir, die wir durch des Engels Botschaft Christus Deines Sohnes Menschwerdung erkannt haben, durch sein Leiden und Kreuz zur Herrlichkeit der Auferstehung geführt werden. Durch denselben Jesus Christus unsern Herrn. Amen.

V. Bitt für uns, o heiliger Joseph!

R. Auf daß wir würdig werden der Verheißungen Christi.

Gebet. Wir bitten Dich, o Herr! laß uns durch die Verdienste des Bräutigams Deiner allerseligsten Gebärerin geholfen werden, damit, was unser eigenes Vermögen nicht erhalten kann, dasselbe durch seine Fürbitte uns gegeben werde. Der Du lebest und regierest, Gott von Ewigkeit zu Ewigkeit. Amen.

Litanei zu allen Heiligen.

Herr, erbarme Dich unser!
Christus, erbarme Dich unser!
Herr, erbarme Dich unser!
Christus, höre uns!
Christus, erhöre uns!
Gott Vater vom Himmel, erbarme Dich unser!
Gott Sohn, Erlöser der Welt, erbarme Dich unser!
Gott heiliger Geist, erbarme Dich unser!
Heilige Dreifaltigkeit, ein einiger Gott, erbarme Dich unser!
Heilige Maria.
Heilige Gottesgebärerin.
Heilige Jungfrau aller Jungfrauen.
Heiliger Michael.
Heiliger Gabriel.
Heiliger Raphael.
Alle heil. Engel und Erzengel, bittet für uns!
Alle heiligen Chöre der seligen Geister.
Heiliger Johannes der Täufer.
Heiliger Joseph.
Alle heiligen Patriarchen und Propheten, bittet für uns!
Heiliger Petrus.
Heiliger Paulus.
Heiliger Andreas.

} Bitt für uns!

Heiliger Jacobus.
Heiliger Johannes.
Heiliger Thomas.
Heiliger Jacobus major.
Heiliger Philippus.
Heiliger Bartholomäus.
Heiliger Matthäus.
Heiliger Simon.
Heiliger Thaddäus.
Heiliger Mathias.
Heiliger Barnabus.
Heiliger Lucas.
Heiliger Marcus.
Alle heiligen Apostel und Evangelisten, bittet für uns!
Alle heiligen Jünger des Herrn, bittet für uns!
Alle heil. unschuldigen Kinder, bittet für uns!
Heiliger Stephanus.
Heiliger Laurentius.
Heiliger Vincentius.
Heiliger Fabianus und Sebastianus, bittet für uns!
Heiliger Johannes und Paulus.
Heiliger Cosmas und Damianus.
Heiliger Gervasius und Protasius.
Alle heiligen Martyrer.
Heiliger Sylvester.
Heiliger Gregorius.
Heiliger Ambrosius.
Heiliger Augustinus.

Bitt für uns!

Heiliger Hieronymus.
Heiliger Martinus.
Heiliger Nicolaus.
Alle heiligen Bischöfe und Beichtiger, bittet für uns!
Alle heiligen Kirchenlehrer.
Heiliger Antonius, bitt für uns!
Heiliger Benedictus.
Heiliger Bernardus.
Heiliger Dominicus.
Heiliger Franciscus.
Alle heiligen Priester und Leviten, bittet für uns!
Alle heiligen Mönche und Einsiedler, bittet für uns!
Heilige Maria Magdalena.
Heilige Agatha.
Heilige Lucia.
Heilige Agnes.
Heilige Cäcilia.
Heilige Katharina.
Heilige Anastasia.
Alle heiligen Jungfrauen und Wittfrauen, bittet für uns!
Alle Heiligen Gottes, bittet für uns!

} Bitt für uns!

Sei uns gnädig; verschone uns, o Herr!
Sei uns gnädig; erhöre uns, o Herr!
Von allem Uebel, erlöse uns, o Herr!
Von aller Sünde, erlöse uns, o Herr!
Von deinem Zorne, erlöse uns, o Herr!

Von einem jähen und unversehenen Tode.
Von den Nachstellungen des Teufels.
Von Zorn, Haß und allem bösen Willen.
Vom Geiste der Unkeuschheit.
Von Blitz und Ungewitter.
Von der Geißel des Erdbebens.
Von Pest, Hunger und Krieg.
Vom ewigen Tode.
Durch das Geheimniß Deiner heiligen Menschwerdung.
Durch Deine Ankunft.
Durch Deine Geburt.
Durch Deine Taufe und Dein heiliges Fasten.
Durch Dein Kreuz und Leiden.
Durch Deinen Tod und dein Begräbniß.
Durch Deine heilige Auferstehung.
Durch Deine wunderbare Himmelfahrt.
Durch die Ankunft des heiligen Geistes, des Trösters.

} Erlöse uns, o Herr!

Am Tage des Gerichtes.
Wir arme Sünder.
Daß Du uns verschonest.
Daß Du uns verzeihest.
Daß Du zur wahren Buße uns führen wollest.
Daß Du Deine heilige Kirche regieren und erhalten wollest.
Daß Du den apostolischen Oberhirten und alle kirchlichen Stände in der heiligen Religion erhalten wollest.

} Wir bitten Dich, erhöre uns!

Daß Du die Feinde der heiligen Kirche demüthigen wollest.

Daß Du den christlichen Königen und Fürsten Frieden und wahre Eintracht verleihen wollest.

Daß Du dem ganzen christlichen Volke Frieden und Einigkeit ertheilen wollest.

Daß Du uns selbst in deinem heiligen Dienste stärken und erhalten wollest.

Daß Du unsere Herzen zu himmlischen Begierden erhebest.

Daß Du allen unsern Wohlthätern mit den ewigen Gütern vergeltest.

Daß Du unsere Seelen und die unserer Brüder, Freunde und Wohlthäter von der ewigen Verdammniß errettest.

Daß Du die Früchte der Erde geben und erhalten wollest.

Daß Du allen abgestorbenen Christgläubigen die ewige Ruhe verleihen wollest.

Daß Du uns erhören wollest.

Du Sohn Gottes.

O Du Lamm Gottes, welches du 2c.

Verschone uns, o Herr!

O Du Lamm Gottes 2c.

Erhöre uns, o Herr!

O Du Lamm Gottes 2c.

Erbarme Dich unser, o Herr!

Christus, höre uns!

Christus, erhöre uns!

Herr, erbarme Dich unser!

Wir bitten Dich, erhöre uns!

Christus, erbarme Dich unser!
Herr, erbarme Dich unser!
Vater unser. Ave Maria.

Psalm 69.) O Gott! merke auf meine Hilfe; Herr! eile mir zu helfen. — Schamroth und zu Schanden sollen werden, die meiner Seele nachstellen. — Zurückbeben und erröthen sollen sie, die mir Uebels wollen. — Plötzlich vor Scham zurückbeben sollen sie, die mir zurufen: So recht! so recht! — Frohlocken aber und sich freuen in Dir sollen alle, Die Dich suchen; und die Dein Heil lieben, sollen immer sagen: Hochgepriesen sei der Herr! — Ich aber bin elend und arm; Gott! hilf mir. — Du bist mein Helfer und mein Retter; Herr! säume nicht. Ehre sei dem Vater u. s. w.

V. Rette deine Diener,

R. Die auf Dich hoffen, o mein Gott!

V. Sei uns, o Herr! ein Thurm der Stärke,

R. Wider unsere Feinde.

V. Nichts vermöge der Feind wider uns,

R. Und der Sohn der Bosheit dürfe uns fürder nicht schaden.

V. Herr, handle nicht mit uns nach unsern Sünden:

R. Und vergilt uns nicht nach unsern Missethaten.

V. Lasset uns beten für unsern hl. Vater N.

R. Der Herr erhalte ihn und belebe ihn, und mache ihn glücklich auf Erden, und übergebe ihn nicht in die Hände seiner Feinde.

V. Lasset uns beten für unsere Wohlthäter.

R. O Herr! verleih allen unsern Wohlthätern um deines Namens willen das ewige Leben. Amen.

V. Lasset uns beten für die abgestorbenen Christgläubigen.

R. Herr! gib ihnen die ewige Ruhe, und das ewige Licht leuchte ihnen.

V. Laß sie ruhen in Frieden. R. Amen.

V. Für unsere abwesenden Brüder.

R. Rette Deine Diener, o mein Gott! die auf Dich hoffen.

V. Sende ihnen Hilfe, o Herr! vom Heiligthum;

R. Und von Sion aus beschütze sie.

V. Herr! erhöre mein Gebet.

R. Und laß mein Rufen zu Dir kommen.

O Gott! dem es eigen ist, sich allzeit zu erbarmen und zu verschonen, nimm auf unser Gebet, damit wir und alle Deine Diener, welche in den Ketten der Sünde gefesselt sind, durch Deine gnädige Erbarmung und Milde freigesprochen werden.

Wir bitten Dich, o Herr! erhöre unser demüthiges Gebet und schone unser, die wir unsere Sünden vor Dir bekennen, auf daß wir zugleich Verzeihung und Frieden von Deiner Gütigkeit empfangen.

Erzeige uns gnädig, o Herr! Deine unaussprechliche Barmherzigkeit, auf daß wir von allen Sünden erlediget und zugleich von den Strafen, die wir dafür verdienen, errettet werden.

O. Gott! der Du durch die Schuld beleidigt und durch reumüthige Buße versöhnt wirst, sieh gnädig auf das demüthige Gebet Deines Volkes und wende ab die Geißel Deines Zornes, die wir für unsere Sünden verdienen.

Allmächtiger, ewiger Gott! Erbarme Dich Deines Dieners unsers Papstes N. und leite ihn nach Deiner Gütigkeit auf den Weg des ewigen Heils, auf daß er durch Deine Gnade das, was dir wohlgefällig ist, begehre und kräftig vollbringe.

Behüte auch Deine Diener unsern Bischof N. und unsern Landesherrn N. zugleich mit dem ihnen anvertrauten Volke; bewahre uns vor aller Widerwärtigkeit, gib Frieden und Heil zu unseren Zeiten und vertreib alle Bosheit von Deiner heiligen Kirche.

O Gott! von dem die heiligen Begierden, die rechten Entschlüsse und die guten Werke entspringen, gib Deinen Dienern jenen Frieden, den die Welt nicht geben kann, damit unsere Herzen Deinen Geboten ergeben, und unsere Zeiten, von der Furcht des Feindes befreit, durch Deinen Schutz gesichert und friedsamen seien.

Brenne mit dem Feuer des heiligen Geistes unsere Herzen und Nieren, o Herr! damit wir mit keuschem Leibe Dir dienen und durch ein reines Herz Dir gefallen.

O Gott, Du Schöpfer und Erlöser aller Gläubigen! ertheile den Seelen Deiner Diener und Dienerinen Verzeihung aller ihrer Sünden, damit sie den Nachlaß, den sie immer gewünscht haben, durch fromme Gebete erlangen.

Wir bitten Dich, o Herr! Du wollest unsern Handlungen durch Deine anregende Gnade zuvorkommen und selbige mit Deinem Beistande begleiten, damit all' unser Reden und Thun von Dir allzeit beginne und in Dir das Angefangene beendigt werde.

Allmächtiger, ewiger Gott! der Du herrschest über die Lebendigen und die Todten und Dich Aller erbarmest, welche Du nach ihrem Glauben und ihren Werken im voraus als die Deinen erkennest, wir bitten Dich demüthig, laß alle diejenigen, für welche zu beten wir uns vorgenommen haben, mögen sie noch von dem gegenwärtigen Leben im Fleische zurückgehalten werden, oder schon des Leibes entledigt in das Zukünftige hinübergenommen sein, durch die Fürsprache aller Deiner Heiligen von Deiner väterlichen Güte und Milde Verzeihung aller ihrer Sünden erhalten. Durch Jesus Christus unsern Herrn. Amen.

℣. Es erhöre uns der allmächtige und barmherzige Gott. Amen.

℟. Und die Seelen der Christgläubigen ruhen durch die Barmherzigkeit Gottes in Frieden. Amen.

———

Kreuzweg-Andacht.

Vorbereitung.

O Gott, himmlischer Vater! Ich will jetzt betrachten die Leiden, die Jesus in den letzten Stunden vor seinem Erlösungstode gelitten hat. Ich will im Geiste mit Ihm den Marterweg wandeln, den er von der Gerichtsstube des Pilatus bis an die Schädelstätte gewandelt ist, und daselbst mit Maria und Johannes unter dem Kreuze stehen, damit ich auf's Neue über meine Sünden zerknirschet werde, und ernstliche Gedanken der Buße fasse.

Gib mir dazu Deine Gnade, o Herr, und laß mich Antheil nehmen an den heiligen Abläßen, die die katholische Kirche auf diese heilige Andacht verliehen hat.

I. Station.
Jesus wird zum Kreuztod verurtheilt.

V. Wir beten Dich an, Herr Jesu Christe, und benedeien Dich.

R. Denn durch Dein heiliges Kreuz hast Du die ganze Welt erlöst.

Jesus hat niemals einem Menschen etwas zu Leid gethan, sondern ist drei Jahre umhergegangen und hat allen Menschen Gutes gethan. Die Juden aber klagten Ihn an: Er sei ein Aufrührer und Gotteslästerer und begehrten seinen Tod von Pilatus. Pilatus gibt ihnen nach und bricht den Stab über den unschuldigen Jesus.

O mein Heiland, der Du um meiner Sünden willen verurtheilt worden bist, ich will von nun

an auch mit Dir die übeln Urtheile leiden. Wenn man mir auch alles Böse fälschlich nachsagt, es geschehe nach Deinem Willen. Herr, Alles Dir zu lieb! Amen. — Vater unser ꝛc.
V. Gekreuzigter Herr Jesu Christe!
R. Erbarme Dich meiner.

II. Station.
Jesus nimmt das Kreuz auf seine Schultern.

V. Wir beten Dich an, Herr Jesu Christe, und benedeien Dich.
R. Denn durch Dein heiliges Kreuz hast Du die ganze Welt erlöst.

Wie Isak einst das Holz zum Brandopfer ohne Widerrede auf sich genommen hat, so nimmt Jesus das Kreuzholz willig auf seine Schultern. Schweigend trägt er es daher, wenn es Ihn schon recht schwer darnieder drückt. Ach, er ist bereit, es zu tragen bis zum letzten Athemzug.

O Jesu! Da Du das schwere Kreuz trägst, trägst Du auch meine schweren Sünden. Weil sie Dir ein Abscheu und ein Greuel sind, so wolltest Du so Vieles leiden, mich davon zu erlösen. O Herr, ich will mit Deiner Gnade Buße thun, mein Leben bessern, mein Kreuz alle Tag auf mich nehmen und Dir nachfolgen. — Vater unser ꝛc.
V. Gekreuzigter Herr Jesu Christe!
R. Erbarme Dich meiner.

III. Station.
Jesus fällt das erste Mal unter dem Kreuze.

V. Wir beten Dich an, Herr Jesu Christe, und benedeien Dich.

℞. Denn durch Dein heiliges Kreuz hast Du die ganze Welt erlöst.

Die Kreuzeslast liegt schwer auf Jesus. Ach, er ist schon vorher gegeisselt, mit Dornen gekrönt, und mit allen Peinen gemartert worden. Nun muß er noch die schwere Kreuzeslast tragen. Er unterliegt ihr; denn er sinkt unter großen Schmerzen zu Boden.

Göttlicher Heiland! Meine Sünden sind Dir so schwer geworden, daß Du durch ihre Last zu Boden geworfen wurdest. O Herr, ich will nimmer sündigen. Verfluchen will ich die Sünde auf ewig, die meinem Heiland so weh thut. Amen. Vater unser ꝛc.

V. Gekreuzigter Herr Jesu Christe!
℞. Erbarme Dich meiner.

IV. Station.
Jesus begegnet mit dem Kreuze seiner geliebten, bis zum Tode betrübten Mutter.

V. Wir beten Dich an, Herr Jesu Christe, und benedeien Dich.
℞. Denn durch Dein heiliges Kreuz hast Du die ganze Welt erlöst.

Jesus begegnet auf dem Kreuzwege seiner Mutter, was muß das für ein Schmerz für ihn und für sie gewesen sein! Die edelsten zwei Seelen, die je auf Erden gewesen, sehen sich hier in lauter Spott, Schmach und Schande — Mutter und Sohn, eines leidet mit dem andern unsägliche Schmerzen.

O ihr liebenden, schmerzvollen Herzen, Jesus und Maria, laßt auch mich theilnehmen an euren

Leiden. Mit euch will ich von nun an oft trauern, will nichts mehr wissen von der Eitelkeit dieser Welt, will ernstlich büßen für meine Sünden. Amen. — Vater unser ꝛc.
V. Gekreuzigter Herr Jesu Christe!
R. Erbarme Dich meiner.

V. Station.
Simon wird gezwungen Jesu das Kreuz nachzutragen.

V. Wir bethen Dich an, Herr Jesu Christe, und benedeien Dich.

R. Denn durch dein heil. Kreuz hast Du die ganze Welt erlöst.

Jesus kann das Kreuz endlich nicht mehr tragen, und die Peiniger fürchten, er möchte auf dem Wege unterliegen. Da zwingen sie den vorbeigehenden Simon von Cyrene, es ihm nachzutragen. Simon thut es, aber nicht freiwillig, sondern nur gezwungen. Ach Gott! Keiner will sich über Jesus erbarmen, so groß und unerträglich sein Leiden ist.

O Gott, was muß ich befürchten, wenn ich fortfahre zu sündigen, und die unerträgliche Last meiner Sünden noch immer schwerer mache. Ach nein, ich will nicht mehr sündigen, sondern will deinen leidenden Gliedern: den Armen, Kranken, Betrübten Gutes thun, so viel ich kann. Amen. Vater unser ꝛc.
V. Gekreuzigter Herr Jesu Christe!
R. Erbarme Dich meiner.

VI. Station.
Veronika reicht Jesu das Schweißtuch dar.

V. Wir bethen Dich an, Herr Jesu Christe, und benedeien Dich.

℟. Denn durch dein heil. Kreuz hast Du die ganze Welt erlöst.

In Mitte der Gottlosen reicht eine mitleidvolle, fromme Frau Jesu ein Schweißtuch dar, um sich den Schweiß, das Blut, den Staub, von seinem heiligen Angesichte abwischen und sich wohlthätig kühlen zu können. Und stehe da, in diesem Tuche drückt sich das ganze Angesicht Jesu aus.

O Heiland der Welt! Ich bitte Dich mit Inbrunst, habe auch Du Mitleid mit mir; wische von meiner Seele allen Schmutz der Sünde hinweg, und präge dein reines Ebenbild darin aus, damit ich Dir einst ähnlich erfunden werde. Amen. — Vater unser ꝛc.

℣. Gekreuzigter Herr Jesu Christe!
℟. Erbarme Dich meiner.

VII. Station.

Jesus fällt das zweite Mal unter dem Kreuze.

℣. Wir bethen Dich an, Herr Jesu Christe, und benedeien Dich.
℟. Denn durch dein heil. Kreuz hast Du die ganze Welt erlöst.

Da man Jesu das Kreuz nicht ganz abgenommen hat, so fällt er auch das zweite Mal zu Boden, und thut sich weh an Händen, Knieen, am Leibe, an der Schulter. Wer mag es aussprechen können, welchen Schmerz dieses Fallen ihm verursacht hat?

O Jesu, Du Mann der Schmerzen, der Du so geduldig für mich leidest, und keinen Helfer deiner Leiden haben willst, diese deine schmerzlichen Fälle unter der Kreuzeslast will ich tief zu Herzen nehmen, so oft eine Versuchung mich zum Falle bringen will. Amen. — Vater unser ꝛc.

𝖵. Gekreuzigter Herr Jesu Christe!

℟. Erbarme Dich meiner.

VIII. Station.
Die Töchter von Jerusalem weinen über Jesu.

𝖵. Wir bethen Dich an, Herr Jesu Christe, und benedeien Dich.

℟. Denn durch dein heil. Kreuz hast Du die ganze Welt erlöst.

Unter den Frauen, die Jesu auf dem Kreuzwege mitfolgten, regten sich mitleidige Herzen, welche Jesus in seinen Leiden innigst bedauerten. Sie weinten laut und schluchzten, so, daß Jesus es bemerkte. „Weinet nicht, sprach er, über mich, sondern weinet über euch und über eure Kinder; denn es werden Tage über euch kommen, wo ihr zu den Bergen sagen werdet: Fallet über uns, und zu den Hügeln: Bedecket uns; denn wenn dieß am grünen Holze geschieht, was wird erst am dürren geschehen?"

O Jesu, laß mich meine Sünden aufrichtig beweinen! Gib mir Bäche der Thränen, daß ich nimmer zu weinen aufhöre, bis ich die verdienten zeitlichen Sündenstrafen abgetragen habe. Amen. — Vater unser ꝛc.

𝖵. Gekreuzigter Herr Jesu Christe!

℟. Erbarme Dich meiner.

IX. Station.
Jesus fällt das dritte Mal unter dem Kreuze.

𝖵. Wir bethen Dich an, Herr Jesu Christe, und benedeien Dich.

℟. Denn durch dein heil. Kreuz haſt Du die ganze Welt erlöſt.

Was der Prophet David von Jeſus vorausgeſagt hat: „Ich bin ein Wurm, und kein Menſch," das geht in ihm bei ſeinem Leidensgange wirklich in Erfüllung. Er fällt jetzt ſchon das dritte Mal zu Boden und wird von ſeinen Feinden gleich einem Wurme geachtet, den man in den Koth tritt.

Ach, leidender Jeſu! wie groß iſt deine Sanftmuth gegen deine Feinde! Du haſt Mitleid mit ihnen und beteſt noch für ſie. Deine Barmherzigkeit iſt unendlich. So gnädig Du einſt gegen deine Peiniger warſt, eben ſo gnädig und barmherzig ſei Du auch gegen mich und alle Menſchen auf Erden. Amen. — Vater unſer ꝛc.

℣. Gekreuzigter Herr Jeſu Chriſte!
℟. Erbarme Dich meiner.

X. Station.
Jeſus wird ſeiner Kleider beraubt.

℣. Wir bethen Dich an, Herr Jeſu Chriſte, und benedeien Dich.
℟. Denn durch dein heil. Kreuz haſt Du die ganze Welt erlöſt.

Es iſt eines der allergrößten Leiden für den ſchamhaften Jeſus, ſich öffentlich vor einer Rotte verworfener Menſchen entkleiden zu laſſen. Wenn es ſchon hart für ihn iſt, daß man ihm beim Abnehmen der Kleider alle Wunden von Neuem wieder aufreißt, ſo iſt doch die Entblößung noch das Peinlichſte für ihn.

Ach, göttlicher Heiland! Du büßteſt da für unſre unreinen Gedanken, Worte und Werke, die wir uns im Leben zu Schulden kommen lassen. Weil diese Gott so schwer beleidigen, mußt Du auch so schwer dafür büßen. O Herr, behüte mich doch vor aller Unreinigkeit. Amen. — Vater unser ꝛc.

V. Gekreuzigter Herr Jesu Christe!
R. Erbarme Dich meiner.

XI. Station.
Jesus wird an das Kreuz geheftet.

V. Wir bethen Dich an, Herr Jesu Christe, und benedeien Dich.
R. Denn durch dein heil. Kreuz hast Du die ganze Welt erlöst.

Nun wird Jesu die letzte und schwerste Pein angethan. Man wirft ihn auf's Kreuz, schlägt ihm starke eiserne Nägel durch Hände und Füße, und erhöht ihn am Kreuze hängend zwischen Himmel und Erde. Kein Mensch und kein Engel weiß und erkennt die Größe dieses Leidens, das Jesus am Kreuze erduldete.

O Größe meiner Sünden! O Greuel meiner Missethaten, die Jesu ein so grausames Leiden bereitet haben! Ach Gott! Ich will Buße thun, will mich von Grund aus bekehren, damit ein so qualvolles Leiden meines Erlösers nicht umsonst für mich sei. Amen. — Vater unser ꝛc.

V. Gekreuzigter Herr Jesu Christe!
R. Erbarme Dich meiner.

XII. Station.
Jesus stirbt am Kreuze.

V. Wir bethen Dich an, Herr Jesu Christe, und benedeien Dich.

℞. Denn durch dein heil. Kreuz haft Du die ganze Welt erlöst.

Drei Stunden lang hängt Jesus am Kreuze und leidet unaussprechliche Peinen. Die Sonne verfinstert sich, die Erde spaltet sich, der Vorhang im Tempel zerreißt, die Todten gehen aus den Gräbern, die ganze Natur ächzet über die namenlosen Leiden Jesu. Endlich neigt er sein Haupt und stirbt.

O Jesu, meine Liebe und mein Leben! Dein Leiden ist vollendet; Du hast Alles vollbracht, was Dir der Vater aufgegeben; die Menschen sind erlöst. Dank Dir, tausend Dank! Hinweg nun, du Welt und alle Gelüste von mir! Christus soll von nun an mein Leben sein, und Sterben mein Gewinn! Amen. — Vater unser ꝛc.

V. Gekreuzigter Herr Jesu Christe!
℞. Erbarme Dich meiner.

XIII. Station.
Jesus liegt im Schooße seiner Mutter.

V. Wir bethen Dich an, Herr Jesu Christe, und benedeien Dich.
℞. Denn durch dein heil. Kreuz hast Du die ganze Welt erlöst.

Maria hat alle Leiden mit Jesus im Geiste gelitten. Ein siebenfaches Schwert der Schmerzen hat ihr Herz durchdrungen. Ihr einziger Trost ist jetzt der in ihrem Schooße liegende Heiland. Sie weint über ihn, aber mehr Thränen der Wehmuth, als des Schmerzes. Die heilige Mutter tröstet sich, daß der Sohn nichts mehr leidet, aber sie trauert, daß er dahin geschieden ist.

O heilige Maria! Nimm mich auch mit mütterlichen Armen in deinen Schooß, und laß mich immer auf deine Mutterliebe vertrauen! Bitt für mich im Leben und im Tode. Amen. — Vater unser ꝛc.
V. Gekreuzigter Herr Jesu Christe!
R. Erbarme Dich meiner.

XIV. Station.
Jesus Leichnam wird in's Grab gelegt.

V. Wir beten Dich an, Herr Jesu Christe, und benedeien Dich.
R. Denn durch Dein heil. Kreuz hast Du die ganze Welt erlöst.

Wie es der Prophet voraus sagte: „Sein Grab wird herrlich sein," so wird es erfüllt. Joseph von Arimathäa, ein vornehmer Rathsherr und Jünger Jesu, nimmt seinen Leichnam vom Kreuze und legt ihn in ein schönes, neu ausgehauenes Grab. Da ruht er nun sanft, bis er am dritten Tage morgens glorreich als Sieger über Leben und Tod auferstehen wird.

O Jesu! Laß mich mit Dir der Welt und allen Lüsten begraben sein! Laß mich ein sanftes, demüthiges, reines und stilles Leben führen, ferne von dem Geräusche dieser Welt, damit ich einst, wenn Deine Posaune ruft, zu einem glorreichen Leben auferstehen möge. Amen. — Vater unser ꝛc.
V. Gekreuzigter Herr Jesu Christe!
R. Erbarme Dich meiner.

Dankſagung.

Ich danke Dir, o Herr, für alle frommen Entſchlüſſe und Rührungen, die Du mir bei dieſer heiligen Andacht verliehen haſt. Ich bitte Dich, Du wolleſt mich von nun an ſo mächtig durch Deine Gnade unterſtützen, daß ich nie mehr Jeſum, meinen Heiland, beleidige, und ſein heiliges Leiden vereitle. O Gott, weich nicht von mir, Deinem armen Diener, und laß mich einſt als einen treuen Nachfolger Jeſu beim Gerichte erfunden werden, damit ich der ewigen Seligkeit theilhaftig werden möge. Amen.

Die Seelen aller Chriſtglaubigen ruhen im Frieden. Amen.

Andacht zur heiligſten Jungfrau und Mutter Gottes Maria.

Heilige Jungfrau Maria, Mutter meines Heilandes! Ich bitte dich um des bittern Schmerzes willen, welcher dein mütterliches Herz durchdrungen, da du deinen geliebten Sohn am Kreuze ſterben ſaheſt, erwirb mir die Gnade, daß ich meines gekreuzigten Erlöſers nie vergeſſe, und daß ich, o liebſte Mutter, die Bitterkeit ſeines Todes recht lebhaft empfinde und die Größe der Liebe erkenne, mit welcher er ſich freiwillig in den ſchmerzlichſten Tod hingegeben hat. Verſchaffe mir eine heilſame Traurigkeit und Thränen der Buße, damit ich meine Sünden beweine, um derentwillen Jeſus ſein Blut vergoſſen hat. Die Erinnernng an das Leiden Jeſu ſei mir ein beständiger Antrieb, die Sünde zu meiden, meinen Gott über Alles zu lieben und nie durch eine Sünde mich von ihm zn trennen. Göttliche Mutter! Nimm mich als dein Kind unter deinen Schutz, sei meine gütige Mutter und versage mir deinen Beistand nicht in meineu Nöthen. Sei meine Fürsprecherin bei deinem göttlichen Sohne.

O Mutter der Barmherzigkeit höre mich! Zuflucht der Sünder, zu dir fliehe ich. Hilfe der Christen, hilf mir. Trost der Betrübten, tröste mich. Heilige Maria, Mutter Gottes, bitt für mich armen Sünder, jetzt und in der Stunde meines Todes. Amen.

O seligste Jungfrau Maria, durch deine Fürbitte vermagst du Alles bei Gott, ich bitte dich, wandle mein sündhaftes Herz in ein frommes gottgefälliges Herz um, nach dem Muster deines gottliebenden Herzens. O mächtige Helferin! erlange mir diese Gnade, durch Jesus Christus, der mit dem Vater und hl. Geist gleicher Gott lebt und regiert in alle Ewigkeit, Amen.

Gebet zum heiligen Schutzengel.

Du, mein Schutzgeist, Gottes Engel!
Weiche, weiche nie von mir;
Leite mich durch's Thal der Mängel
Bis hinauf, hinauf zu Dir!

Laß mich stets auf dieser Erde
Deiner Leitung würdig sein,
Daß ich täglich besser werde
Nie ein Tag mich darf gereu'n!

Gehe immer mir zur Seite,
Weil mir viel Gefahr ja droht;
Gib auch dann mir das Geleite,
Wenn mich übereilt der Tod!

Sei in dieser Welt voll Mängel
Stets mein Schild und mein Panier!
Du, mein Schutzgeist, Gottes Engel!
Weiche, weiche nicht von mir!

www.ingramcontent.com/pod-product-compliance
Lightning Source LLC
Chambersburg PA
CBHW020314240426
43673CB00039B/797